Henrik Paulitz
Anleitung
gegen den Krieg

HENRIK PAULITZ

Anleitung gegen den Krieg

ANALYSEN UND FRIEDENSPOLITISCHE ÜBUNGEN

AKADEMIE BERGSTRASSE

Der Autor

Henrik Paulitz ist Leiter der
Akademie Bergstraße für Ressourcen-, Demokratie- und Friedensforschung

Bibliografische Information der Deutschen Nationalbibliothek

Die Deutsche Nationalbibliothek verzeichnet diese Publikation in der
Deutschen Nationalbibliografie; detaillierte bibliografische Daten sind
im Internet über http://dnb.dnb.de abrufbar.

Darmstädter Str. 12, 64342 Seeheim-Jugenheim
HRB 95205, Amtsgericht Darmstadt, Steuernummer 007 250 44144
ISBN 978-3-981-85250-9

1 Auflage: 2016
2. Auflage: 2017

www.akademie-bergstrasse.de

Umschlaggestaltung: FontFront.com, Roßdorf
Druck: KM-Druck, Groß-Umstadt
Lektorat: Dr. Winfrid Eisenberg
Fotos und Grafiken: Henrik Paulitz
Printed in Germany
Herstellung: Akademie Bergstraße

Inhalt

Inhalt 3

Verzeichnis der Friedenspolitischen Übungen 7

Geleitwort zur 2. Auflage 9

Vorwort 11

SAGEN SIE NEIN 15

Militarisierung und Krieg in Europa 15
Bürger als Supermacht 16
Vorsicht Menschenrechte! 19

ANALYSIEREN SIE, WAS GESCHIEHT 29

Grundlagen einer „deskriptiven, ökonomisch orientierten Friedens- und Konfliktforschung“ 29
Das Geschäft der Rüstungskonzerne 36
Energiewirtschaft, Ressourcenkontrolle und Krieg 39
Hohe Gewinne durch erzwungenen Außenhandel 58
Zerstörung wirtschaftlicher Infrastruktur und Wiederaufbau 64

Exkurs: Die Fiktion vom Sieg als Kriegsziel 71
Ressourcenkontrolle und Töten mit Embargos 74
Töten von Zivilisten und Kombattanten 79
Exkurs: Lukrative Nebengeschäfte mit der Angst 94
Illegaler Handel, Piraterie und die Verwendung staatlicher Öleinnahmen 95

ENTLASSEN SIE DIE POLITIK AUS DER SÜNDENBOCKROLLE 101

Die vermeintliche „Allmacht“ der Politiker 102
Das globale Geflecht der transnationalen Konzerne 105
Die Sündenbockrolle der Politik 108
Einflussnahme von außen 114
Aggressive Außenpolitik oder „außenpolitisches Paradoxon“? 115
Eine neue „Weltordnungsmacht“ durch Erpressung? 119
Staaten als Instrumente globaler Raumbeherrschung 129
Öffentlichkeit gegen die Nötigung zum Krieg? 132

THEMATISIEREN SIE DIE KRIEGSFINANZIERUNG 137

„Humanitäre Hilfe“ als Teil der Kriegsökonomie 137
Mittelzuflüsse aus der Weltwirtschaft ermöglichen den Krieg 141
Kriegsschulden angeblicher Sieger 143
Steuersünder, Sondersteuern und Rüstung 145
Rettungskredite und Rüstung 147
Wirtschaftskraft, Bevölkerung, Fläche und Wehretat 148

BEGRENZEN SIE IDEOLOGISCHE MACHT 151

Kriegslügen 152

Terrorismus und Berichterstattung 157

Strohmänner und die Verschleierung der Macht 160

„Manipulationskontexte“ meiden 163

Gutes tun zu wollen, ist nicht gut genug 166

Nur das Original ist originell 167

EINEN UND STABILISIEREN SIE 169

Ethnien, Ideologien, Religionen und Konfessionen – nützliche Brandbeschleuniger 169

Versöhnung vor statt nach dem Krieg 174

Kriegsbefürwortung durch „internationalistischen“ Blickwinkel? 177

Eine Friedensbewegung in den Apparaten? 178

MACHEN SIE FRIEDENSPOLITIK 181

Ist dauerhafter Frieden möglich? 181

Local Power for Peace 184

Schutzverantwortung für bedrohte Länder 186

Völkerrechtlicher Vertrag zur Bewahrung des Friedens 190

Anmerkungen 193

Vertrag zur Bewahrung des Friedens 207

Verzeichnis der Handlungs-Empfehlungen 217

Register 221

Verzeichnis der Friedenspolitischen Übungen

1. Übung: Gefangenenlager befreien 20
2. Übung: Humanitäre Intervention 23
3. Übung: Wie Sand am Meer 57
4. Übung: Schein-Feinde 89
5. Übung: Transnationale Konzerne 107
6. Übung: Landesverteidigung 135
7. Übung: Kriegspropaganda ernst genommen 155
8. Übung: Verursacher von Kriegshandlungen 158
9. Übung: Feindschaft überwinden 174
10. Übung: Spaltungen überwinden 177
11. Übung: Kriegstagebuch 187
12. Übung: Schutzverantwortung 190

Geleitwort zur 2. Auflage

Henrik Paulitz, Leiter der Akademie Bergstraße für Ressourcen-, Demokratie- und Friedensforschung, hat ein tiefschürfendes und sehr lesenswertes Buch geschrieben, das auch langjährig in der Friedensarbeit engagierten Menschen an vielen Stellen neue Erkenntnisse vermitteln und bestehende Vermutungen durch Fakten belegen kann.

Dass die Rüstungsindustrie als Triebfeder von Kriegen fungiert und sich der Vietnamkrieg möglichst lange hinziehen sollte, ist manchen bekannt. Weniger im Bewusstsein ist, dass das Militär zu den größten Öl-Verbrauchern zählt und Ölmultis demnach von Kriegen profitieren. Dass es bei Kriegen um Raumbeherrschung und Ressourcenkontrolle geht, wird von Henrik Paulitz ebenso herausgearbeitet wie auch, dass in einigen Kriegen die Zerstörung das eigentliche Kriegsziel ist, nicht zuletzt zur Beseitigung industrieller Überkapazitäten.

Eine Stärke des Buches besteht darin, dass es weithin als Selbstverständlichkeiten hingenommene Fakten als nicht selbstverständlich thematisiert und Denkverbote aufhebt.

"Entlassen Sie die Politik aus der Sündenbockrolle" fordert Henrik Paulitz und plädiert dafür, nicht so sehr Staaten, Staats- und Regierungschefs in den Fokus zu nehmen, sondern die hinter diesen Staaten oder Personen stehenden, einflussreichen wirtschaftlichen Strukturen zu beleuchten. Multinationale Konzerne betrachteten funktionierende Demokratien als "Geschäftsrisiko", erwünscht sei von Eliten eine "Zuschauerdemokratie".

Nach den Drohungen auf der Münchner Sicherheitskonferenz 2017 hat nun auch die Öffentlichkeit wahrgenommen, welcher immense Druck nicht zuletzt auch auf Deutschland zu erhöhten Rüstungsausgaben aufgebaut wird.

Die Darstellung von "Internationalen Erwartungen" bei der Bereitstellung von Truppen und deren Finanzierung runden dieses Buch ab, dem eine weite Verbreitung und Wirkungsgeschichte zu wünschen ist.

Clemens Ronnefeldt
Referent für Friedensfragen beim deutschen Zweig
des Internationalen Versöhnungsbundes
Mai 2017

Vorwort

Nach Jahrzehnten des Friedens ist der Krieg auch in Europa wieder angekommen. Manche fürchten eine fast zwangsläufige weitere Ausweitung, es ist bereits von einem 3. Weltkrieg die Rede. Dem steht der Wille der europäischen Völker wie auch der meisten Politiker entgegen. Zugleich wird die öffentliche Meinung manipuliert: Mit permanenter Krisenstimmung wird die politische Atmosphäre gefährlich aufgeheizt, Rechtsbrüche von Sicherheitskräften werden hoffähig gemacht, mit sogenannten humanitären Interventionen wird erneut der Krieg für gerecht erklärt.

Wir alle fragen uns: Was können wir tun, um den Frieden in Europa und in aller Welt zu bewahren? Wie kann es sein, dass wir heutzutage „alles wissen“ und dennoch dem globalen Kriegsgeschehen weitgehend hilflos gegenüberstehen? Warum kennen wir trotz Internet die Kriegsursachen, die eigentlichen Zwecke der Krisen, Konflikte und Kriege nicht wirklich und warum wissen wir nicht, wie wir all das wirksam verhindern können?

Berichte über Konflikte zeichnen sich in aller Regel vor allem durch eines aus: Sie handeln von Staats- und Regierungschefs, die entweder gut oder böse sind. Heerscharen politischer Analysten beschäftigen sich mit der Religion, den Worten und selbst mit den Gedanken von Präsidenten und Diktatoren, die sie meinen lesen zu können. Durch die ständige Wiederholung von Behauptungen über den vermeintlichen Willen von Politikern oder die Absichten von Staaten werden „Realitäten“ geschaffen, die tatsächlich nur Fiktionen sind. Solche Berichte blenden die Komplexität der Ursachen aus: Der Blick wird verengt auf den Hass verfeindeter Staatschefs, Ethnien, Religionen oder Völker. Gelegentlich werden sogar „Missverständnisse“ oder vorausgegangene

Demütigungen eines Staatspräsidenten als Kriegsursachen dargestellt. Abgesehen von Feindbildern schaffen derartige Berichte kein tieferes Verständnis und keine gesicherten Erkenntnisse über die Funktionsweisen von Kriegen und über die Voraussetzungen für die Bewahrung eines dauerhaften Friedens.

Es gibt eine Alternative: Statt unablässig der Frage nachzujagen, *wer* an den Krisen und Kriegen Schuld hat, ist es zunächst einmal sinnvoll und hilfreich, gründlich zu analysieren, *was* vor, während und nach Kriegen passiert und dabei insbesondere auch ökonomische Weichenstellungen in den Blick zu nehmen.

Sind weltweit immer wieder ähnliche Geschehnisse und Trends zu beobachten, dann sind diese für ein tieferes Verständnis von Konflikten von allergrößter Bedeutung. In der Folge drängen sich absurd wirkende Fragen auf wie zum Beispiel: Warum sinkt nach Krieg und Besetzung ölreicher Länder deren Ölförderung? Warum führen heutige Kriege üblicherweise nur zu geringen Verlusten an Kriegswaffen, umso mehr aber zu Zerstörungen der wirtschaftlichen Infrastruktur? Mit der Beantwortung solcher Fragen lassen sich komplexe, widersprüchlich erscheinende Kriegsereignisse dechiffrieren, zunächst unverständliches Handeln von Kriegsakteuren wird plötzlich logisch und verständlich.

Das wiederum ist die Grundlage dafür, treffsichere und potenziell wirksame Strategien der Friedenssicherung abzuleiten. Zu diesem Zweck wurde die „Akademie Bergstraße für Ressourcen-, Demokratie- und Friedensforschung" gegründet. Es geht darum, Politik und Gesellschaft analytisch fundierte Impulse zu geben, um der weltweit grassierenden, nicht enden wollenden Gewalt wirkungsvoll begegnen zu können.

Die hier vorliegende Untersuchung soll Denkanstöße geben. Sie enthält keine abschließenden Wahrheiten, sondern Analysen, Anregungen und Empfehlungen, die vertieft zu untersuchen, zu überprüfen und weiterzuentwickeln sind.[1]

---

[1] Bitte an die Leserinnen und Leser: Ich freue mich über Ihre Rückmeldungen, die Sie an die folgende Email-Adresse schicken können: paulitz@akademie-bergstrasse.de.

Von vielen Menschen, bei denen ich mich herzlich bedanke, habe ich wertvolle Hinweise und Anregungen erhalten. Ganz besonders gilt mein Dank meinem Lektor, Dr. Winfrid Eisenberg, der das Werk mit Kompetenz und Sicherheit redigiert und mir wichtige Anregungen gegeben hat.

Henrik Paulitz, September 2016

SAGEN SIE NEIN

Breite ablehnende Haltung gegen Krieg kann zwar militärische Gewalt nicht sicher ausschließen, macht sie aber unwahrscheinlicher. Denn jeder größere Krieg ist eine gigantische logistische Unternehmung, die auf Billigung und direkte oder indirekte Mitwirkung vieler angewiesen ist. Daher auch der enorme propagandistische Aufwand, der weltweit für die Herbeiführung von Konflikten und Kriegen betrieben wird. Die Antwort darauf ist sehr einfach: Sagen Sie in aller Konsequenz „Nein" zum Krieg. Das ist ein kleiner, aber wirksamer Beitrag zum Frieden.

Militarisierung und Krieg in Europa

Jahrhundertelang wurden die Völker Europas durch Kriege tyrannisiert. Einfache Menschen litten unter Feldzügen, die von Eliten herbeigeführt und befehligt wurden. Spätestens seit den beiden Weltkriegen herrscht überall in Europa eine abgrundtiefe Abscheu gegen Kriege. Lange Jahrzehnte ist den Völkern Europas ein erneutes furchtbares Grauen erspart geblieben. Daher war die Erwartung weit verbreitet, das Zeitalter des Krieges könnte in Europa Geschichte sein.

Das galt natürlich nicht für den Rest der Welt: Seit dem Zweiten Weltkrieg waren Asien, Afrika und Lateinamerika die Schauplätze vernichtender Kriege sowie einer strangulierenden Wirtschafts- und Finanzpolitik. Zunehmend kehren militärisches Denken, Drohen und Handeln aber auch erneut nach Europa zurück. Gegen den einhelligen Willen der Völker und auch gegen den Willen großer Teile der Politik wird spätestens seit den 1990er Jahren versucht, eine systematische

Militarisierung voranzutreiben. Ohne Zustimmung der Völker wurden erneut Kriege auf europäischem Boden erzwungen: 1999 im damaligen Jugoslawien, seit 2014 in der Ukraine. Mit propagandistischem Geschick wird versucht, Krieg wieder als Mittel der Politik hoffähig zu machen. Immer wieder ist die Rede von einem größeren Krieg. Für Europa änderte sich die Gesamtsituation äußerlich mit der Transformation der osteuropäischen Staaten und der Wiedervereinigung Deutschlands. Das Königreich der Niederlande setzte sich nach 1989/1990 massiv für das Weiterbestehen eines starken NATO-Bündnisses ein.[1] 1992 erklärte der NATO-Rat seine Bereitschaft, Militäroperationen auch außerhalb des eigenen Bündnisgebietes zu unterstützen („Out-of-area-Einsätze"). Damit war für alle Mitgliedstaaten der NATO die Grundlage gelegt, von der reinen Landesverteidigung abzurücken und die Beteiligung an Kriegen in aller Welt zu ermöglichen. Seitdem wird versucht, Deutschland und andere europäische Staaten beständig in Kriegseinsätze hineinzuziehen. Für die Bundeswehr wurde schließlich der Slogan von einer „Armee im Einsatz" geprägt, womit ein Dauereinsatz gemeint ist. Die „Verteidigungspolitischen Richtlinien" erteilen der deutschen Bundeswehr den förmlichen Auftrag, vermeintliche „deutsche Interessen" mit militärischer Gewalt weltweit durchzusetzen, was weder von der Bevölkerungsmehrheit noch von der Mehrheit der Politik gebilligt wird. Meinungsumfragen sprechen diesbezüglich eine eindeutige Sprache. Denn: Es geht bei den weltweiten Einsätzen nicht um Landesverteidigung, sondern um die globale Durchsetzung wirtschafts- und außenpolitischer Ziele.

Bürger als Supermacht

Im November 2002 wurde auf dem Europäischen Sozialforum in Florenz beschlossen, den 15. Februar 2003 zu einem weltweiten Aktionstag gegen den Irak-Krieg zu machen. In nur drei Monaten ging die "Saat" dieser Idee auf, so Clemens Ronnefeldt vom Internationalen

Versöhnungsbund: In über 600 Städten der Erde demonstrierten mehr als 10 Millionen Menschen für den Frieden. Die New York Times schrieb nach diesem Tag, es gebe wieder zwei Supermächte: Die USA und die öffentliche Meinung, die offensichtlich Krieg als Mittel der Politik ablehnt."[2] 2003 konnte der Irak-Krieg nicht verhindert werden. Doch wurde immerhin erreicht, dass es die deutsche Bundesregierung nicht wagte, sich an diesem Krieg offiziell im großen Stil zu beteiligen. Denn 80 Prozent der Deutschen waren strikt gegen diesen Krieg und gegen eine deutsche Kriegsbeteiligung. Die Wiederwahl der Parteien, die zu diesem Zeitpunkt die Regierung bildeten, hing von einem „Nein" zum Irak-Krieg ab.

Karl-Heinz Kamp, Direktor der Berliner Bundesakademie für Sicherheitspolitik, macht deutlich, dass die öffentliche Meinung ein erheblicher Einflussfaktor ist, dessen Wirkung man offiziell zu relativieren versucht: „Umfragen, die zeigen, dass die Öffentlichkeit nach wie vor ein aktiveres internationales Agieren Deutschlands ablehnt, werden von der Regierung wohlwollend ignoriert."[3] Selbstverständlich wird die Meinung der Bevölkerung deutlich wahrgenommen. Sie fließt ein in schwierige Abwägungsprozesse, auf deren anderer Seite das Drängen der an Krieg interessierten Kräfte steht. Der Wille der Bevölkerung ist allemal ein Machtfaktor in diesem Spiel. Immer wieder ist die Rede davon, dass die öffentliche Meinung „das zweitgrößte Imperium" auf diesem Planeten sei. Laut einer Studie der Stiftung Wissenschaft und Politik (SWP) und des German Marshall Fund of the United States steht wegen der pazifistischen Einstellung der Bevölkerung die Zukunft des NATO-Bündnisses als offensive Militärmacht in Frage. In dem Papier heißt es, „eine Militäreinsätzen gegenüber skeptische Öffentlichkeit" stelle jedoch die künftige Ausrichtung des Bündnisses in Frage.[4] Die öffentliche Meinung ist für Entscheidungen pro oder contra Kriegseinsätze nicht ohne Bedeutung. Eine Studie der Universität Bamberg zeigt, dass ein Nein der Bevölkerung mit guten Chancen ein Nein der Politik zur Folge hat: „Bei Entscheidungen für oder gegen derartige Einsätze berücksichtigen (...) Entscheidungsträger auch die öffentliche Meinung, nicht zuletzt, weil sie andernfalls mit einer sinkenden Unterstützung der Bevölkerung in der Wahlkabine rechnen müssen."[5]

Jenseits solcher Einschätzungen, die man in Frage stellen kann, gibt es einen einfachen Beweis dafür, dass die öffentliche Meinung ein wesentlicher Machtfaktor ist: Es gäbe keine Kriegspropaganda, kein ständiges Bemühen, Kriegseinsätze legitimieren zu wollen, wenn die Meinung der Bevölkerung ohne Belang wäre. Es gäbe dann keine Meinungsumfragen, keine Demoskopie, mit deren Hilfe regelmäßig Stimmungen und Tendenzen, wie auch die Wirksamkeit der vielschichtigen Manipulation der öffentlichen Meinung, ermittelt werden. Es wird ein erheblicher propagandistischer Aufwand betrieben, um immer wieder die Zustimmung oder zumindest die Billigung brutaler Kriegseinsätze zu erreichen. Dieser Aufwand wäre sinnlos, wenn die Meinung der Bevölkerung unerheblich wäre.

Es ist eine enorme und zu würdigende Leistung der Menschheit, dass sie weltweit beharrlich Widerstand gegen Kriege leistet, dass sie sich den Kriegsapparaten vielfach verweigert. Das geschieht trotz einer gehirnwäscheartigen Kriegspropaganda und trotz der vielfältigen Formen der „Einbindung" von weltweit sehr vielen Personen in die verschiedenen Hierarchien der Kriegsmaschinerie mit allen damit verbundenen Privilegien. Gäbe es die fundamentalen Widerstände in sehr vielen Ländern quer durch alle politischen und gesellschaftlichen Milieus nicht, wäre die Gewalt auf diesem Planeten vermutlich noch um ungeahnte Größenordnungen schlimmer. Widerwille, Abscheu, Ekel und tiefe Verachtung gegenüber militärischer Gewalt, die nicht der Selbstverteidigung dient, steht dieser wirksam im Wege. Triebfedern der Widerstände sind existenzielle Ängste der unmittelbar Betroffenen, aber auch Verantwortungsübernahme vieler allenfalls mittelbar Betroffener. Den kriegstreibenden Eliten steht das Beharrungsvermögen von Milliarden Menschen gegenüber.

Dabei kommt es darauf an, dass sich Menschen aus verschiedensten politischen Strömungen, aus möglichst vielen gesellschaftlichen Schichten und in möglichst vielen Funktionen gleichsam widersetzen. Der Widerstand gegen Kriege findet nicht nur sichtbar, nicht nur auf der

Straße statt. Ebenso wichtig wie Demonstrationen und öffentliche Proteste ist das nicht immer öffentlich wahrnehmbare „Nein" von Funktionsträgern. Der öffentlich vernehmbare Widerstand gegen den Krieg korrespondiert im günstigen Fall mit vielfältigen Widerständen hinter den Kulissen.

Kriege lassen sich so – wie die Wirklichkeit deutlich zeigt – keinesfalls immer verhindern. Aber: Vieles wäre vermutlich noch sehr viel schlimmer, wenn es die Widerstände auf allen Ebenen nicht gäbe. Und es besteht die Möglichkeit, dass die Widerstände noch sehr viel effektiver werden.

Vorsicht Menschenrechte!

In einer Studie der Universität Bamberg wurde untersucht, „ob in Deutschland trotz antimilitaristischer Grundhaltungen öffentliche Unterstützung zu militärischen Auslandseinsätzen durch Kommunikationsstrategien erzeugt werden kann".[6] Mit anderen Worten: Man wollte wissen, mit welchen propagandistischen Mitteln die Bevölkerung trotz pazifistischer Grundauffassung dazu gebracht werden kann, Kriegseinsätzen zuzustimmen.

Am Fall des im Jahr 2011 diskutierten Bundeswehreinsatzes in Libyen wurde mit einem Umfrageexperiment untersucht, ob sich Bewertungen seitens der Bevölkerung verändern, wenn entweder dessen militärischer Charakter oder dessen humanitäre Zielsetzung betont werden. Der Libyen-Krieg bot sich "in besonderem Maße für eine derartige Analyse an, da es sich hierbei eindeutig um einen Kampfeinsatz handelte. Es wurde insbesondere auch untersucht, "ob bestimmte Bevölkerungsgruppen für diese [Kommunikationsstrategien] besonders empfänglich sind".

1. Übung: Gefangenenlager befreien

Es gibt Berichte, wonach es in Militärgefängnissen und Gefangenenlagern internationaler Interventionsstreitkräfte zu massiven Menschenrechtsverletzungen und zur systematischen Rekrutierung von Terroristen kommen soll. Derartige Berichte erscheinen glaubhaft, Beweise werden der Öffentlichkeit allerdings nicht vorgelegt. Insbesondere bleibt letztlich unklar, wer für die behaupteten Verbrechen in Wirklichkeit verantwortlich ist. Es ist auffällig, dass die viel beschworene „internationale Gemeinschaft" ihre diesbezüglichen Erkenntnisse nicht offenlegt und dass es seitens der internationalen Gemeinschaft keinerlei öffentlich wahrnehmbare Diskussionen und Forderungen gibt, Militärgefängnisse bzw. Gefangenenlager mit humanitären Interventionen zu befreien, um Menschenrechtsverletzungen oder die weitere Ausbreitung des internationalen Terrorismus zu verhindern. Das Konzept der Schutzverantwortung könnte es ebenso wie das angebliche Bemühen um Terrorismusbekämpfung erforderlich machen, „humanitäre Interventionen" zur Befreiung von Militärgefängnissen und Gefangenenlagern in Erwägung zu ziehen.

a) Welche gesicherten Erkenntnisse hat die Weltöffentlichkeit über Militärgefängnisse und Gefangenenlager weltweit, über eventuelle Menschenrechtsverletzungen in diesen Lagern und über die vorstellbare Rekrutierung und Ausbildung von „Terroristen" in solchen Lagern?

b) Wie kann es sein, dass wir in unserer angeblich so aufgeklärten Welt mit Radio, Fernsehen und Internet nicht wissen, in welchen Gefängnissen und Lagern tatsächlich gefährliche „Terroristen" festgehalten oder ganz im Gegenteil möglicherweise z.B. kleinkriminelle Menschen erst zu Terroristen gemacht werden?

c) Woran mag es liegen, dass es von den Protagonisten des Konzepts der so genannten Schutzverantwortung keinerlei öffentlich wahrnehmbare Diskussionen darüber gibt, derartige Militärgefängnisse und Gefangenenlager mit humanitären Interventionen zu befreien?

Die Ergebnisse der Studie zeigten, dass die öffentliche Zustimmung unverändert niedrig bleibt, wenn auf die Gefahr militärischer Auseinandersetzungen verwiesen wird. „Wird dagegen die humanitäre Zielsetzung in den Vordergrund gerückt, erhöht sich die Zustimmung substanziell. Diese Verschiebung ist bei jenen Bürgern besonders groß, die eine aktive deutsche Außenpolitik befürworten und sich dem linken politischen Lager zuordnen.“[7] Mit einfachen Worten: Wenn man einen Krieg nicht als Krieg bezeichnet, sondern in verschleiernder Weise von einem humanitären Einsatz für die Menschenrechte spricht, kann man links orientierte Kriegsgegner zu Befürwortern von Kriegen machen. Der Studienansatz macht deutlich, dass es hierbei nicht um den Schutz der Menschenrechte geht, sondern um den Nutzen des Menschenrechts-Arguments für die Möglichkeit, mit breiter Zustimmung der Bevölkerung einen Krieg führen zu können.

Die Autoren der Studie betonen, dass der wahre Charakter der Kriegseinsätze verschleiert wird und dass „humanitäre Überlegungen“ zur Legitimation von Kriegseinsätzen in den Vordergrund gerückt werden: „Um die Beteiligung der Bundeswehr an zunehmend umfangreichen und intensiven Auslandsmissionen zu rechtfertigen und um für öffentliche Unterstützung dieser Maßnahmen zu werben, haben politische Entscheidungsträger unterschiedliche Aspekte der Einsätze in den Vordergrund gerückt (Baumann/Hellmann 2001: 78). So wurden in den Bundestagsdebatten und Regierungserklärungen neben der Verantwortung gegenüber der internationalen Gemeinschaft und der Notwendigkeit einer verlässlichen, multilateral orientierten deutschen Außenpolitik häufig humanitäre Überlegungen als Argumente für solche Missionen angeführt. Gleichzeitig vermieden die politischen Entscheidungsträger den expliziten Verweis auf den militärischen Charakter der Auslandseinsätze (Müller et al. 2010: 21; Schörnig 2009: 1).“[8]

Die psychologische Wirkung dieses Propagandamittels beruht darauf, dass die Sachfrage eines Kriegseinsatzes argumentativ eng mit grundlegenden politischen Wertvorstellungen der Bevölkerung verknüpft wird („framing“), um so eine Umstimmung zu erzeugen: „Die Analyse des Zusammenhangs von Kommunikationsstrategien und Bevölkerungsbewertungen ist Gegenstand der Forschung zu sogenannten framing-Effekten. (...) Politische Akteure präsentieren den Bürgern

Sachfragen stets vor dem Hintergrund von Problembeschreibungen, Ursache-Wirkungs-Zusammenhängen und moralischen Überlegungen. (...) Die Forschung zu außen- und sicherheitspolitischen Orientierungen hat eine Reihe individueller Merkmale identifiziert, die beeinflussen, welche Überlegungen Bürger bei der Meinungsbildung anstellen. Bei diesen Merkmalen wird davon ausgegangen, dass sie zumindest teilweise bereits während der politischen Sozialisierungsphase erworben wurden und daher sowohl relativ stabil als auch relevant für die Meinungsbildung über spezifische Sachfragen sind (Campbell et al. 1960: 126; Feldman 1988: 418; Zaller 1992: 34).“[9]

Zu den in konservativen Kreisen als wirksam identifizierten Maßstäben bzw. Grundhaltungen zählen eine postulierte „Verantwortung gegenüber der internationalen Gemeinschaft“ und die „Notwendigkeit einer verlässlichen deutschen Außenpolitik“ bzw. Bündnistreue. In linken Kreisen ziehen hingegen „humanitäre Überlegungen“. Bevölkerungsteile, denen „Bündnisverpflichtungen“ von Bedeutung sind, und andere, die die Durchsetzung von Menschenrechten wichtig finden, können durch eine solche Kommunikationsstrategie des Argumentierens „über Bande“ (framing) jeweils dazu gebracht werden, Kriegseinsätzen entgegen ihrer eigentlichen Grundhaltung zuzustimmen. Dass Kriege zu den größten Menschenrechtsverbrechen überhaupt zählen und dass Bündnispartner möglicherweise ebenso gegen ihren Willen in Kriege hineingezwungen werden könnten, wird dabei allzu leicht übersehen.

Den humanitären Kriegsrechtfertigungen kommt eine immense Bedeutung zu. Es wurden jahrelang intensive Anstrengungen unternommen, um das Völkerrecht zu verändern. Unter der Chiffre „Weiterentwicklung des Völkerrechts“ waren kriegstreibende Kräfte intensiv darum bemüht, den Grundsatz der staatlichen Souveränität, der Nicht-Einmischung aufzuweichen. Es geht bei diesem Konzept darum, unter Verweis auf – tatsächliche oder auch nur behauptete – Menschenrechtsverstöße militärische Interventionen, also Angriffskriege völkerrechtlich legitimieren zu wollen.

2. Übung: Humanitäre Intervention

Seit Wochen wird berichtet, in ungarischen Flüchtlingslagern fänden systematisch brutale, rassistisch motivierte Übergriffe statt. Tausende seien bereits Opfer. Es heißt, die rechtspopulistische ungarische Regierung plane weitere Massaker, Zehntausende seien bedroht, auf „Hungermärsche" geschickt zu werden. Eliten in London und Washington drängen massiv auf eine „humanitäre Intervention" gegen Ungarn. In Deutschland beschwört die Regierung die Notwendigkeit, unmittelbar bevorstehende Verbrechen gegen die Menschlichkeit zu verhindern. Ein Krieg gegen Ungarn „unter deutscher Führung" sei unausweichlich. Linke und pazifistische Kräfte in Deutschland stehen vor einer Zerreißprobe. Manche verlangen, das rechtspopulistische Ungarn mit einem „begrenzten Militärschlag" in die Schranken zu weisen, um Schlimmeres zu verhindern. In monatelangen Verhandlungen mit der ungarischen Regierung im französischen Schloss Rambouillet wird die Situation immer mehr zugespitzt. Es kommt zum lange schon vorbereiteten Krieg. Kräfte der Kriegskoalition bombardieren - formal unter deutschem Oberkommando - wochenlang ungarische Städte, Industriebetriebe und selbst Flüchtlingslager. Die Weltöffentlichkeit erfährt vom konkreten Kriegsgeschehen allerdings nur wenig. Zehntausende kommen in nur wenigen Wochen zu Tode, Hunderttausende sind auf der Flucht. Der Mitgliedsstaat der Europäischen Union wird in kürzester Zeit auf vorindustrielles Niveau zurückgebombt. Die rechtspopulistische ungarische Regierung wird abgesetzt. "Hohe Repräsentanten" zunächst aus Großbritannien und später aus Deutschland erhalten in Ungarn "außerdemokratische Sondervollmachten". Das Land liegt am Boden. In den ungarischen Flüchtlingslagern herrschen schlimmere Zustände denn je.[10]

a) Ist anzunehmen, dass die internationale Öffentlichkeit die tatsächliche Situation in einem anderen Land einerseits und das potenzielle Verhalten von Interventionsstreitkräften andererseits wirklich soweit beurteilen könnte, um zu entscheiden, ob ein Krieg unter dem Strich humanitäres Leid verhindern oder ob ein Krieg humanitäres Leid potenzieren würde?

b) Halten Sie es für möglich, dass Rechts-Links-Gegensätze propagandistisch dazu missbraucht werden könnten, um selbst hartnäckigen, politisch links orientierten Pazifisten eine Zustimmung zu „humanitären Einsätzen" abzuringen?

c) Welche konkreten Kenntnisse haben Sie über Nachkriegsregime beispielsweise mit „Hohen Repräsentanten", die mit „außerdemokratischen Sondervollmachten" die Geschicke anderer Länder mitbestimmen können? Meinen Sie, dass Sie über solche „Nachkriegsordnungen" von der internationalen Gemeinschaft hinreichend informiert werden?

Die Behauptung, in einem Land fänden Völkermord, Kriegsverbrechen, ethnische Säuberungen bzw. Verbrechen gegen die Menschlichkeit statt, soll dem Konzept zufolge eine „Schutzverantwortung" auslösen. Das auf Englisch „Reponsibility to Protect" genannte Konzept zur Änderung des Völkerrechts wurde von einer Kommission entwickelt, die von mehreren einflussreichen privaten Stiftungen wie der Rockefeller-Stiftung sowie u.a. von der britischen Regierung finanziert wurde. Das Ergebnis ihrer Arbeit veröffentlichte die Kommission kurz nach dem 11. September 2001 unter dem Titel "The Responsibility to Protect". Das Copyright des Abschlussberichts der Kommission liegt bei Ihrer Majestät Königin Elisabeth II als Staatsoberhaupt der kanadischen Monarchie.[11]

Der internationale Kriegseinsatz in Libyen 2011 auf der Grundlage der UN-Resolution 1973 (2011) wird als erste offizielle Nutzung der „Responsibility to Protect" interpretiert. Mit dieser UN-Resolution wurde die so genannte internationale Staatengemeinschaft ermächtigt, „alle durchführbaren Schritte zu unternehmen, um den Schutz der Zivilpersonen zu gewährleisten". Die praktische Umsetzung dieser Resolution zielte dann allerdings weniger auf den Schutz der Zivilbevölkerung ab, als vielmehr auf einen Regime-Change durch die militärische Unterstützung der oppositionellen libyschen Rebellen und den Sturz von Revolutionsführer Muammar al-Gaddafi. Unter dem Vorwand, humanitäre Katastrophen verhindern zu wollen, führen gerade diese „humanitären Interventionen" und ihre Folgen zu größtmöglichen humanitären Katastrophen. Mit dem Krieg kommen in der Regel die eigentlichen Menschenrechtsverletzungen in ganz großem Stil.

In der Theorie wird argumentiert, das Konzept der Schutzverantwortung könne wohldosiert mit polizei-ähnlichen Einsätzen so praktiziert werden, dass die militärische Intervention zu geringeren humanitären Schäden führt als die Schäden, die durch „Nichtstun" und „Zuschauen" entstehen würden. Um dies beurteilen und überprüfen zu können, wäre es das Mindeste, Abgeordneten und der Öffentlichkeit vor einer möglichen gewaltsamen Einmischung in einem anderen Land verlässliche und wahrheitsgemäße Lageberichte zur Verfügung zu stellen.

Auch während und nach einer „humanitären Intervention" müssten Abgeordnete und die Öffentlichkeit verlässliche und wahrheitsgemäße Informationen erhalten – über den Militäreinsatz und über die tatsächlich mit diesem angerichteten Schäden. Weder das eine noch das andere ist der Fall. Anstelle von belastbaren Informationen werden die meisten Politiker und die Öffentlichkeit mit Fernsehbildern und fragwürdigen Berichten abgespeist, die nur gefilterte und tendenziös vermittelte Informationen enthalten. Eine demokratische Kontrolle ist so nicht möglich. Das Konzept der Schutzverantwortung verbietet sich deshalb von vornherein für Demokratien, die diesen Namen noch verdienen.

Ohnehin drängt sich bei diesen Militäreinsätzen vielfach der Eindruck auf, als ginge es primär um die „Bestrafung" von Ländern bzw. deren politischer Führung und nicht – wie behauptet – darum, bedrohte Menschen vor einer humanitären Katastrophe zu bewahren. Das wird daran deutlich, dass Menschenrechtsverletzungen in manchen Ländern thematisiert und diese mit Kriegen bedroht werden, gravierende Menschenrechtsverletzungen in anderen Ländern aber kein Thema sind. Auch deswegen ist die Debatte um eine Schutzverantwortung nicht ehrlich. Sie dient primär der Legitimierung von Kriegen, nicht dem Schutz der Menschenrechte.

Das Konzept der Schutzverantwortung bzw. der „humanitären Interventionen" knüpft an die alte und immer wieder variierte Lehre vom „gerechten Krieg" an. Als gerechten Grund der Kriegsführung betrachtete Cicero lediglich die Verteidigung gegen den Angriff eines Feindes oder die Verteidigung von Bundesgenossen in Notwehr. Auch nach dem deutschen Grundgesetz sind das die einzigen zulässigen Fälle für den Einsatz des Militärs. Andere als Cicero vertraten dagegen sehr weitreichende Konzepte, wonach „gerechte Kriege“ zur Christianisierung, im Namen „des Guten“ oder aus „humanitären Motiven“ geführt werden dürften. Damit wurde Tür und Tor geöffnet, Menschen anderer Länder „moralisierend“ mit militärischer Gewalt zu überziehen.

Genau dort knüpft das Konzept der Schutzverantwortung an: Die Vetomächte des UN-Sicherheitsrates bzw. deren Machteliten können entscheiden, welcher Staat moralisierend an den Pranger gestellt und angegriffen wird. So schreibt auch der Münchner Soziologe Ulrich Beck, die Menschenrechtspolitik sei zu einer Art Zivilreligion des Westens geworden. „Es entsteht eine neuartige, postnationale Politik des militärischen Humanismus – des Einsatzes transnationaler Militärmacht mit dem Ziel, der Beachtung der Menschenrechte über nationale Grenzen hinweg Geltung zu verschaffen. Die gute ist die schlechte Nachricht: Die hegemoniale Macht bestimmt, was Recht, was Menschenrecht ist. Und Krieg wird zur Fortsetzung der Moral mit anderen Mitteln.“[12] „Wer beansprucht“, so betont auch der Berliner Politikwissenschaftler Herfried Münkler, „einen gerechten Krieg zu führen, denkt die Rechtsbezüge der Kontrahenten von vornherein asymmetrisch: Die eine Seite hat alles Recht auf ihrer Seite, die andere hingegen alles Unrecht“. Es sei gleichsam als „Steigerung strafrechtlicher Konzeptionen, eine Inkarnation des Bösen, das zu vernichten und auszurotten ist. Solche Vorstellungen sind insbesondere dort anzutreffen, wo religiöse Fundamentalismen in die Politik Einzug gehalten haben. Gerechter Krieg und heiliger Krieg stehen sich spiegelbildlich gegenüber.“[13]

Derartiges galt eigentlich als überwunden. Die Rückkehr der Vorstellung vom gerechten Krieg war in der Völkerrechtsordnung der Staaten weitgehend zurückgedrängt worden. Der massive Rückfall der völkerrechtlichen Entwicklung, den das Konzept der „Schutzverantwortung“ darstellt, kann insofern als Wiederkehr eines religiösen Fundamentalismus auch in der westlichen Welt gewertet werden. Nicht umsonst stößt die „Responsibility to Protect“ zu Recht auf sehr viel und hartnäckigen Widerstand. Um Frieden zu bewahren, kommt es darauf an, dass sich Politik und Öffentlichkeit durch den Verweis auf Menschenrechte nicht über den wahren Charakter von Kriegen täuschen lassen.

ANALYSIEREN SIE, WAS GESCHIEHT

Kriege sind sehr teure, aufwändige und risikobehaftete Unternehmungen, mit denen bestimmte Zwecke verfolgt werden. Für die Entwicklung von Strategien zur Bewahrung oder Herstellung von Frieden ist es daher vordringlich, die Kriegsmotive zu ergründen. Die Herausforderung besteht darin, herauszufinden, welches die – oftmals verborgen gehaltenen – tatsächlichen Motive sind. Aufgrund des enormen Aufwands und der hohen Kosten kann als gesichert gelten, dass Kriege stets auch Profiteure im materiellen Sinn haben. Kriege müssen sich demnach ökonomisch lohnen. Es ist näher zu betrachten, was in und nach Kriegen genau passiert und welche ökonomischen Weichenstellungen während und nach Kriegen vorgenommen werden. Sind weltweit immer wieder ähnliche Geschehnisse und Trends zu beobachten, dann sind diese für ein tieferes Verständnis von Konflikten von allergrößter Bedeutung. Das wiederum ist eine wesentliche Grundlage dafür, treffsichere und potenziell wirksame Strategien der Friedenssicherung abzuleiten.

Grundlagen einer „deskriptiven, ökonomisch orientierten Friedens- und Konfliktforschung"

Berichte über Krieg und Frieden führen zu Verzweiflung, Kopfschütteln, Irritation, Wut auf die Bösewichte sowie zu einer abstrakten Hoffnung auf den Sieg der Vernunft. Die Analyse- und Handlungsfähigkeit wird gelähmt durch Berichte über den hohen Komplexitätsgrad von Konflikten. Gemeinschaftliches Handeln für den Frieden wird erschwert durch die ständigen Auseinandersetzungen darüber, wer Schurke und wer Friedensstifter ist. Die Frage „Wer hat Schuld?" überlagert alles und verstellt regelmäßig den nüchtern analysierenden Blick für wichtige Erkenntnisse.

Es erscheint notwendig, strukturierte Ansätze zu entwickeln, um Konflikte systematisch Schritt für Schritt durchzuprüfen. Statt alles auf einmal erfassen zu wollen, kann eine radikale Reduktion von Komplexität zielführend sein. Es ist sinnvoll, eine Fragestellung nach der anderen abzuarbeiten, das Geschehen also „bausteinmäßig" zu erfassen. Die Analyse jeweils nur eines Aspekts und dabei zunächst alle übrigen Aspekte eines Konflikts auszublenden, ist methodisch greifbar und kann zu fundierten Erkenntnissen führen. Man erliegt weniger leicht der eigenen vorgefassten Meinung oder dem Bild, welches andere von einem Konflikt zeichnen. Bei einem schrittweisen Durchprüfen kann man abwarten, ob sich die Dinge wie bei einem Mosaik zu einem stimmigen Gesamtbild zusammenfügen. Oft entsteht dabei ein ganz anderes als ursprünglich erwartet. Kommt man auf diese Weise tatsächlich zu einem neuen, schlüssigen Gesamtbild, zu einer widerspruchs-armen Theorie, so könnte man davon sprechen, dass diese Theorie durch einen „Mosaik-Beweis" fundiert wurde. Der Plausibilitätsgrad einer solchen Konflikttheorie ist dann hoch.

Es kommt selbstverständlich darauf an, relevante Fragestellungen zu bearbeiten. Es braucht eine Idee, eine Vorstellung davon, welche Aspekte sinnvollerweise durchgeprüft werden sollten. In dieser Hinsicht gibt es einen frappierenden Befund: Obwohl jeder die Aussage „Geld regiert die Welt" kennt, werden wirtschaftliche Aspekte in der Konfliktforschung vielfach sträflich vernachlässigt. Und wenn ökonomische Aspekte betrachtetet werden, zeigen sich häufig relevante Widersprüche. Offenkundig erfolgen solche Analysen also nicht immer gründlich genug.

Die hier vorgeschlagene Methodik einer weiterentwickelten Friedens- und Konfliktforschung setzt auf wenige einfache Prämissen.

Eine der wesentlichen Voraussetzungen lautet: Wenn wir Erkenntnisse gewinnen möchten, müssen wir erkenntnisbereit sein. Wir müssen zunächst unsere vorgefassten Bilder, unsere Vorurteile über Kriege vollständig ablegen. Die Bedeutung dieser absurd wirkenden Prämisse sei an einigen Beispielen erläutert. Wenn wir an Krieg denken, so denken wir meistens in Bildern klassischer Staatenkriege. Die aktuelle Forschung kam aber zum Ergebnis, dass die Kriege unserer Tage mit herkömmlichen „Staatenkriegen" in der Regel nur noch wenig zu tun haben.[14] Konfliktanalysen, die vor der Schablone von Staatenkriegen vorgenommen werden, stehen insofern auf dem Prüfstand.

Weiterhin verbinden wir mit Kriegen die Vorstellung, dass verfeindete Streitkräfte wechselseitig Panzer und Kampfflugzeuge beschießen. Seltsamerweise aber fehlen in den allabendlichen Fernsehnachrichten Bilder von zerstörten Panzern und abgeschossenen Kampfjets fast vollständig. Meist denken wir beim Thema Krieg auch an Soldaten mit Stahlhelmen in Schützengräben oder an Soldaten, die sich auf andere Weise vor feindlichem Beschuss schützen. Stattdessen aber sehen wir in den Fernsehnachrichten immer wieder Kämpfer, die völlig ungeschützt auf offenem Feld an einer Haubitze hantieren, eine Stadt beschießen, selbst aber offenbar nicht unter Beschuss stehen. Auch bewegen sich häufig Kämpfer in Pickups über offenes Gelände, ohne von Bomben, Raketen, Marschflugkörpern oder Kampfdrohnen beschossen zu werden. Bereits diese wenigen Beispiele werfen Fragen auf und zeigen, wie sehr wir aufgrund unserer Vorurteile, aufgrund unserer Vorstellungswelt über Kriege oft gar nicht auf die Idee kommen, ohne vorgefasste Meinung das Kriegsgeschehen einfach nur zu betrachten und nüchtern zu analysieren, wie es sich in Wirklichkeit darstellt.

Das systematische Abarbeiten der W-Fragen – u.a. „wer?", „was?", „wann?" und „warum?" – ist Grundlage einer jeden soliden Analyse. Diese Fragen drängen sich natürlich auch in der Konfliktanalyse auf: Wer tut etwas? Was geschieht? Wann geschieht etwas? Warum geschieht es? Auffällig ist, dass in politischen Analysen und in Medienberichten oftmals alle Fragen auf einmal beantwortet werden statt nacheinander. Ein Beispiel: „Die US-Luftwaffe hat bei den jüngsten Angriffen in Syrien insgesamt 283 Öltanklaster zerstört, weil sie eine der wichtigsten Einnahmequellen des ‚Islamischen Staats' (IS) trockenlegen will. Schon in der vergangenen Woche wurden rund hundert Öltanklaster der IS-Miliz zerstört." In sehr typischer Weise enthält der erste Satz Antworten auf alle vier Fragewörter, wer, was, wann und warum. Man gewinnt den Eindruck, auf diese Weise hochkomprimiert und zugleich umfassend informiert zu werden. Man kann aber in Frage stellen, ob es tatsächlich zur Aufklärung beiträgt, alle diese Fragen stets auf einmal beantworten zu wollen. Ist es möglicherweise ganz im Gegenteil ein Mittel der Verschleierung? Warum nehmen wir nicht unser Schulwissen zur Hand und arbeiten die W-Fragen getrennt voneinander der Reihe nach ab?

In der hier vorgeschlagenen Methodik einer weiterentwickelten Friedens- und Konfliktforschung wird die sehr einfache Frage „Was geschieht?" an den Anfang einer jeden Analyse gestellt. Es erscheint zielführend, ja essentiell, die Frage, „warum" etwas geschieht, die kausalen Nebensätze zunächst auszublenden. Aber auch, „wer" etwas macht, ist bei Kriegsereignissen manchmal gar nicht so einfach und gesichert zu beantworten, so dass auch diese Frage sinnvollerweise zunächst außen vor bleibt.

Nehmen wir die obigen beiden Beispielsätze und reduzieren sie auf die Teile, die lediglich die Frage beantworten, „was" geschieht, so erhalten wir folgende Information: „Bei den jüngsten Angriffen in Syrien wurden insgesamt 283 Öltanklaster zerstört. Schon in der vergangenen Woche wurden rund hundert Öltanklaster zerstört." Es empfiehlt sich, auf diese Weise „Zeitung zu lesen", denn bereits mit dieser einfachen Lesetechnik eröffnen sich völlig neue Erkenntniswelten. Als geschulte „Leseprofis" können wir mit dem Filter „Was geschieht" noch etwas abstrahierter die folgende Nachricht aus dem obigen Beispieltext herauslesen: Es ist Krieg und es werden Öltanklaster zerstört. Das ist eine erstaunliche Information und man kann anfangen, darüber nachzudenken. Tanklaster sind Mittel für den Transport von Energie. Man kann sich daher weiter fragen und anfangen zu recherchieren, ob auch in anderen Kriegen Öltanklaster und andere Transportmittel für Energie zerstört werden. Sofern das zutrifft – und das ist der Fall –, kann man sich als nächstes fragen, ob in Kriegen auch Energieproduktionsstätten zerstört werden. Sofern auch das zutrifft, erkennt man, dass in Kriegen regelmäßig Energieinfrastruktur-Einrichtungen zerstört werden. Denkt man auch darüber weiter nach, so stellt man fest, dass es sich nicht um militärische, sondern um zivile Infrastruktur handelt. Daran schließt sich die nächste logische Frage an: Wird in Kriegen oftmals auch andere zivile Infrastruktur zerstört? Werden Industriebetriebe, die Wasserversorgung, die Verkehrsinfrastruktur zerstört?

Es zeigt sich, dass die Konzentration auf die vergleichsweise einfache Frage, „was" in Kriegen geschieht, sehr schnell zu erstaunlichen Erkenntnissen führen kann. Ohne zunächst über das „wer" und das „warum" spekulieren zu müssen, bewegt man sich auf dem Terrain vergleichsweise gesicherter Erkenntnis. Die Konfliktanalyse zunächst allein auf der Basis der Frage, „was geschieht", vorzunehmen, ist die zweite Prämisse der hier vorgeschlagenen Methodik.

Die dritte Prämisse dieses Forschungsansatzes lautet: Das, was in Kriegen häufig geschieht, ist sehr wahrscheinlich intendiert. Es geht darum, sich vor Augen zu führen, dass man es vermutlich nicht mit versehentlichem, sondern mit absichtsvollem Handeln zu tun hat. Unterstellt man dies, dann kommt man mit diesem Schritt zu völlig neuartigen Hypothesen über den tatsächlichen Charakter von Krisen, Konflikten und Kriegen. All die Gewalthandlungen, die in Kriegen geschehen, könnten also nicht eine unerwünschte oder allenfalls billigend in Kauf genommene Nebenfolge sein. Vielmehr, so ist bei Regelmäßigkeit zu unterstellen, geht es vermutlich um eigentliche Zwecke, um wesentliche Ziele von Kriegen.

Weiterhin und dies als vierte Prämisse, sollte man die Aussage ernst nehmen, dass Krieg die Fortsetzung von Politik mit anderen Mitteln ist. Allzu häufig werden Kriege nur als eine Laune von Politikern dargestellt. Es ist die Rede von beleidigten, sich provoziert fühlenden Staats- und Regierungschefs, die aus solchem Befinden heraus wie selbstverständlich zu den Waffen greifen, um ihr Gesicht zu wahren. In Wirklichkeit würde kein Krieg aus derart nichtigen Gründen begonnen werden. Es geht selbstverständlich um sehr viel bedeutsamere Gründe. Es geht um die Fortsetzung der Politik mit anderen Mitteln. Es lohnt sich daher stets zu analysieren, welche wirtschaftsstrategischen Auseinandersetzungen im Vorfeld eines Krieges geführt wurden und welche ökonomischen, insbesondere auch energiewirtschaftlichen Änderungen sich während oder nach Kriegen ergeben.

Statt beispielsweise zu fragen, „wer“ einen „Regime-Change“ betrieben hat (anders als vermutet, fehlt dazu oftmals wirklich gesichertes Wissen), um das übliche Feindbild zu bedienen, ist es zunächst sehr viel wichtiger, zu überprüfen, „was“ vor und nach einem Regime-Change geschehen ist. Es zeigt sich, dass im Zuge von Kriegen oftmals gravierende energiepolitische und sonstige ökonomische Weichenstellungen vorgenommen werden. Weiterhin zeigt sich, dass Kriege sogar unmittelbar maßgeblichen Einfluss auf ökonomische Randbedingungen haben.

In diesem Sinn schrieb beispielsweise auch das Royal Institute of International Affairs (Chatham House), einer der global führenden Think Tanks einflussreicher Eliten, 2015 in einer Analyse über den Syrienkrieg: „Eine sinnvolle Beurteilung der Syrien-Krise ist nur unter Berücksichtigung des ökonomischen Kontextes möglich.“ Energiewirtschaftliche Fragen bilden den Schwerpunkt dieser ökonomisch orientierten Syrien-Analyse.[15] In vergleichbarer Weise sagte der damalige deutsche Außenminister Frank-Walter Steinmeier am 2. Juli 2015 in einer Rede beim weltgrößten Chemiekonzern BASF, es gebe heute „kaum ein außenpolitisches Problem mehr ohne wirtschaftspolitische Aspekte“.[16] Das belegt: Ökonomische und u.a. auch energiewirtschaftliche Aspekte in den Blick zu nehmen, ist für das Verständnis von Kriegen von zentraler Bedeutung.[17]

Jeder Krieg sollte einer „energiewirtschaftlichen Trendanalyse“ unterzogen werden, um festzustellen, ob eine wesentliche Änderung energiewirtschaftlicher Parameter erfolgte. Mit einer "Freihandels-Analyse" kann überprüft werden, inwieweit mit einem Krieg Änderungen im Außenhandel eines Landes durchgesetzt wurden. Mit einer „Produktionsstätten-Analyse“ und einer „Infrastruktur-Analyse“ können systematische Zerstörungen im Bereich der wirtschaftlichen Infrastruktur eines Landes untersucht werden.

Nach diesen Analysen kann man sich der nächsten W-Frage zuwenden: „Warum, zu welchem Zweck wurde der Krieg geführt?“ Wird die Analyse, „Was geschieht in dem Krieg?“ in der dargelegten Weise systematisch durchgeführt, dann wird sich in vielen Fällen die Frage nach dem Warum fast wie von selbst erklären. Ergibt sich beispielsweise durch die Freihandels-Analyse, dass im Zuge eines Krieges Schutzzölle bzw. nicht-tarifäre Handelshemmnisse beseitigt wurden, so kann man davon ausgehen, dass eines der Motive des Krieges die gewaltsame Marktöffnung war.

Erst dann, wenn man sich in der Konfliktanalyse auf diese Weise systematisch vorangetastet hat, sollte man sich mit der gebotenen Vorsicht der Frage „Wer steckt hinter dem Krieg?“ annähern. Hierbei, und das wäre die fünfte Prämisse, scheint es nicht unbedingt zielführend zu sein, die überall angebotenen Behauptungen und Zuschreibungen kritiklos zu adaptieren. Vielmehr sollte man die Frage „Cui bono?“, „Wem nützt es?“, „Wem zum Vorteil?“ in den Fokus rücken. Mit der Beantwortung dieser Frage nähert man sich der Frage nach den tatsächlichen Urhebern eines Krieges und somit nach den treibenden Kräften vermutlich präziser an, als wenn man einfach nur Texte liest, in denen die Schuld dem einen oder anderen Staat gegeben wird. Wenn beispielsweise ein Großkonzern nach einem Krieg plötzlich große Mengen an Gütern in das ehemalige Kriegsgebiet verkauft, kann man sich fragen, ob dieser Konzern mit zu den Urhebern dieses Krieges zählen könnte.

Die sechste, sehr wesentliche Prämisse lautet: Sind weltweit in Kriegen häufig vergleichbare Geschehnisse und Trends zu beobachten, dann sind diese Aspekte für ein tieferes Verständnis von Konflikten von allergrößter Bedeutung. Auch wenn eine vertiefte Analyse verschiedener Politikbereiche und des Kriegsgeschehens selbst vergleichbare bzw. kongruent wirkende Effekte ergibt, so ist die Wahrscheinlichkeit hoch, dass es sich um ein übergeordnetes Kriegsziel handelt. Haben beispielsweise bestimmte Maßnahmen nach vielen Kriegen sowie auch die Zerstörungen in vielen Kriegen eine Angebotsverknappung zur Folge, dann führt dies naheliegender Weise zu der begründeten Annahme, dass die Verknappung wirtschaftlicher Güter ein zentrales, übergeordnetes Kriegsziel gewesen sein könnte ("Mosaik-Beweis"). Derartige Metaanalysen – also Untersuchungen, was in und im Kontext von Kriegen immer wieder anzutreffen ist – sind für die Charakterisierung von Konflikten und Kriegen von großer Bedeutung. Sie bilden eine ganz wesentliche Grundlage dafür, potenziell wirksame Strategien der Friedenssicherung entwickeln zu können.

Die hier vorgeschlagene „deskriptive, ökonomisch orientierte Friedens- und Konfliktforschung" hat einen entscheidenden Vorteil: Man bewegt sich bei solider Durchführung und unter Nutzung geeigneter Quellen weithin auf der Grundlage relativ gesicherter Erkenntnisse. Die Analyse stützt sich nicht primär auf Interpretationen in politischen Texten, also nur auf bloße „Worte", auf Zuschreibungen und Behauptungen, sondern vielmehr auf vergleichsweise gesicherte Tatsachen, auf „Taten". Die Methodik folgt insofern sehr konsequent der uralten Empfehlung: „An ihren Taten sollt ihr sie erkennen!" Der unsichere, spekulative Anteil ist vergleichsweise gering, lässt sich gut eingrenzen und in transparenter Weise als solcher kenntlich machen. Auf dieser Grundlage könnte sich die Friedens- und Konfliktforschung möglicherweise so weiterentwickeln, dass Kriege zuverlässiger dechiffriert werden und dass auf besserer Grundlage Ansätze für die Bewahrung des Friedens abgeleitet werden könnten.

Das Geschäft der Rüstungskonzerne

Die todbringende Rüstungsindustrie ist eine der lukrativsten Branchen überhaupt. Nach Angaben des Stockholm International Peace Research Institute (SIPRI) belief sich 2014 der Umsatz der weltweit 100 größten Rüstungsunternehmen auf 401 Milliarden US-Dollar.[18] Um derartige Umsätze zu generieren, müssen ständig Kriege geführt werden. Eigentlich sollte es nicht erforderlich sein, darauf hinzuweisen, dass Rüstungsproduzenten zu den Profiteuren von Kriegen zählen. Doch obwohl diese Tatsache unbestreitbar und offenkundig wahr ist, werden die Rüstungskonzerne nur selten in den Blick genommen, wenn es um die Frage geht, was einen Krieg auslöst. Selbst in der Berichterstattung über SIPRI-Informationen, in denen es um die global führenden Rüstungskonzerne geht, werden in der Regel die Staaten an den Pranger gestellt, in denen sich die Konzerne angesiedelt haben, nicht aber die Konzerne selbst.

Das war nicht immer so: In den 1920er und 1930er Jahren wurde zunächst in Historikerkreisen und später auch in der amerikanischen Öffentlichkeit die Kriegsschuldfrage intensiv diskutiert. H. C. Engelbrecht und F. C. Hanighen machten in ihrem 1934 erschienenen Buch „Merchants of Death" die Financiers und Fabrikanten von Kriegsmaterial für die amerikanische Beteiligung am Ersten Weltkrieg verantwortlich.[19] Die Frage erhielt eine solche Bedeutung, dass schließlich im Frühjahr 1934 das „Munitions Investigating Committee" (Nye Committee) des Senats unter dem Vorsitz des Senators G. P. Nye (North Dakota) gebildet wurde. In 93 Anhörungen wurden in den folgenden 18 Monaten 200 Zeugen befragt, darunter J. P. Morgan Jr. und Pierre S. du Pont. Das Komitee fand heraus, dass die Waffenindustrie Preisabsprachen getroffen, sowie vor und während des Krieges im Sinne einer Beteiligung des Landes starken Einfluss auf die US-Außenpolitik genommen hatte. Dem Komitee wurden Anfang 1936 die Mittel entzogen. Es regte drei Neutralitätsgesetze an. Sein Ziel, die Waffenindustrie zu verstaatlichen, konnte es allerdings nicht erreichen.[20] „Der Schluss, dass Profit am Krieg auch Schuld am Krieg bedeute, lag nahe", so der Historiker Udo Sautter. Dieser betonte ferner, der Koreakrieg habe für „eine Anheizung der Wirtschaft" in den USA gesorgt.[21]

Die Ursachen und Hintergründe des Vietnamkriegs waren Gegenstand vieler Bücher. „Darin wird bis zu einem gewissen Grad dargelegt, dass führende Leute aus der (...) Rüstungsindustrie und den New Yorker Banken Washington zu diesem Krieg ermutigt hätten", schreibt der deutsch-amerikanische Wirtschaftsjournalist F. William Engdahl. „Sie taten dies, obwohl sich dieser absichtlich vom Zaun gebrochene Krieg vor der eigenen Bevölkerung weder politisch noch militärisch irgendwie rechtfertigen ließ. Sein Grund war ein rein wirtschaftlicher. Krieg steigert naturgemäß die Nachfrage nach Waffen (...) Da während der sechziger Jahre ein großer Teil der zivilen Produktion aus den USA in die Billiglohnländer ausgewandert war, bildete in den USA die Waffenproduktion das Rückgrat des produzierenden Gewerbes. Arbeitsmarktpolitische Maßnahmen konnten hier am leichtesten ansetzen. (...) Die Strategen des Vietnamkrieges (...) führten den Krieg ganz bewusst so, dass er nicht gewonnen werden konnte. Er sollte sich möglichst lange hinziehen, um möglichst lange den verstärkten Ausbau der Rüstungsindustrie zu rechtfertigen. Der amerikanische Wähler würde, so rechnete man in Washington, große Kosten auf sich nehmen, wenn wegen des Krieges gegen die ‚gottlosen Übergriffe der Kommunisten' in der Rüstungsindustrie neue Arbeitsplätze entstanden", so Engdahl.[22]

Über die Notwendigkeit für die meisten Menschen, mit einem „Arbeitsplatz" ihre Existenz sichern zu müssen, kann also eine starke Rüstungsindustrie die Bevölkerung zur Komplizenschaft bei der Befürwortung von Kriegen nötigen. Aus dem Vietnamkrieg ist insofern die friedenspolitische Lehre zu ziehen, dass die Rüstungsindustrie keine dominante Branche einer Volkswirtschaft sein darf. Möchte man Kriege und Kriegsbeteiligungen strukturell unwahrscheinlich machen, kommt es wesentlich darauf an, dass möglichst wenige Arbeitsplätze von der Rüstung abhängen. Ferner gehört die alte Empfehlung des amerikanischen „Munitions Investigating Committee", die Rüstungsindustrie zu verstaatlichen, wieder auf die politische Tagesordnung. Nicht dass Staatsbetriebe generell „besser" sein müssen als Privatunternehmen. Doch es ist fatal, wenn Entscheidungen über Krieg und Frieden maßgeblich von privatwirtschaftlichen Gewinnerzielungsinteressen mitbestimmt werden, was der Fall ist, wenn sich Rüstungskonzerne in privater Hand befinden. Den Rüstungssektor mindestens auf den Bedarf für Verteidigungszwecke zu verkleinern und aus dem Bereich der Profitmaximierung herauszunehmen, ist eine der vordringlichsten Herausforderungen.

Energiewirtschaft, Ressourcenkontrolle und Krieg

Staaten, Betriebe und die Bevölkerung haben ein Interesse daran, zuverlässig mit preiswerter Energie versorgt zu werden bzw. sich selbst mit Energie zu versorgen. Sie neigen dazu, Energie auf dem eigenen Territorium selbst produzieren zu wollen, weil dann die eigene Volkswirtschaft prosperiert, die Außenhandelsbilanz nicht belastet und der Wohlstand gesteigert wird. Staaten, regional verankerte Unternehmen und die Bevölkerung sehen es nicht ein, Energie überteuert importieren zu müssen, statt diese selbst zu produzieren und davon zu profitieren. Eine möglichst weitreichende Energieautonomie zählt zu den wesentlichen politischen Zielen.

Die Interessenlage der Ölmultis ist eine andere. Zunächst haben sie – wie andere Produzenten auch – ein Grundproblem: Es kann stets nur so viel Erdöl und Erdgas gefördert werden, wie auf den Weltmärkten absetzbar ist. Die Möglichkeiten für eine Erhöhung des Marktvolumens sind begrenzt.[23] Daher muss in erster Linie dafür gesorgt werden, dass der Weltmarkt nicht mit zu viel Öl, Gas und sonstigen Energieträgern überschwemmt wird. Würde dies geschehen, käme es zum Preisverfall und das Mega-Milliardengeschäft mit der Ware Energie wäre dahin. Im Vergleich zu industrieller High-Tech-Produktion haben die Energiekonzerne darüber hinaus aber noch ein besonderes Problem: Öl und Gas kann weltweit an sehr vielen Stellen mit relativ einfachen technischen Mitteln gefördert werden, Energiequellen sind fast überall in großen Mengen verfügbar. Es geht also in erster Linie darum, unliebsame Konkurrenz auszuschalten bzw. um den Abbau von Überkapazitäten.

Das Geschäftsmodell der global führenden Energieunternehmen besteht darin, an relativ wenigen Billig-Standorten große, aber dennoch limitierte Mengen zu fördern oder fördern zu lassen, über Produktionsstätten an ausgewählten „teuren Standorten" den Preis festzulegen und an allen übrigen potenziellen Standorten – den weitaus meisten – eine nennenswerte Produktion möglichst weitreichend zu unterbinden. Dieser Dreiklang könnte den wesentlichen Kern dessen charakterisieren, was man als „Ressourcenkontrolle“ bezeichnet. Die Begrenzung der Produktion an den Billig-Standorten wie etwa im Nahen Osten, die weltweite Unterbindung nennenswerter Konkurrenz und die Aufrechterhaltung eines Energie-Fernhandels machen eine weltweite Überwachung, Kontrolle und Sanktionierung erforderlich. Dafür müssen alle Register gezogen werden. Ressourcenkontrolle bedeutet globale Raumbeherrschung, mit politischer, ökonomischer, ideologischer und militärischer Macht.

Die Probleme mit Angebot, Überangebot, Preisschwankungen und Machtkämpfen waren schon in den Anfängen der modernen Ölindustrie zu beobachten. David Rockefeller, Enkel des Ölmagnaten John D. Rockefeller Sr. und langjähriger Chef der Chase Manhattan Bank, schreibt, die ersten Jahre der Ölindustrie seien in fälschlicher Weise als eine Art Garten Eden der Unternehmensgründer idealisiert worden. „In Wirklichkeit war es ein außerordentliches Massaker. Die Preise kreisten wild durcheinander und es gab große Schwankungen bei der Produktion, es gab entweder zu viel oder zu wenig Öl. Veredler und Produzenten gingen bankrott und wurden über Nacht aus dem Geschäft vertrieben.“ In der Konsequenz wurden Monopole gebildet, in den USA kontrollierte schließlich die Standard Oil Company das Geschäft: „Standard war ein Monopol. Auf seinem Höhepunkt kontrollierte das Unternehmen 90 Prozent der inländischen Ölindustrie“, so Rockefeller.[24] Es geht um ein globales Geschäft, welches sehr bald von nur wenigen Konzernen beherrscht wurde.

Nach dem Ersten Weltkrieg schrieb der Chef der British Controlled Oilfields Ltd, Sir Edward Mackay Edgar, im September 1919 im britischen Bankmagazin Sperling’s Journal: „Oder nehmen wir die größte aller Ölgesellschaften, die Shell-Gruppe: Sie besitzt allein oder kontrolliert Anteile an jedem wichtigen Ölfeld der Welt, inbegriffen die USA, Russland, Mexiko, Holländisch-Ostindien, Rumänien, Ägypten, Venezuela, Trinidad, Indien, Ceylon, Malaysia, Nord- und Südchina, Siam, die Niederlassungen an der Meerenge von Singapur und auf den Philippinen. Wir werden noch einige Jahre warten müssen, bis der gesamte

Vorteil dieser Situation Früchte trägt. Dass aber schließlich die Ernte gewaltig sein wird, daran kann überhaupt kein Zweifel bestehen (...)“[25]

Die Konzerne sorgten immer wieder dafür, dass das Ölangebot künstlich begrenzt wurde. Durch den Rückgang der wirtschaftlichen Gesamtleistung während der Weltwirtschaftskrise gab es um 1929 wieder einmal „zu viel Öl“. Infolgedessen ließen die Amerikaner die Russen fallen, „es kam zu neuen Zusammenkünften der Ölmagnaten und zu einem neuen Ölfrieden.“[26] Das Beispiel zeigt, dass bei einem Ölüberangebot einzelne Länder ihre Produktion zu reduzieren haben. In der Zwischenkriegsphase war es immer wieder zu einem „Überangebot“ und zum Preisverfall gekommen.

Der Druck auf die Politik wurde erhöht, in den USA wurden nationale Programme zur Produktionsbeschränkung diskutiert, darüber hinaus wurde eine international-intergouvernementale Regulierung des Ölmarktes erwogen.[27]

Schließlich formten die global führenden Ölmultis[28] in Schloss Achnacarry in Schottland 1928 ein Weltölkartell. In dem „Achnacarry-Übereinkommen“ (auch „As-Is-Agreement“) beklagten die Konzerne das Problem der „Überproduktion“. Die Produktion sollte nur so weit vergrößert werden, als notwendig ist, den steigenden Bedarf an Petroleumerzeugnissen auf rationellste Weise zu befriedigen. Der Plan sah vor, die Handelsanteile der beteiligten Ölmultis zu fixieren und die Preise zu bestimmen. Mit dem „Gulf-Plus-System" wurde der Ölpreis nach dem im Golf von Mexiko geltenden Preis gehandelt. Maßgebend waren also die höchsten Förderkosten und obendrein Frachtkosten für rein fiktive Öltransporte vom Golf von Mexiko beispielsweise nach Europa, selbst wenn billiges Öl aus Persien geliefert wurde („Phantomfracht"). Nach Auffassung des Journalisten Anthony Sampson „konnte man nur einen schamlosen Mechanismus darin erblicken, die Preise hochzuhalten." Das System bescherte insbesondere Royal Dutch Shell und BP exorbitante Profite mit billigem Öl u.a. aus dem Irak.[29]

Dem Ziel der künstlichen Angebotsverknappung und Preisregulierung diente in den 1960er Jahren auch die Gründung der Organisation erdölexportierender Länder (OPEC). Die Begrenzung der Fördermengen zur Preisstabilisierung erfolgt aber längst weltweit in zeitlicher Abstimmung zwischen OPEC- und anderen Förderländern, wie Autoren der Bundesanstalt für Geowissenschaften und Rohstoffe (BGR) feststellten: „Erst durch massive Förderkürzungen der OPEC-Länder ab Januar 2002 und Einbeziehung anderer Länder (Mexiko, Norwegen, Russland, Angola) konnte der Preis Anfang 2002 wieder bei steigendem Trend stabilisiert werden."[30]

Wie gigantisch die Profitraten im Ölgeschäft sind, lässt sich durch einen Vergleich der Förderkosten mit dem Rohölpreis erahnen. Der Deutschen Bank zufolge betragen die durchschnittlichen Förderkosten weltweit nur rund 7,70 Dollar je Barrel.[31] Höher lägen die Förderkosten (angeblich) in Russland, China, in der Nordsee, in Alaska und Kanada (Ölsande). Unterdurchschnittlich seien die Förderkosten im Nahen Osten (u.a. Vereinigte Emirate, Kuwait, Saudi Arabien, Iran, Irak) sowie in Libyen, Algerien und Venezuela.[32]

In Wirklichkeit wird Öl großteils zu extrem niedrigen *Kosten* produziert. Nach Angaben der Bundesanstalt für Geowissenschaften und Rohstoffe (BGR) aus dem Jahr 2003 liegen die Förderkosten für irakisches Erdöl bei nur rund 2 US-Dollar/Barrel.[33] Verkauft wird das Rohöl aber für einen weit darüber liegenden *Preis*. Ab Mitte der 1980er und in den 1990er Jahren lag der Ölpreis überwiegend im Bereich von 20 US-Dollar/Barrel (Brent). In den darauffolgenden Jahren stieg er stark an. In den letzten Jahren lag er großteils im Bereich zwischen 100 und 120 US-Dollar/Barrel mit Spitzenwerten über 140 Dollar.

Wenn ein Produkt zu Kosten von 2 Dollar (oder weniger) produziert und zu einem Preis von 20 bis 140 Dollar verkauft wird, dann werden mit diesem Geschäft exorbitant hohe Gewinne realisiert. Eine Analyse des Politikwissenschaftlers Andreas Beyer bestätigt: Die oligopolistische Struktur erlaubt den Marktakteuren „Profite weit über ihren Produktionskosten".[34]

Auswirkungen auf die Preise und Aktienkurse haben immer wieder auch die Prognosen über die Endlichkeit der Ölreserven. Schon vor rund hundert Jahren erklärten Geologen, dass das amerikanische Öl um das Jahr 1945 versiegen werde. Diese Prognosen waren nach Darstellung des Journalisten Anton Zischka „absichtlich pessimistisch gehalten". Denn: „Ölnot bedeutete erhöhte Preise. Jedes Mal, wenn Rockefeller erklären ließ, spätestens 1945 sei es vorbei mit Amerikas eigenem Öl, stiegen an den Börsen der Welt die Royal Dutch und Shell-Papiere." 1935 teilte die New Yorker Brokerfirma Goodbody & Co. mit, die amerikanischen Ölreserven würden etwa noch bis 1948 reichen. 1939 verbreitete die größte amerikanische Öl-Holdinggesellschaft, die Vereinigten Staaten könnten noch bis 1951, die Welt noch bis etwa 1955 Öl fördern. Auch Zischka ging 1939 davon aus, dass die Vereinigten Staaten „in höchstens 20 Jahren keinen Tropfen Öl mehr haben werden."[35]

Nachdem diese alten „Prognosen" in der breiten Öffentlichkeit längst in Vergessenheit geraten waren, meldete sich 1972 der u.a. von Großindustriellen gegründete „Club of Rome" zu Wort: In der Studie "Die Grenzen des Wachstums" ("The Limits to Growth") wurde u.a. prognostiziert, nach 20 Jahren – also um das Jahr 1992 – sei weltweit der letzte Tropfen Öl verbraucht.[36] Auch diese Ankündigung traf nicht zu.

1980 folgte die von US-Präsident Jimmy Carter in Auftrag gegebene Studie „Global 2000". Darin wird erörtert, dass die Welt-Ölreserven möglicherweise noch etwa 30 Jahre und die Gesamtressourcen etwa 77 Jahre reichen könnten. Jedenfalls sei man immer mehr zu der Ansicht gekommen, dass der konjunkturelle Höhepunkt der Erdölproduktion in den 90er Jahren erreicht werde.[37]

In diesem Kontext ist auch die 1956 von dem amerikanischen Geologen Marion King Hubbert entworfene Peak-Oil-Theorie zu sehen. Hubbert war in Texas für Royal Dutch Shell tätig und prognostizierte das Maximum der US-Ölproduktion für Anfang der 1970er Jahre (das globale Fördermaximum erwartete er später im Jahr 1995). In den vergangenen Jahren wurde die Peak-Oil-Theorie erneut intensiv diskutiert.

In Diskussion ist auch immer wieder die Frage einer Knappheit der nicht-energetischen Rohstoffe. Nach Darstellung von François Heisbourg vom International Institute for Strategic Studies (IISS) sind die „Seltenen Erden“ ebenso wie die meisten anderen Rohstoffe nicht wirklich selten: „Like most other natural resources, ‚rare‘ earths are not actually rare. If the price becomes right, known deposits in Australia, India, Brazil, the United States, and Central Asia will eventually come on stream.”[38]

Das generelle Problem: Bei den Primär-Informationen über Vorkommen und förderbare Mengen von Erdöl, Erdgas und sonstigen Rohstoffen handelt es sich um „Herrschaftswissen”, welches der Öffentlichkeit nicht zur Verfügung steht.

Um den Ölpreis zu stabilisieren und die hohen Gewinnmargen zu sichern, ist eines der wesentlichen Ziele der Ölmultis, die Fördermengen zu begrenzen. Dazu gehört u.a. auch, Konzessionen zu erwerben, in den betreffenden Gebieten dann aber kein oder nur wenig Öl zu fördern. So hatte beispielsweise eine Tochtergesellschaft von Standard Oil um 1922 Konzessionen für Ölfelder in Bolivien erworben: „Sie hatte die Hand auf alle ertragreichen bolivianischen Felder gelegt“, so Zischka. „Aber da sie ja 55 Jahre Zeit hatte, dachte auch sie nicht daran, sie produktiv zu machen. 17 Brunnen wurden erbohrt, aber, da es Zeiten nicht besonders guter Ölpreise waren, wieder abgeriegelt.“ Schon um 1916 waren in Bolivien Konzessionen vergeben worden, „aber gebohrt oder gar produziert wurde nicht“. Ebenso war auch „in Kolumbien praktisch nichts unternommen worden, hatte man nur um Rechtstitel gestritten."[39]

Nicht anders war es im Iran nach dem Zweiten Weltkrieg: „Darüber hinaus hielt Großbritannien noch exklusive Schürfrechte über ein riesiges Gebiet von 100 000 Quadratmeilen, weigerte sich aber, dort überhaupt nach Erdöl zu suchen."[40] Enrico Mattei, ab 1953 an der Spitze der damals staatlichen italienischen Erdölgesellschaft Eni, war einer der prominentesten Kritiker der Preispolitik der Ölmultis. Er warf ihnen vor, sie drosselten die Produktion, um den Preis für Erdöl künstlich hoch zu halten, sie pressten dem verarmten Europa für ihr Rohöl aus dem Nahen Osten künstlich überhöhte Preise ab.[41]

Das eigentliche Problem der Ölmultis besteht darin, dass weltweit regelmäßig Erdöl und Erdgas in großen Mengen gefunden wird und dass viele Staaten ihre Ressourcen eigentlich gerne sehr viel stärker nutzen würden. Das State Department wies daher die amerikanischen Konsulate und Gesandtschaften regelmäßig an, die Ölgesellschaften bei der globalen Ressourcenkontrolle umfassend zu unterstützen. In einer typischen Order vom 16. August 1919 hieß es: „Da die Suche nach neuen Feldern von anderen Staaten überaus aggressiv geführt wird, wird von Ihnen verlangt, dass Sie erschöpfende Informationen über diese Tätigkeit einholen, dass Sie regelmäßig vertrauliche Berichte über erteilte oder nachgesuchte Konzessionen, über alle Änderungen in der Kontrolle von Gesellschaften der Ölindustrie liefern. Die vorliegende Order beauftragt Sie, alle Schritte amerikanischer Ölindustrieller auf das Tatkräftigste zu unterstützen (...)."[42]

Die weltweiten Aktivitäten der Staaten, übrigens auch der US-Bundesstaaten, werden auch heute noch u.a. von der U.S. Energy Information Administration (EIA) sehr genau beobachtet und analysiert. Den regelmäßigen Berichten der Energie-Statistikbehörde ist zu entnehmen, wie die Ölförderung durch Kriege immer wieder deutlich reduziert wird.

So kam es während des Ersten Golfkriegs ab 1980, des Zweiten Golfkriegs 1990/91 sowie im Vorfeld des Dritten Golfkriegs 2003 (Irakkrieg) jeweils zu einem drastischen Rückgang der Ölförderung im

Irak. Im Zuge des Zweiten Golfkriegs 1990/91 verringerte sich laut EIA die tägliche Ölproduktion von 2 Millionen auf nur noch rund 0,5 Millionen Barrel, was dann auf Jahre hinaus nur noch dem Eigenverbrauch des Landes entsprach. Eine der weltweit größten Ölexportnationen konnte also nach diesem Krieg langfristig über Jahre hinweg nur noch so viel Öl fördern, wie sie selbst verbrauchte.

© Henrik Paulitz
Akademie Bergstraße

Einen Kausalzusammenhang zwischen dem Krieg und der rückläufigen Erdölproduktion legte die EIA in ihren Grafiken selbst nahe, indem sie an entsprechender Stelle vermerkt: "Gulf War (1990/ 91)".[43] In dem Krieg sind im Irak Ölraffinerien, Ölpipelines, Hafeneinrichtungen und die Elektrizitätswirtschaft zerstört worden.

In Kuwait wurden fast alle rund 950 Ölquellen in Brand gesetzt, durch Verminung sabotiert und gewaltige Mengen Öl absichtlich in den Persischen Golf geleitet.[44] So verringerte sich in Kuwait im Zuge des Zweiten Golfkriegs die Rohölförderung kurzzeitig um 90 Prozent von 2 Millionen Barrel/Tag auf nur noch 0,2 Millionen Barrel. Laut EIA handelte es sich um eine Folge des Kriegs: „Production declines following the Iraqi invasion of Kuwait."[45]

Als weiterer Aspekt neben der Verringerung der Ölproduktion ist zu sehen, dass Kriege selbst Unternehmen mit einem gigantischen Ölverbrauch sind. Nach Angaben der Defense Logistic Agency (DLA) sollen für den Irakkrieg (Dritter Golfkrieg) bis Anfang 2006 mehr als 2,8 Milliarden Gallonen Treibstoff in das Land geliefert worden sein. Der Verbrauch des US-Militärs im Irak wurde auf 30.000 bis 40.000 Barrel pro Tag geschätzt. Hinzu kommen geschätzte 2,2 Milliarden Gallonen Treibstoff für den Afghanistankrieg, bei einem Verbrauch des US-

Militärs von über 13.000 Barrel pro Tag. Der Gesamtwert des Ölverbrauchs in den beiden Kriegen in vier Jahren bis März 2006 wurde auf 5 Milliarden Dollar geschätzt.[46]

Auch hinsichtlich des Ölverbrauchs sind Kriege also ein lukratives Geschäft, was sich spätestens im Ersten Weltkrieg abzeichnete: „Während der vier Jahre des Weltringens war die Bedeutung der Ölquellen ja ins Ungemessene gestiegen“, so Zischka. Vor dem Krieg zahlte Royal Dutch 27 Millionen Gulden Dividenden, nach dem Krieg 1919 waren es 96 Millionen. Die hohen Gewinne des Ölkonzerns resultierten den Angaben zufolge auch daraus, dass Öl aus Borneo mit Toluol und Xylol für die Produktion von Sprengstoffen verwendet wurde.[47]

Der kriegsbedingte Produktionseinbruch in wichtigen Erdölförderländern einerseits und der Ölverbrauch durch den Krieg andererseits bleibt erwartungsgemäß nicht ohne Einfluss auf den Ölpreis. In der Tat scheinen Kriege, aber auch Unruhen, Terroranschläge, politische Krisen und sonstige Konflikte immer wieder den Ölpreis in die Höhe zu treiben. Benjamin Augé von der Johns Hopkins University, Washington DC, führt den massiven Anstieg des Ölpreises (Brent) zwischen 2003 und 2012 von 28 Dollar auf 110 Dollar ursächlich auf den Irakkrieg, die Spannungen mit dem Iran, den Hurricane Katrina 2005, den Streik in Venezuela 2006, die Gewaltausbrüche im Nigerdelta seit 2006 und auf Terroranschläge in Saudi-Arabien zurück.[48]

Ebenso wurde nach Angaben der deutschen Bundesanstalt für Geowissenschaften und Rohstoffe u.a. „die Angst vor Terroranschlägen“ 2005 sowie andere „politische Instabilitäten“ zu den maßgeblichen Ursachen eines „extrem hohen Ölpreises“ gezählt, der nominal das Niveau nach den Ölpreiskrisen 1973 und 1979 deutlich überstieg. Nach Meinung von Analysten werde der Erdölpreis durch eine so genannte „Angst- und Spekulationsprämie“ in einer Größenordnung um zehn US-Dollar je Barrel belastet.[49]

In Libyen hatten die internationalen Konzerne 2011 ihre Arbeiter und Fachkräfte abgezogen. Dann rückte die Front immer näher an die großen Ölfelder des Sirte-Beckens. „Kriegsschäden und Sabotage gaben der libyschen Ölindustrie den Rest“, so die Badische Zeitung und erläutert den Gewinn für die Ölmultis: „Die internationalen Ölkonzerne haben weniger unter den Produktionsausfällen zu leiden, da die Verknappung durch die Krise einen Preisanstieg auf dem Weltmarkt verursacht hat, der ihnen mehr Geld pro Barrel in die Kasse bringt. So sank zwar die Fördermenge des französischen Ölriesen Total im ersten Quartal wegen des Libyenkrieges, wegen der gestiegenen Preise stieg gleichzeitig aber der Gewinn. Das Gleiche gilt für den italienischen Energiekonzern Eni, bislang der größte ausländische Ölproduzent."[50]

Beobachtet man die langfristige Entwicklung des Ölpreises, so ist zu sehen, dass es im Zusammenhang mit Kriegen immer wieder zu rapiden und meist auch anhaltenden Preisanstiegen kam. Im Verlauf des vierten Israelisch-Arabischen Kriegs (Jom-Kippur-Krieg, 1973) in Verbindung mit dem Öl-Embargo der OPEC stieg der Ölpreis sprunghaft von gut 4 Dollar auf gut 10 Dollar pro Barrel. Mit dem Sturz des Schahs im Iran und während des Ersten Golfkriegs bewegte sich der Ölpreis zwischen 1980 und 1985 auf einem deutlich erhöhten Niveau zwischen 15 und 36 Dollar. Der Zweite Golfkrieg (1990/91) führte kurzzeitig zu einem deutlichen Ölpreis-Peak von 27 Dollar.

Mit dem Afghanistankrieg (seit 2001) und dem Irakkrieg (seit 2003) kletterte der Ölpreis dann über 38 Dollar auf mehr als 60 Dollar (2005)[51] bis schließlich nach der Jahrhundertwende phasenweise 100 bis 120 Dollar erreicht wurden. Spannungen, Konflikte und Kriege scheinen also oftmals zu höheren Ölpreisen zu führen, wovon die Ölkonzerne in erheblichem Maße profitieren.

Vergleichbare Effekte sind auch bei den Metallen und anderen nichtenergetischen Rohstoffen zu beobachten. „Während der beiden Weltkriegszeiten ist die Nachfrage der kriegführenden Staaten massiv angestiegen", konstatiert die Deutsche Rohstoffagentur (DERA/BGR). Das habe enorme Auswirkungen auf die „langfristige Entwicklung der Metallpreise" gehabt: Eine „Expansionsphase" der sogenannten „Super-Zyklen" der Rohstoffpreise für Metalle (Cuddington & Jerrett 2009) von 1931 bis 1950 „könnte durch den stark steigenden Rohstoffgebrauch im Vorlauf und während des Zweiten Weltkriegs" durch

Deutschland, Japan, Großbritannien und die USA verursacht worden sein.

Anhand von grafischen Darstellungen der Preisverläufe verschiedener Metalle zeigt die Rohstoffagentur, dass offenbar der Vietnamkrieg den Kupferpreis, der Koreakrieg den Zinn- und Zinkpreis in die Höhe getrieben hat. Abgesehen vom Einfluss der Konjunkturzyklen und anderen Effekten trieben auch Kartellbildungen – mit der Folge künstlicher Angebotsverknappung – immer wieder die Rohstoffpreise in die Höhe. Am Beispiel der Entwicklung des Zinkpreises macht die Rohstoffagentur deutlich, welche immensen Auswirkungen es hat, wenn das Angebot nicht künstlich knapp gehalten wird: So führte bei Zink nach dem Ersten Weltkrieg eine „Überproduktion in den USA" zu einem extremen Preisabsturz.[52] Das demonstriert, wie groß das Interesse der Rohstoffkonzerne an einer künstlichen Angebotsverknappung sein muss.

Vor Jahren gab es im Irak Pläne, die Ölproduktion bis 2017 sehr deutlich auf 12 Millionen Barrel pro Tag zu steigern. Das war nicht erwünscht. Durch „Nachverhandlungen" wurde das Ziel auf 9 Millionen Barrel/Tag reduziert. Angesichts der fortbestehenden „Verzögerungen" beim Wiederaufbau der Energie-Infrastruktur ist aber auch dieses Ziel laut EIA „optimistisch". Nach Auffassung der EIA könnte der Irak bei anhaltend „niedrigen" Ölpreisen sein Ziel auf 6 Millionen Barrel/Tag zurückfahren.[53]

Das erweckt den Eindruck, als bestehe für ölproduzierende Länder wie den Irak ein von außen diktiertes Limit einer maximal zulässigen Ölförderung, bei dem die Möglichkeiten allenfalls marginal ausgeschöpft werden. Im Jahr 2002 gab es im Irak 73 bekannte Ölfelder, von denen aber nur 23 in Förderung waren. 2015 produzierten von 80 bekannten Ölfeldern mit 17 sogar noch weniger. Es seien im Irak „nur" etwa 2300 Bohrlöcher gebohrt worden, von denen derzeit lediglich 1600 produzieren würden.[54]

Auch die Neue Zürcher Zeitung berichtete von den ursprünglichen Plänen des Irak, zwölf Millionen Barrel Öl pro Tag zu fördern. So könne der Irak theoretisch „zum Energieriesen aufsteigen". Das aber wurde und wird mit diversen Maßnahmen verhindert: „Der Krieg mit Iran und die Golfkriege verhinderten (...) den Ausbau der Ölförderung." Zudem: „Terror und Korruption verhindern, dass das Land sein großes Potenzial ausschöpfen kann." Und nicht zuletzt „könnte die OPEC dem Irak dann wieder Exportquoten auferlegen, von denen er seit den Uno-Sanktionen nach dem Ersten Golfkrieg ausgenommen ist." Es sei sinnlos, die Kapazitäten auf zwölf Millionen Barrel auszubauen, wenn die Opec dann beispielsweise eine Quote von vier Millionen festlege.[55] OPEC, Sanktionen, Korruption, Krieg und Terror sind also die Folterwerkzeuge, mit denen dem Irak eine bestimmte Energiepolitik aufgezwungen wird.

Auch bei der Analyse aktueller Konflikte sind massive Einflüsse auf die Energiewirtschaft der betroffenen Länder zu beobachten. So stand die Ukraine seit 2009 massiv unter Druck, nachdem die damalige Ministerpräsidentin und Energiemanagerin Julija Tymoschenko Gasliefervertäge mit Russland unterzeichnet hatte. Der Gazprom massiv begünstigende Vertrag sah die Lieferung von russischem Erdgas zu weit überhöhten Preisen und in nicht erforderlicher Menge vor. Der zu zahlende Preis lag weit über dem, den deutsche oder polnische Importeure zahlen mussten.

Nach jahrelangen Verhandlungen, in denen die Nachfolgeregierung der Ukraine vergeblich versuchte, zu tragfähigen Konditionen zu kommen, entschied das Land schließlich, sich zunehmend selbst mit Erdgas zu versorgen und anstelle von Erdgas verstärkt wieder Kohlekraftwerke zur Stromerzeugung zu nutzen. Das Land war um das Jahr 2012 auf dem besten Weg, seine Erdgasimporte zu halbieren, was für Gazprom natürlich gewaltige Gewinneinbußen bedeutet hätte.

Hinter Gazprom steht bekanntermaßen der russische Staat; mit fast 27% der Anteile ist aber auch die Bank of New York Mellon, eines der mächtigsten Geldhäuser der Welt, an Gazprom beteiligt.[56]

Der Druck auf die ukrainische Regierung wurde schrittweise massiv erhöht, bis es schließlich im Februar 2014 zum gewaltsamen Regime-Change kam. Es folgten ein Krieg in der Ostukraine und die so genannte Krim-Krise. Auf Druck des IWF sollte der Öl- und Gassektor privatisiert, die Erdgas-Preise für die Bevölkerung sollten massiv erhöht werden. Die EU wollte Geld in das Land pumpen, damit die Ukraine ihre „Schulden" bei Gazprom bezahlen könnte. Zugleich kündigte der Gaskonzern an, den zwischenzeitlich abgesenkten Erdgaspreis wieder drastisch erhöhen zu wollen.

Im Ostukrainekrieg ab 2014 wurden systematisch Kohlebergwerke im Donbass zerstört und außer Betrieb gesetzt, so dass die Ukraine ihre Kraftwerke nicht im geplanten Umfang zur Stromerzeugung mit eigener Kohle befeuern konnte. Das Land, eigentlich ein Netto-Stromexporteur, musste ab Dezember 2014 Strom aus Russland importieren. Außerdem sah sich die Ukraine, einst ein großer Kohlelieferant in der Sowjetunion, gezwungen, Kohle aus Russland, den USA und aus Südafrika zu hohen Preisen einzuführen.

Im Zuge der Krim-Krise erlitt die Strategie, sich in erheblichem Umfang mit Erdgas selbst zu versorgen, einen substanziellen Rückschlag. Sofort nach der Angliederung der Krim an Russland wurde das dort ansässige ukrainische Erdgas-Förderunternehmen Tschernomorneftegas „nationalisiert" und somit der Verfügungsgewalt der Ukraine entzogen. Die amerikanisch-ukrainische Investmentbankerin Natalija Jaresko hat bei einem Event des Elite-Think-Tanks Chatham-House im März 2015 gesagt, die Ukraine habe mit der Krim energiewirtschaftliches Vermögen im Wert von 300 Milliarden US-Dollar verloren.[57] Die geplante Ausweitung der Erdgasförderung der Ukraine im Schwarzen Meer war nicht mehr durchführbar, Royal Dutch Shell und ExxonMobil stoppten ihre „ukrainischen" Erdgasprojekte. Die Geschehnisse auf der Krim wurden von diversen Militärmanövern begleitet.

Es zeigt sich, dass die langjährige Krise und der Krieg in der Ukraine von massiven energiewirtschaftlichen Interessen durchdrungen sind. Der ehemalige Energielieferant der Sowjetunion wurde zum hoch verschuldeten Energieimporteur, ein erheblicher Teil der Energieversorgungsstruktur wurde im Krieg zerstört oder geraubt. Der Versuch des souveränen Staates, eine selbstbestimmte Energiepolitik zu realisieren, war gescheitert.[58]

In derselben Weise interpretiert auch das NATO Defense College, Rom, die Motive des Krieges in der Ukraine: Durch den Verlust der Kontrolle über die Donbas-Region sei die Energie-Importabhängigkeit der Ukraine gestiegen. Der Verlust der Öl- und Gasfördermöglichkeiten im Schwarzen Meer sei für die Ukraine „ein herber Rückschlag für ihre wirtschaftliche Zukunft und ihre Hoffnung auf Energie-Unabhängigkeit". Laut NATO war die Annexion der Krim sehr stark von dem Bemühen getrieben, „die Energie- und Gas-Diversifizierungsstrategie der Ukraine zu unterminieren".[59] Somit bestätigt die NATO sehr dezidiert, dass es beim Krieg in der Ukraine in erster Linie um die Durchsetzung energiewirtschaftlicher Ziele im Interesse transnationaler Energiekonzerne geht.

Auch beim so genannten Bürgerkrieg in Syrien sind bemerkenswerte energiewirtschaftliche Trendänderungen feststellbar. Syrien war einst der führende Öl- und Gasproduzent im östlichen Mittelmeer gewesen. Die Produktion von Erdöl und Erdgas sollte deutlich ausgeweitet werden. Wegen der kombinierten Wirkung der dann aber verhängten Sanktionen und des Krieges brach die Ölförderung um 90 Prozent ein. Luftangriffe trugen nennenswert zu strukturellen Schäden an der Öl-Infrastruktur bei. Raffinerien und Tanklager waren Ziele von Luftangriffen. Sabotageakte auf Ölpipelines hatten Auswirkungen auf die Selbstversorgung des Landes mit Treibstoffen. Der Krieg machte Syrien vom Ölexporteur zum öl-importierenden Land, wobei die Ölimporte aus dem Iran mit milliardenschweren Krediten finanziert werden mussten. Die Energiepreise für die Bevölkerung wurden massiv angehoben. Infolgedessen stiegen auch die Lebensmittelpreise.

Der Krieg machte alle Pläne für eine Ausweitung der eigenen Erdgas-Förderung sowie für den geplanten Erdgas-Transit nach Europa zunichte: „Der gewaltsame Konflikt und der Zusammenbruch des Staates in Syrien macht jede Entwicklung der Offshore-Ressourcen unmöglich", schrieb der German Marshall Fund of the United States 2015. Anstelle der geplanten Ausweitung der Erdgasförderung wurden sogar Diskussionen um einen Import von Flüssigerdgas geführt. Eine potenzielle neue „Erdgasmacht Syrien" wurde durch den Krieg vereitelt.[60]

Aufschlussreich ist selbst die Krise in Griechenland. Das Land könnte im Ägäischen Meer offenbar große Mengen Öl und Gas fördern. Die Rede ist von einem „neuen persischen Golf". Der Börsenspezialist Dirk Müller hält es für nicht unwahrscheinlich, dass die Konflikte im östlichen Mittelmeerraum wie auch „die Herbeiführung des wirtschaftlichen Zusammenbruchs Griechenlands und Zyperns" auf die Entdeckung gigantischer Erdölvorkommen in der Region zurückzuführen sind. Schon seit vielen Jahrzehnten kommt es in Griechenland immer wieder zu Ankündigungen der Vergabe von Förder-Konzessionen, nicht aber zur Aufnahme einer tatsächlichen Energiegewinnung in größerem Stil.

Lediglich in der nördlichen Ägäis wird etwas Öl und Gas gefördert. Der griechisch-amerikanische Ökonomie-Professor Theodore Kariotis ist davon überzeugt, dass „der Hauptgrund für den Konflikt zwischen Griechenland und der Türkei" die Ölvorkommen im Ägäischen Meer sind. In den 1990er Jahren gab es Bestrebungen, die bereits in den 1970er Jahren erkundeten Vorkommen östlich von Thasos aufzuschließen und auszubeuten, was jedoch „wegen Grenzstreitigkeiten mit der Türkei" untersagt wurde. Ergebnislos wird über die Aufteilung der „ausschließlichen Wirtschaftszonen" in dem rohstoffreichen Meeresgebiet gestritten, was die Aufnahme einer Energieförderung verhindert.

Hinzu kommen ständige militärische Drohungen der Türkei, die jegliche Explorationsaktivitäten Griechenlands oder auch der Republik Zypern beeinträchtigen, so etwa, als Zypern südlich der Insel nach Öl und Gas forschen wollte. „Für diesen Zweck haben wir die Kriegsmarine", sagte der türkische EU-Minister Egemen Bağiş. 2013 hatte der türkische Energieminister angekündigt, die Regierung würde (zur Strafe) einige in der Türkei geplanten Projekte mit dem Ölkonzern ENI aussetzen, um die Expansion von Energieinvestments in umstrittenen zypriotischen Gewässern zu verhindern.

Möglicherweise wird auch die griechische Marine zur Ressourcenkontrolle im Mittelmeer eingesetzt. 2012 führten Griechenland, Israel und die USA eine gemeinsame Übung der Luft- und Seestreitkräfte durch, bei der es offiziell um die „Verteidigung" von Ölplattformen im Mittelmeer ging. Im März 2015 gab es Gespräche mit den USA für eine

Zusammenarbeit in den Bereichen Energie und Verteidigung. Auch die russische Marine ist neuerdings im östlichen Mittelmeer dauerhaft präsent. Zudem wurde bekannt, dass Griechenland gemeinsam mit Großbritannien und den USA „die Explorationsrechte“ von Israel und Zypern militärisch schützen solle.[61] Der Schutz von „Explorationsrechten“ deutet darauf hin, dass es die Aufgabe von See- und Luftstreitkräften zu sein scheint, ressourcenreiche Meeresgebiete zu kontrollieren, um dort eine Förderung von Erdöl oder Erdgas zu verhindern.

Vergleichbares ist auch in Brasilien zu beobachten. Dort gab der Ölkonzern Petrobras 2007 „die Entdeckung eines bereits vermuteten gigantischen Ölfeldes“ vor der Atlantikküste bekannt. Die Ölvorräte des Landes befinden sich vor der Küste in den kilometerdicken Subsalinarschichten des Festlandsockels. Der Erdöl-Hype hatte erhebliche Auswirkungen auf die Rüstungsausgaben des Landes. Die Nationale Verteidigungsstrategie von 2008 begründet höhere Militärausgaben mit einem Schwerpunkt auf dem „Schutz natürlicher Ressourcen im Südatlantik“. Die Bemühungen um militärische Kontrolle des Südatlantiks betreffen nicht nur die derzeit ausgebeuteten und bereits bekannten natürlichen Ressourcen, „sondern auch (vielleicht sogar noch mehr) die potenziellen Ressourcen der Region, insbesondere die Offshore-Ressourcen“, so Professorin Adriana Abdenur von der Päpstlichen Katholischen Universität Rio de Janeiro. Es geht also um die Kontrolle der nicht erschlossenen Ressourcen.

Zur Überwachung des Südatlantiks soll auch ein Atom-U-Boot zum Einsatz kommen, wegen „dessen Fähigkeit, auf Patrouille ohne häufigeres Auftauchen große Entfernungen zurückzulegen". Ein satelliten- und radargestütztes System soll „die Überwachungsmöglichkeiten für das Ölgebiet im Subsalinar des Südatlantiks verbessern“. Brasilien arbeitet dabei militärisch eng mit Großbritannien, den USA und anderen europäischen Staaten, möglicherweise auch mit China zusammen. Es geht um ein „gemeinsames Bemühen“ für die „Sicherung der Hoheit über einen Teil des Südatlantik“ und darum, „dass die maritimen Ressourcen einen neuen Ausgangspunkt für potenzielle Bedrohungen darstellen“.[62]

Anders als gemeinhin angenommen, werden militärische Mittel also primär nicht zur „Eroberung“ rohstoffreicher Gebiete eingesetzt, um die Energierohstoffe anschließend auszubeuten. Vielmehr dienen die Streitkräfte ganz im Gegenteil dazu, rohstoffreiche Gebiete zu überwachen und militärisch zu „sichern“, um die Förderung von Erdöl, Erdgas etc. zu verhindern.

Diesem Zweck dient die Breite der militärischen „Fähigkeiten“ vom Patrouillenboot bis zur Satellitenüberwachung. So schreibt auch der German Marshall Fund of the United States, die Kriegsmarinen im östlichen Mittelmeer seien „zunehmend beauftragt, die Offshore-Energieinteressen ihrer Länder zu sichern und in ihren ausschließlichen Wirtschaftszonen zu patrouillieren“.[63] Es gibt weltweit extrem viele Gebiete, in denen Öl und Gas zu vertretbaren Kosten gefördert werden könnten, so dass es notwendig erscheint, im globalen Maßstab die Rohstoffgewinnung mit militärischen Mitteln zu begrenzen, damit der lukrative Markt nicht in die Knie geht.

Vor diesem Hintergrund erschließt sich, warum Griechenland selbst noch in der Schuldenkrise zu den größten Importeuren von Rüstungsgütern weltweit zählt und sogar von den Gläubigern zu Rüstungsimporten gedrängt wurde. Nach offizieller Lesart liegt das daran, dass sich Griechenland von der Türkei bedroht fühlt. Was aber mag in Wirklichkeit hinter dem Kauf von Fregatten, U-Booten, Panzern und Kampfflugzeugen stehen? Wozu unterhält die griechische Marine rund 100 kleinere und mittelgroße Kriegsschiffe? Wozu unterhält die türkische Kriegsmarine rund 200 U-Boote, Fregatten, Korvetten, Schnellboote, Minenlegeboote, Patrouillenboote etc. sowie 8 Patrouillenflugzeuge und 35 Hubschrauber?[64]

Für das Rohstoffgeschäft der Konzerne ist eine globale Kontrolle aller Territorien und maritimen Gebiete erforderlich. Die von den Staaten vorzunehmende „Raumbeherrschung“, für die natürlich die Steuerzahler zur Kasse gebeten werden, ist ein beständiges politisches Thema. Jürgen Wagner von der Informationsstelle Militarisierung verwies auf das in der Europäischen Union unter schwedischer Präsidentschaft vor Jahren diskutierte imperiale Raumkonzept einer „Grand Area“.

Der Vorschlag von James Rogers vom Royal Institute for International Relations (Egmont) zielte auf ein „europäisches Imperium“ ab, welches neben Europa auch große Teile Afrikas, die ölreiche kaspische und zentralasiatische Region und den Mittleren Osten umfassen und weit nach Ostasien reichen soll.[65] Rogers schlug vor, dieses Imperium mit Militärbasen zu beherrschen. Neue Basen dürften seiner Ansicht nach vor allem in Gebieten erforderlich werden, wo neue Erdgas-Pipelines und andere Handelswege errichtet werden. „Neue europäische Militäranlagen könnten im Kaukasus und Zentralasien, der arktischen Region und entlang der Küstenlinie des Indischen Ozeans benötigt werden. Das Ziel dieser Einrichtungen wäre es, (...) eine latente aber permanente Macht innerhalb der ‚Grand Area‘ auszuüben“, so Rogers.[66]

Es ist nicht unüblich, dass in Kriegen als erstes die Energieressourcen und Energietransportwege des angegriffenen Landes unter Kontrolle gebracht und dort Militärbasen errichtet werden. So betonte der Fernsehsender 3sat in einem Bericht zum Irakkrieg 2003: „Auffällig ist, dass die Amerikaner schon kurz nach der Eroberung Bagdads die Ölfelder sichern. Sie bauen 14 dauerhafte Militärbasen, die genau entlang der Ölpipeline liegen.“[67] Nach Einschätzung des ehemaligen UN-Diplomaten Hans von Sponeck ging es beim Krieg gegen den Irak 2003 darum, die „volle Kontrolle“ über die Energiequellen im Mittleren Osten und ihre Nutzung zu erlangen.[68]

Es kann kein Zweifel daran bestehen, dass militärische Gewalt der Ressourcenkontrolle dient, zumal das auch offiziellen Dokumenten zu entnehmen ist. Gemäß den „Verteidigungspolitischen Richtlinien“ von 1992 ist eine der Aufgaben der deutschen Bundeswehr die „Aufrechterhaltung (...) des ungehinderten Zugangs zu (...) Rohstoffen in aller Welt“. In der Fassung der Richtlinien von 2011 wurde noch treffender die "Sicherung von (...) Bodenschätzen" als Auftrag formuliert.[69]

3. Übung: Wie Sand am Meer

Die Welt wird von mehreren Königen beherrscht. Eines Tages beschließen sie, das Geschäft mit dem Sand weltweit zu kontrollieren, um ihren Reichtum zu mehren. Sand wird für fast jedes Bauvorhaben in großen Mengen benötigt. Das ist gut für die Könige. Da es Sand aber weltweit in Hülle und Fülle gibt, ist der Preis sehr niedrig. Sie wollen den Preis in die Höhe treiben.

a) Wie gelingt es den Königen, den Sandpreis zu erhöhen?

b) Auf welche Weise kontrollieren die Könige den globalen Sand-Markt?

c) Wie reagieren die Könige, wenn geschäftstüchtige Untertanen in einem Land beginnen, mehr Sand zu vermarkten als ihnen zugebilligt wurde?

Die Erkenntnis, dass Ressourcenkontrolle eine der wesentlichen Zwecke der Ausübung militärischer Macht ist, ist von fundamentaler Bedeutung für die Entwicklung friedenspolitischer Strategien. Der Nachweis, dass Kriege und Besatzungen energiewirtschaftlichen Zwecken und Konzerninteressen dienen, ist ein wesentlicher Hebel zur Delegitimierung von Kriegen schlechthin.

Gerade auch mit Blick auf den Nahen Osten sollte erörtert werden, ob die fortwährenden Konflikte nicht in erster Linie dazu dienen, die Fördermengen von Öl und Gas in bestimmten Grenzen zu halten.

Auch kann eine öffentliche Diskussion über die hohen Kosten der militärischen Raumbeherrschung zum Zwecke der Ressourcenkontrolle zielführend sein, um Sand ins Getriebe zu streuen. Wenn Steuerzahlern bewusst wird, dass sie mit ihren hohen Zahlungen an den Fiskus militärische Maßnahmen mit dem Ziel finanzieren, um im Interesse der Ölmultis Energiepreise auf einem weit überhöhten Niveau zu stabilisieren, könnte das Widerstände in breiten Bevölkerungskreisen auslösen. Wer zahlt schon gerne dafür, am Ende noch mehr bezahlen zu müssen?

Es ist friedenspolitisch dringend geboten, die weltweiten Konflikte und Kriege systematisch darauf zu untersuchen, inwieweit sie der Ressourcenkontrolle dienen, und daraus politisch die entsprechenden Konsequenzen zu ziehen. Auch wenn ein Land akut von einem Krieg bedroht wird, kann noch etwas getan werden: Es müssen öffentlich die richtigen Fragen gestellt werden, wie zum Beispiel: Welche energiepolitischen Entscheidungen hat das bedrohte Land in jüngerer Vergangenheit getroffen, die den Konzernen ein Dorn im Auge sein könnten? Plant das Land, seine Energieproduktion zu erhöhen oder hat es dies bereits getan? Strebt das Land nach mehr Energieautonomie? Wie viel Treibstoff wird der Krieg verbrauchen und wer liefert diesen?

Hohe Gewinne durch erzwungenen Außenhandel

Für international agierende Unternehmen ist der Zugang zu den Märkten anderer Länder existenziell. Für ihren eigenen Absatz verlangen sie „freie" bzw. „offene Märkte". Sie sehen die Aufgabe der Staaten darin, den freien Konzern-Zugang zu den Märkten in ihrem Staatsgebiet zu gewähren. Darüber hinaus sollen sie in anderen Staaten, die den Konzernen den Marktzugang erschweren oder verweigern, eine Marktöffnung erzwingen – notfalls mit militärischer Gewalt.

Vor diesem Hintergrund wurde nach der Wiedervereinigung beispielsweise auch Deutschland in die Pflicht genommen, den Marktzugang in andere Länder notfalls mit militärischen Mitteln zu erzwingen. In den „Verteidigungspolitischen Richtlinien" von 1992 wurde die „Aufrechterhaltung des freien Welthandels und des ungehinderten Zugangs zu Märkten (...) in aller Welt" als sicherheitspolitisches Ziel und Aufgabe der Bundeswehr festgeschrieben.[70] In den 2011 aktualisierten Richtlinien heißt es, „freie Handelswege" seien „von vitaler Bedeutung". Die Erschließung, Sicherung von und der Zugang zu „Vertriebswegen und Märkten" würden weltweit „neu geordnet". Zu den Sicherheitsinteressen zähle es, "einen freien und ungehinderten Welthandel" zu ermöglichen, d.h. notfalls mit militärischer Gewalt durchzusetzen.[71]

Im Weißbuch der Bundeswehr von 2006 ist vom „elementaren Interesse" an einem „offenen Welthandelssystem und freien Transportwegen" die Rede. Laut Weißbuch 2016 zählt der „freie sowie ungehinderte Welthandel" zu den Interessen, die ggf. militärisch zu verteidigen sind.[72] Kein Zweifel also: Die weltweite Durchsetzung eines angeblichen Freihandels, die globale Marktdurchdringung durch transnationale Konzerne zählt zu den wesentlichen Gründen für die Androhung oder Vollstreckung militärischer Gewalt.

In einem Strategiepapier des German Marshall Fund of the United States heißt es, manche Staaten des Südens „teilen das Interesse an einer freien, regelbasierten und friedlichen Weltordnung und bekennen sich zu Werten wie Rechtsstaatlichkeit und guter Regierungsführung." Für die Architekten einer globalen Weltordnung der Konzerne ist es aber ein massives Problem, dass andere Staaten des Südens offenbar nicht ganz so mitspielen, wie es von ihnen erwartet wird: „Andere aufsteigende Mächte hingegen stellen die Normen und die Architektur der internationalen Ordnung selbst in Frage; auch, weil sie die internationale Politik als Nullsummenspiel unter Großmächten betrachten und hoffen, ihre Interessen im unregulierten Mächtewettbewerb erfolgreicher durchzusetzen."

Auch westlichen Staaten wird eine unzulängliche Marktöffnung und eine Praxis der „Handelsdiskriminierungen" vorgeworfen: „Die Staaten des Westens haben ebenfalls dazu beigetragen, das geltende globale Normen- und Institutionengefüge zu schwächen: sei es durch Inkonsistenz oder doppelte Standards; sei es durch Handelsdiskriminierungen (…) oder auch einfach nur dadurch, dass es ihnen noch immer nicht gelungen ist, die internationale Ordnung den neuen Herausforderungen entsprechend anzupassen." Auch westliche Staaten folgen also nicht in dem Maße den Erwartungen, wie es verlangt wird. Ganz offenkundig sind viele Staaten nicht bis in die letzte Konsequenz dazu bereit, eine allmächtige, neoliberale Wirtschaftsordnung zu akzeptieren.

Nach Auffassung des German Marshall Fund of the United States sollen diese Staaten notfalls mit militärischer Gewalt bekämpft werden. Unverblümt wird u. a. auch von Deutschland verlangt, künftig Weltpolizist für die Durchsetzung globaler Wirtschaftsinteressen zu spielen:

„Zum Schutz der internationalen Ordnung muss Deutschland notfalls bereit sein, militärische Gewalt anzudrohen oder anzuwenden.“[73]

Die gewaltsame Durchsetzung einseitiger Handelsbeziehungen mit freiem Marktzugang für die eine Seite und Zöllen gegenüber der anderen steht in einer langen Tradition. Einer Darstellung des britischen Geographie-Professors Richard Hakluyt von 1584 zufolge dienten die Kolonien dem Königreich „als Rohstoffquellen, Marktgelegenheiten und Auffangbecken für den Bevölkerungsüberschuss“. Bei der Errichtung amerikanischer Kolonien habe es „vor allem ein wirtschaftliches Interesse“ gegeben, schreibt der Historiker Udo Sautter. „Nordamerika besaß unermessliche Rohstoffquellen“ und umgekehrt sollten die neuen Kolonien als Markt für arbeitsintensive Erzeugnisse wie Kleidung, Möbel und technische Instrumente, später dann für Industriegüter dienen.

Mit der „Navigationsakte“ von 1651 wurde der angeblich freie Handel zwischen dem Vereinigten Königreich, den amerikanischen Kolonien und Drittländern hochgradig reguliert. Mit Einfuhrzöllen auf den Import von Kolonialwaren nach Europa erwirtschaftete das Königreich riesige Einnahmen.[74]

Der Publizist Werner Rügemer skizziert den „Freihandel“ im britischen Manchester-Kapitalismus des 19. Jahrhunderts als die Erzwingung des Marktzugangs in den Kolonien mit Hilfe der Kriegsflotte. Dadurch sei eine monopolartige Vorrangstellung von Produzenten des Vereinigten Königreichs gegenüber den Kolonien entstanden.[75]

Engdahl erhebt den Vorwurf, unter dem Label des Freihandels sei die wirtschaftliche Entwicklung anderer Länder behindert worden: „Mit Hilfe des ‚Freihandels‘ ließ sich nämlich das Wirtschaftswachstum anderer, noch nicht so entwickelter Nationen bremsen oder unterbinden“, so Engdahl. China sei in mehreren Kriegen gezwungen worden, „seine Häfen für den ‚Freihandel‘, d.h. das Opiumgeschäft, zu öffnen.“ Er verweist darauf, dass sich im Gegensatz dazu Deutschland einst „mit Hilfe einer rigorosen Schutzzollpolitik vom Agrarland zum auffälligsten Industrieland gemausert“ habe.[76]

Laut Sautter wurde auch in den Vereinigten Staaten der Versuch unternommen, die Industrie zu schützen: „Für Kapital, Kredit und das benötigte monetäre Zentrum hatte Hamilton gesorgt. Es galt noch, die junge Industrie vor den rauen Winden der internationalen Konkurrenz zu schützen. Sein ‚Report on Manufactures' vom Dezember 1791 forderte daher Schutzzölle und zum Ausgleich Subventionen für die Landwirtschaft. Doch der Kongress folgte ihm hierin nicht mehr."[77]

Die Auswirkungen von Freihandel bzw. Protektionismus (Handelshemmnisse) auf die wirtschaftliche und Wohlstands-Entwicklung sind in der Theorie heftig umstritten. Einiges spricht dafür, dass eine Wirtschaftspolitik, die je nach Entwicklungsstand eines Landes und je nach Branche freien Handel und Handelshemmnisse kombiniert, sinnvoll sein könnte. Entscheidend dürfte sein, dass souveräne Staaten ihre wechselseitigen Handelsbeziehungen frei vereinbaren können. Durch eine Feinjustierung handelspolitischer Instrumente können Staaten und Volkswirtschaften sozial und wirtschaftlich vorteilhafte Bedingungen für alle Seiten erzielen. Das Hauptproblem besteht vermutlich nicht in dem Grundsatzstreit zwischen offenen oder regulierten Märkten, sondern darin, dass Staaten daran gehindert werden, ihre Wirtschafts- und Handelspolitik selbst bestimmen zu dürfen und dass ihnen vielfach ein Außenhandel aufgezwungen wird, den sie gar nicht benötigen. Das Kernproblem ist also die Ausübung ökonomischer, ideologischer und militärischer Macht, mit der Staaten gewaltsam daran gehindert werden, ihre Außenhandelspolitik selbstbestimmt zu organisieren.

Das lässt sich anhand der Energiewirtschaftspolitik beispielhaft erläutern. Die Ölmultis streben gewöhnlich an, das Raffineriegeschäft möglichst nicht in den ölfördernden Staaten anzusiedeln, sondern in anderen Ländern. Das hat traditionell u.a. zur Folge, dass ölproduzierende Länder für horrende Preise Benzin importieren müssen. Mexiko beispielsweise hatte „bis nach dem Weltkrieg keine einzige Raffinerie besessen; sein Öl war in die amerikanischen Raffinerien gebracht, als Benzin wieder zurückgeschickt worden und kostete nun phantastische Preise (…) Mexikos Öl kostete in Mexiko rund 34% mehr als in den Vereinigten Staaten." Auch Venezuela darf sein Rohöl nicht selbst veredeln. Die niederländischen Inseln Curaçao und Aruba waren bzw. sind für die Ölmultis „ideale Standorte für ‚neutrale', dem Zugriff des Pro-

duktionslandes entzogene Raffinerien."[78] Was für die betroffenen Volkswirtschaften offenkundiger Unsinn ist, stellt für transnationale Konzerne ein phantastisches Geschäftsmodell dar.

Kein halbwegs vernünftiger, nicht korrumpierter Staats- bzw. Regierungschef eines ölfördernden Landes würde auf den Bau von Raffinerien, mit denen die eigene Volkswirtschaft mit preiswertem Treibstoff versorgt werden kann, verzichten. Die Tatsache, dass die Rohölförderung traditionell vom Raffinerie-Geschäft räumlich entkoppelt wird, belegt, dass ein wirtschaftspolitisch irrationaler Fernhandel erzwungen wird, der den beteiligten Unternehmen hohe Gewinne beschert.

Die künstliche Arbeitsteilung führt zu funktional unterschiedlichen Länder-Typen: Energie-Produzenten, Energie-Transitländer, Energie-Veredler und Energie-Importeure. In diesem Kontext wird auch versucht, industrielle Produktion und Dienstleistungen auf bestimmte

Länder bzw. Standorte zu konzentrieren, während andere Länder und Standorte unterentwickelt bleiben.

Im vorherigen Kapitel wurde gezeigt, dass die Bestrebungen der Ukraine, sich selbst preiswert mit Erdgas und Kohle zu versorgen, systematisch unterminiert wurden. Als Ergebnis des Krieges und der „Krim-Krise" wurde das Land wieder darauf zurückgeworfen, überteuerte Energie in großen Mengen aus dem Ausland importieren zu müssen. Zudem hat die Ukraine die Funktion, als Transitland russisches Erdgas nach Westeuropa durchzuleiten. In vergleichbarer Weise ist es offenbar unerwünscht, dass Griechenland, Zypern, Syrien und andere Länder des östlichen Mittelmeeres zu bedeutsamen Erdöl- bzw. Erdgasproduzenten aufsteigen. Griechenland wird allenfalls die Funktion des Energietransits nach Europa zugestanden.

Die so genannte liberale Weltordnung, die nicht zuletzt mit militärischer Macht durchgesetzt wird, ist also in Wirklichkeit eine Zwangsordnung, in der die Staaten daran gehindert werden, über ihre Wirtschaftspolitik und ihre Energiepolitik im Besonderen souverän selbst zu entscheiden. Länder, die eigene Wege gehen wollen, werden offensichtlich mit Krisen und Kriegen bedroht. Die Journalistin Karin Leukefeld wies darauf hin, dass eine derartige Einmischung in die Wirtschaftspolitik anderer Länder unzulässig ist: Einem Bericht der britischen Regierung zufolge („Chilcot-Bericht", Juli 2016) war die grundlegende Veränderung der Wirtschaftsstruktur des Irak illegal, „insbesondere die Aufhebung eines irakischen Gesetzes, wonach Bodenschätze wie Öl, Gas und Wasser nationales Eigentum waren."[79]

Friedenspolitisch wird es darum gehen müssen, zunächst den volkswirtschaftlich unsinnigen Charakter dieser Weltwirtschaftsordnung, diese teilweise erzwungene Arbeitsteilung zugunsten von Gewinnen der Großkonzerne, zu entlarven. Zur Delegitimierung wird auch beitragen, wenn sich die Erkenntnis verbreitet, dass selbst europäische Staaten mit Krieg bedroht und überzogen werden, wenn sie eine eigenständige Energie- und Wirtschaftspolitik oder gar eine Energieautonomie anstreben.

Das Recht auf eine „souveräne Wirtschafts- und Energiepolitik" wie auch das Recht, Handelsbeziehungen frei aushandeln zu dürfen, sollte als wesentliche Grundlage einer friedlichen und freiheitlichen Welt proklamiert werden. Dazu zählt auch das selbstverständliche Recht aller Staaten, Teile ihrer Volkswirtschaft vor ruinösem Wettbewerb zu schützen.

Wenn Länder wie die Ukraine an ihrem Weg zur Energieautonomie gehindert werden, dann sollte das in ganz Europa und auch weltweit zu scharfem öffentlichen Protest führen. Das ist vielleicht der beste Schutz davor, dass nicht weitere Länder, die ihren eigenen energiepolitischen Weg gehen wollen bzw. Energieautonomie anstreben, ebenso damit rechnen müssen, mit militärischer Gewalt dafür bestraft zu werden. Da auch die NATO öffentlich gemacht hat, dass hinter den Geschehnissen in der Ukraine handfeste energiewirtschaftliche Interessen und Ziele stehen, ist die Ukraine eines der am besten geeigneten, aktuellen Fallbeispiele, mit denen man sehr gut verdeutlichen kann, worum es in Kriegen oftmals geht.

Zerstörung wirtschaftlicher Infrastruktur und Wiederaufbau

Zerstörungen der zivilen wirtschaftlichen Infrastruktur in Kriegen sind ein nur wenig beachteter und analysierter Aspekt. Das erstaunt, da Kriege tiefgreifende Auswirkungen auf die wirtschaftliche Entwicklung und auf das Wohlstandsniveau der betroffenen Länder haben.

Nach Darstellung des schwedischen Historikers Peter Englund verstärkte und vertiefte der Dreißigjährige Krieg in Deutschland „eine gewisse wirtschaftliche Stagnation, die bereits vor dem Ausbruch der Feindseligkeiten eingetreten war. Der große Wohlstand, der während des 16. Jahrhunderts geschaffen wurde, war nach den dreißig Kriegsjahren so gut wie verbraucht. Viele Städte und Gemeinwesen, die vor 1618 große Überschüsse aufzuweisen hatten, waren nach 1648 hoch verschuldet, nachdem man sie immer wieder gezwungen hatte, zu Kontributionen und Brandschatzungen beizutragen. Dazu kamen noch die 5 Millionen Taler, die die schwedischen Diplomaten dem Reich abgepresst hatten, um dem Frieden zuzustimmen (…). Allein die Zinsen für die riesigen Kredite sollten die Menschen noch für Generationen niederdrücken."[80]

Die beiden Weltkriege führten ebenso zu massiven Verschuldungen. Am Ende des Ersten Weltkriegs waren das Zarenreich, die Donaumonarchie und das Osmanische Reich zerbrochen, „Sieger" und Verlierer standen gleichermaßen vor dem Problem, ihre wirtschaftlich wie sozial zertrümmerten Gesellschaften wieder neu aufbauen zu müssen, so Münkler: Das britische Realeinkommen lag 10 bis 20 Prozent unter dem zu Kriegsbeginn, das der Franzosen war um etwa ein Viertel gesunken, das der Italiener und Deutschen um etwa 35 Prozent, das der Russen und Ungarn sogar um die Hälfte. „Und zudem waren die für die soziale Kohäsion und die politisch-kulturelle Orientierung der Gesellschaften elementaren Mittelschichten wirtschaftlich verarmt und politisch radikalisiert".[81] Die österreichische Industrie hat sich von den Folgen des Weltkriegs nicht erholt.

Auch der Zweite Weltkrieg führte zu immensen Schäden an der zivilen Infrastruktur. Die Besatzungsregime in Belgien und Frankreich verursachten dort einen „Stillstand der industriellen Produktion". In der Sowjetunion wurden zehntausende Fabriken und Abertausende Kilometer Straßen und Eisenbahngleise zerstört. Durch den Krieg verlor das Land rund 30 Prozent seines Volksvermögens. Ziel der Luftangriffe im Zweiten Weltkrieg in der Sowjetunion war u.a. „die Lahmlegung der Industrie". In England wurden Industrieanlagen und historische Altstädte bombardiert. Auch in Italien wurde die Industrie angegriffen. In Deutschland kam es zu einer „systematischen Bombardierung von Industriezentren und Arbeiterquartieren". Die Luftangriffe auf Japan „richteten sich ursprünglich hauptsächlich gegen Industrieanlagen". Die Schäden hatten einen enormen Rückgang der industriellen Kapazitäten zur Folge.[82]

© Henrik Paulitz
Akademie Bergstraße

Auch die großen Kriege nach den Weltkriegen führten zu umfassenden Zerstörungen. Nach dem Vietnamkrieg lag das Land am Boden. Im Koreakrieg zuvor waren die Schäden durch die Bombardierungen zum Teil noch verheerender, weil in Nordkorea mehr Ballungszentren mit größerer Bevölkerungsdichte und mehr Industrie existierten als später in Vietnam. Dem Historiker Conrad Crane zufolge waren zu Beginn der Waffenstillstandsverhandlungen neben den großen Infrastrukturanlagen wie Stauseen 18 der 22 größten nordkoreanischen Städte wenigstens zur Hälfte dem Erdboden gleichgemacht.[83] In Afghanistan hat der langjährige Krieg gegen die Sowjets einen „Prozess der Deinvestition“ vorangetrieben. „Die über Jahrzehnte entwickelten Bewässerungssysteme der afghanischen Landwirtschaft waren zerstört, große Teile des Landes vermint.“[84]

Ebenso führte auch der Erste Golfkrieg zu beträchtlichen Schäden an der Infrastruktur und der Industrie. Die Schäden im Iran wurden auf 644 Milliarden US-Dollar, die im Irak auf 452 Milliarden Dollar geschätzt.[85]

Nach dem Zweiten Golfkrieg 1991 war die zivile Infrastruktur des Irak weitgehend zerstört. Die Times schrieb am 6. Februar 1991 nach drei Wochen „Wüstensturm“: „Die Eisenbahn Berlin-Bagdad, einst ein gedeihlicher Schienenstrang, ist im Golfkrieg völlig zerstört worden. Die unablässige Bombardierung der irakischen Brücken, Gleisknotenpunkte und Rangierbahnhöfe hat eines der wenigen ausgedehnten Eisenbahnnetze des Nahen Ostens zertrümmert.“[86] Im Kosovo-Krieg 1999 wurden u.a. Chemiewerke, die Wasser- und die Elektrizitätsversorgung systematisch bombardiert.[87]

In Syrien führte der Krieg auf unterschiedliche Weise zum Stillstand der Produktion, wie einem Bericht vom August 2013 zu entnehmen war: „Experten schätzen, dass in Syriens Wirtschaftsmetropole Aleppo inzwischen 75 Prozent der Produktionsstätten stillstehen. Einige Fabriken wurden von Geschossen getroffen; andere brannten nieder; wieder andere werden von Kämpfern als Stützpunkt benutzt. Und ein großer Teil der Produktionsstätten kann wegen der prekären Sicherheitslage gar nicht mehr angefahren werden."[88]

Im Ostukraine-Krieg wurden nicht nur Kohlebergwerke zerstört, aufgrund von Kriegsschäden brach 2014 auch die Produktion im Maschinenbau, in der Chemieindustrie und in der Leichtindustrie ein.[89]

Neben Industrie, Energiewirtschaft, Landwirtschaft, Wasserversorgung und Verkehrsinfrastruktur ist seit Jahren verstärkt auch der Tourismus betroffen. Terroranschläge in Tunesien, Ägypten und in der Türkei haben erhebliche Auswirkungen auf die für diese Länder extrem wichtige Branche. „Länder etwa, die in hohem Maße vom Tourismus abhängig sind, können durch spektakuläre Attentate wirtschaftlich – und damit meist auch politisch – ruiniert werden." So lassen sich mit spektakulären Anschlägen auf Personen und Infrastruktureinrichtungen „dauerhaft Angst und Schrecken verbreiten, um so das Wirtschaftsleben des Angegriffenen schwer zu treffen".[90]

Es stellt sich die Frage nach den Gründen für die Zerstörung und sonstige Beeinträchtigung ziviler wirtschaftlicher Infrastruktur. Man kann den offiziellen Darstellungen Glauben schenken, die als Begründungen angeboten werden. Zum Kosovokrieg beispielsweise heißt es, wegen schlechten Wetters habe man die serbische Luftverteidigung nicht ausschalten können. Deswegen sei die Bombardierung der Großstädte aus Höhen oberhalb von 5000 Meter erfolgt, womit man einen Großteil der Präzision der eingesetzten Waffensysteme eingebüßt habe.[91] Stets werden Begründungen geliefert, warum in Kriegen zivile Ziele getroffen werden.

Wenn aber festzustellen ist, dass in Kriegen oftmals sehr systematisch und massiv die wirtschaftliche Infrastruktur zerstört wird, und wenn diese häufig nachweislich das eigentliche Ziel der Bombardierungen ist, dann drängt sich die Frage auf, ob es sich nicht um eines der wesentlichen Kriegsziele handelt. Folgt man auch hier konsequent dem methodischen Grundsatz, dass das, was in Kriegen systematisch geschieht, intendiert sein dürfte, dann würde es sich bei den Zerstörungen der zivilen wirtschaftlichen Infrastruktur um die Verwirklichung von Kriegszielen handeln.

Sautter schreibt, dass die amerikanische Wirtschaft im 18. Jahrhundert „nicht nur gewisse Export- und Importsteuern zu tragen hatte, sondern in ihrer natürlichen Entwicklung bewusst zugunsten des Mutterlandes behindert wurde." Und: „In der Kolonialzeit war die Ausweitung der industriellen Produktion durch die Navigationsgesetze und den Kapitalmangel gehemmt gewesen."[92]

Die Behinderung der wirtschaftlichen und industriellen Entwicklung hat eine lange Tradition. Manche Länder können sich industriell entwickeln, andere hingegen sollen als Absatzmärkte dienen. Eine eigene Versorgung mit industriellen Gütern in diesen Ländern würde den „Global Players" ihre Märkte nehmen. Darüber hinaus könnte dies auch noch zu Konkurrenz auf den internationalen Märkten führen. Vor diesem Hintergrund erscheint es nicht unlogisch, dass ein Interesse an „Entwicklungsländern" besteht, in denen die industrielle Produktion minimal ist. Schwellenländer wiederum können Industrieländer in ihrer Funktion ablösen, sofern es dort zu Deindustrialisierungs-Prozessen kommt. Eine wirtschaftliche und industrielle Entwicklung weltweit würde hingegen das arbeitsteilige intensive Fernhandels-System beseitigen, mit dem große Gewinne in der Hand weniger erzielt werden.

So wurde beispielsweise die Initiative von 85 blockfreien Staaten, die im August 1976 in Colombo eine Neuordnung der Weltwirtschaft mit fairen Bedingungen zur eigenen wirtschaftlichen Entwicklung forderten, machtvoll vereitelt.[93]

In Ostdeutschland wurde nach der deutschen Wiedervereinigung ein Großteil der dortigen Wirtschaft „abgewickelt", was von vielen als Beseitigung unliebsamer Konkurrenz bzw. als Abbau von Überkapazitäten interpretiert wurde. Aufschlussreich ist, dass die deutsche Bundesregierung 1993 im Rahmen der Beantwortung einer Parlamentarischen Anfrage lediglich pauschal dem Vorwurf entgegentrat, dass es eine „Marktbereinigung im Zusammenhang mit der Privatisierung von Treuhandunternehmen“ gegeben habe. Konkret aber bestätigte sie am Beispiel der Düngemittelbranche das Grundproblem der Konzerne: „Der Kali-Markt ist weltweit durch erhebliche Überkapazitäten (...) geprägt (rd. ein Drittel der weltweiten Produktionskapazitäten ist derzeit nicht ausgelastet).“ Nachdem das international tätige Kasseler Bergbau- und Rohstoffunternehmen Kali und Salz (K+S) 1993 die Mitteldeutsche Kali AG (Kombinat Kali) übernommen hatte, wurde die Produktion in Ostdeutschland eingestellt.[94] Das zeigt: Es besteht selbstverständlich ein Interesse an der Beseitigung industrieller Überkapazitäten.

Auch ist es für kreditgebende Banken natürlich ein lukratives Geschäft, wenn sich Staaten durch Kriege verschulden. Die Rückzahlungsverpflichtungen können zusätzlich die wirtschaftliche Entwicklung der betreffenden Länder beeinträchtigen.

Krieg ist ein sehr umfassendes Geschäft. Aus dem Gewaltakt der Zerstörung wirtschaftlicher Infrastruktur resultiert ein äußerst lukratives Nachkriegsgeschäft: das Geschäft mit dem – teilweisen – Wiederaufbau. Abgesehen von der Beseitigung lästiger Überkapazitäten besteht nach einem Krieg im Regelfall natürlich die Notwendigkeit, vieles wieder aufbauen zu müssen.

Joachim Guilliard verweist auf ein BBC-Interview mit dem britischen Militärminister Philip Hammond sowie auf einen Bericht des „Guardian“, wonach Hammond nach der Bombardierung Libyens im Jahr 2011 den Startschuss für Wiederaufbau-Aufträge gegeben habe: „Libyen ist ein relativ wohlhabendes Land mit Ölreserven, und ich erwarte, dass es Möglichkeiten für britische und andere Konzerne gibt, sich am Wiederaufbau Libyens zu beteiligen«, so Hammond. Die 150 Milliarden Dollar Auslandsguthaben Libyens, die nun wieder freigegeben werden, bilden laut Guardian einen „ziemlich großen Topf“. Laut Guilliard war der aufzuteilende Kuchen vermutlich noch viel größer. Das britische Handelsministerium schätzte das gesamte Auftragsvolumen im kommenden Jahrzehnt, summiert über alle Bereiche – von der

Ölförderung bis zu medizinischer Ausrüstung, Wohnungen und Erziehung –, auf umgerechnet 250 Milliarden Euro (Daily Mail). Libyen könnte eines der größten Wachstumsgebiete britischer Firmen werden, frohlockten englische Zeitungen. Der britische Handelsminister habe im Verein mit den Öl-Multis Shell und BP bereits entsprechende Verhandlungen aufgenommen, ihre französischen Pendants ebenfalls. „Die Aktienwerte von Shell und BP gingen nach Gaddafis Tod in froher Erwartung der Anleger ordentlich in die Höhe", so Guilliard. Die Londoner Journalistin Laura Smith stellte sarkastisch fest, dass nach der Bombardierung „die großen Konzerne" für den Wiederaufbau „die Kampfflugzeuge ersetzen" würden.[95]

Das U.S.-Außenministerium hat die Dimension des erforderlichen Wiederaufbaus im Irak nach drei Jahrzehnten der kriegsbedingten Zerstörungen mit dem notwendigen Wiederaufbau Europas nach dem Zweiten Weltkrieg verglichen. Nach dem offiziellen Abzug des Militärs 2011 seien daher 16.000 Unternehmer und Amerikaner im Land geblieben. Den weitaus größten Anteil der für den Wiederaufbau zwischen 2003 und 2012 verausgabten 213 Milliarden US-Dollar musste die irakische Regierung selbst aufbringen: 138 Milliarden. Der Rest kam überwiegend von der US-amerikanischen (61 Mrd. $) und von anderen Regierungen. Ein Großteil der amerikanischen Gelder wurde offenbar für Sicherheitsunternehmen wie Triple Canopy sowie für die Wiederbewaffnung des Militärs ausgegeben, verschwand durch Geschäftemacherei, Verschwendung, Betrug, Veruntreuung und wurde für unerwünschte oder unkluge Projekte verwendet. Nach Angaben von Catherine Lutz (Brown University) sollen von dem Geldsegen in erheblichem Maß Großunternehmen wie Halliburton, Bechtel, DynCorp, Parsons und andere profitiert haben. Trotz jahrelanger Milliardenausgaben verblieben aber Städte wie Basra und al-Ashaar in fürchterlichem Zustand etwa die Abwasserentsorgung betreffend.[96] Das Nachkriegsgeschäft mit dem Wiederaufbau ist ebenso schmutzig wie lukrativ.

Es erscheint dringlich, im friedenspolitischen Diskurs das grundlegende Problem der militärischen Zerstörung von Überkapazitäten und das Geschäft mit dem Wiederaufbau in den Mittelpunkt der Aufmerksamkeit zu rücken.

Es zählt zu den beliebten Verschleierungs-Strategien, solche auf die Existenz- und Wohlstandsgrundlagen zielende Verwüstungskriege als „vollkommen sinnlos" zu kritisieren. In diesem Zusammenhang fehlt oftmals auch nicht der Hinweis, dass solche Kriege „nicht zu gewinnen" seien.[97]

Für die Profiteure sind diese Kriege aber alles andere als „sinnlos" und sie gewinnen, wenn die Schäden an der wirtschaftlichen Infrastruktur wie geplant angerichtet und ganze Gesellschaften in frühindustrielle Zeiten zurückgebombt werden. Sie gewinnen, wenn sie beim partiellen „Wiederaufbau" ins Geschäft kommen. Der offene, weltweite Diskurs über derartige anti-zivilisatorische Gewaltakte dürfte ein probater Hebel sein, um solche Verwüstungskriege unwahrscheinlicher zu machen.

Exkurs: Die Fiktion vom Sieg als Kriegsziel

Zu den festgefügten Vorstellungen von Kriegen zählt die Annahme, zwei Kriegsparteien wollten den Gegner militärisch niederringen und am Ende siegreich aus dem Kampf hervorgehen. Es ist die alte Vorstellung von der Entscheidungsschlacht klassischer Staatenkriege, die den Krieg entscheidet und beendet.

Die Wirklichkeit der Kriege sieht aber häufig ganz anders aus. Schon bei den Condottieri war es üblich, sich nur „den Anschein" zu geben, „gegen den andern zu kämpfen", während sie in Wirklichkeit nur bei Dritten raubten. Dasselbe gibt es nach Darstellung der Frankfurter Allgemeine Zeitung auch heute noch: „Gegen den Islamischen Staat kämpft die Türkei nur zum Schein."[98] Sind die deklarierten Feinde oftmals nur Schein-Feinde, während sich die Gewalt in Wirklichkeit gegen andere richtet?

Münkler skizziert den Charakter der „neuen Kriege" als Kriege nicht zwischen Kriegsparteien, sondern als Krieg gegen die Zivilbevölkerung:

„Es gibt keine Fronten mehr, und deshalb kommt es auch nur selten zu Gefechten und eigentlich nie zu großen Schlachten, sodass sich die militärischen Kräfte nicht aneinander reiben und verbrauchen, sondern sich gegenseitig schonen und die Gewalt stattdessen gegen die Zivilbevölkerung richten." Dass sich in den neuen Kriegen „die Gewaltanwendung von den gegnerischen Streitkräften" auf die Zivilbevölkerung verlagert, ist nach Auffassung Münklers womöglich „das Ergebnis kalkulierter Planung".[99]

Für Kolumbien beschreibt er ein gemeinsames Interesse der Kriegsparteien: „Die politisch-ökonomischen Konstellationen Kolumbiens sind durch eine antagonistische Koalition von Guerillagruppen, Militär und organisierter Kriminalität gekennzeichnet. Antagonistische Koalition heißt, dass alle drei Akteure einander bekämpfen, indirekt aber auch miteinander kooperieren (…)." Eine Analyse der kolumbianischen Kriegsökonomie kam sogar zu dem Ergebnis, es gebe „direkte ökonomische Wechselbeziehungen zwischen Guerilla, Drogenhändlern, Militär, paramilitärischen Gruppen und privaten Sicherheitsunternehmen. Die meisten Akteure der neuen Kriege bescheiden sich demnach mit dem, was bei Mao „strategische Defensive" heißt: Sie gebrauchen die militärische Gewalt im Wesentlichen „zum Zwecke der Selbsterhaltung, ohne je ernsthaft eine militärische Entscheidung zur Beendigung des Krieges anzustreben. Wird der Krieg von beiden Seiten mit diesen Absichten geführt, so ist klar, dass er, wenn hinreichende interne oder externe Ressourcen zur Verfügung stehen, im Prinzip endlos dauern kann."[100]

Den Vietnamkrieg haben die USA verloren, heißt es. Es sei die schmählichste Niederlage in der Geschichte der Vereinigten Staaten. Es stellt sich aber die Frage, ob die wesentlichen Ziele dieses Krieges möglicherweise dennoch erreicht wurden. Nach Auffassung von Engdahl wurde der Vietnamkrieg „ganz bewusst" so geführt, „dass er nicht gewonnen werden konnte. Er sollte sich möglichst lange hinziehen (…)".[101] Ging es darum, rund 20 Jahre lang dieses Land zu verwüsten?

Unabhängig vom Vietnamkrieg, der hier nicht abschließend bewertet werden soll und kann, ist immer wieder zu beobachten, dass Bombardierungen eingestellt und Kriege beendet werden, nachdem praktisch alle Ziele zerstört wurden: „Wo es Wasser- und Elektrizitätswerke, Fernsehsender und eine funktionierende Infrastruktur gibt, sind auch entsprechende Ziele vorhanden, die angegriffen und zerstört werden können“, so Münkler. „Liegt ein Land aber nach einem sich über Jahre hinziehenden (…) Krieg bereits in Trümmern, gibt es für Luftangriffe nur noch wenige mögliche Ziele.“ Die angegriffene Seite könne dann „darauf warten, dass die Bombardements von selbst eingestellt werden.“[102]

Geht es in Kriegen vielleicht gar nicht darum, den „Feind“ zu besiegen, sondern um die Zerstörung von Ländern? Werden Kriege manchmal gar nicht aufgrund von Sieg oder Niederlage beendet, sondern dann, wenn die Verwüstungen in einem Land im geplanten Ausmaß erfolgt sind?

Ist „Frieden“ oftmals gar nicht das Ergebnis harter politischer Verhandlungen, das Ergebnis ausgehandelter Kompromisse zwischen Kriegsparteien, sondern lediglich der Abschluss eines zu Ende gebrachten Zerstörungswerks?

Neben den zeitlich meist begrenzten Phasen massiver Bombardierungen werden lang andauernde Kriege sehr häufig mit geringer Intensität latent aufrechterhalten, womit auf lange Sicht Instabilität erzeugt wird: Dabei ist er oft als Krieg gar nicht mehr identifizierbar, weil kaum noch Kampfhandlungen stattfinden und die Gewalt gleichsam eingeschlafen zu sein scheint. Aber dann bricht sie plötzlich abermals hervor, und der Krieg gewinnt erneut an Intensität, bis er wieder abflaut und es den Anschein hat, er sei unbemerkt zu Ende gegangen. In der Bezeichnung der neuen Kriege als „low intensity wars“ soll genau dieser Verlauf zum Ausdruck kommen.[103]

Beleuchtet man vor diesem Hintergrund die Konflikte in Afrika, in der Kaukasus-Region oder im Nahen Osten, so können diese vielfach als low intensity wars interpretiert werden. Konflikte werden in diesen Regionen, in denen Rohstoffe besonders günstig gewonnen werden können, seit Jahrzehnten am Köcheln gehalten, unterbrochen immer wieder von heftigen Kriegen, wobei ein „Sieg“ fast immer nur den Auftakt für den Folgekonflikt darstellt. Das Aufrechterhalten permanenter Instabilität scheint das eigentliche Ziel zu sein.

Ressourcenkontrolle und Töten mit Embargos

Embargos lassen sich als massives außenpolitisches Instrument unterhalb der Schwelle des Krieges begreifen. Es handelt sich um Wirtschaftssanktionen, die gegenüber einem bestimmten Staat verhängt werden. Die Ausfuhr von Gütern aus einem Staat bzw. die Einfuhr in diesen Staat wird nach Maßgabe des entsprechenden Embargos eingeschränkt oder komplett untersagt. Umfassende Wirtschaftssanktionen unterbinden „freie" Handelsbeziehungen, unterminieren und ruinieren schließlich die Wirtschaft, was im Extremfall viele hunderttausend Todesopfer zur Folge hat.

Aus Syrien dürfen EU-Länder seit 18. Januar 2012 kein Rohöl und keine Erdölerzeugnisse einführen. Umgekehrt dürfen sie keine Güter für neue Stromkraftwerke und keine Schlüsselausrüstung und -technologie der Erdöl- und Erdgasindustrie nach Syrien liefern. Begründet wird das Embargo mit Repressionen und Menschenrechtsverstößen der syrischen Regierung.

Auch das – offiziell mit der Atompolitik begründete – Embargo gegen den Iran vom 23. März 2012 zielt u.a. auf den Erdöl- und den Erdgassektor. So dürfen kein Rohöl, keine Erdölerzeugnisse und keine petrochemischen Erzeugnisse aus dem Iran importiert werden. Außerdem sollten „Beschränkungen für Investitionen in den iranischen Öl- und Gassektor", damit sie wirksam sind, bestimmte Schlüsseltätigkeiten erfassen, wie beispielsweise „Dienstleistungen des Erdgasferntransports zum Zwecke der Durchleitung oder Lieferung an unmittelbar miteinander verbundene Leitungsnetze, und sollten sowohl für Joint Ventures als auch für andere Formen der Vereinigung und Zusammenarbeit mit Iran im Sektor des Erdgastransports gelten."[104] Zuvor schon hatte die US-Regierung am 20. November 2011 ein Embargo gegen den Iran beschlossen, das auf die Exploration, Förderung, Raffination und auch den Transport von Öl und Gas im Iran abzielt.[105]

Die Embargos von November 2011 bzw. März 2012 gegen Investitionen in den Öl- und Erdgassektor in Syrien und Iran sowie in den „Erdgasferntransport" ergingen wenige Monate, nachdem Medien des Iran und das Wall Street Journal im Juli 2011 über Pläne für eine Erdgaspipeline berichtetet hatten. Diese sollte vom iranischen Erdgasfeld „South Pars" im Persischen Golf über den Irak bis nach Syrien gebaut werden. Den Angaben zufolge wollte Teheran Europa mit Gas beliefern.[106]

Neben den Embargos stand auch der Beginn des „Bürgerkriegs" in Syrien Anfang 2011 in engem zeitlichem Kontext dieser Pipeline-Pläne. Das Pikante an dem Erdgas-Deal zwischen Iran, Irak und Syrien: „South Pars" im Persischen Golf, das angeblich „größte" bisher entdeckte Gasfeld der Welt, wird auch von der Monarchie Katar beansprucht. Vor diesem Hintergrund ist von Interesse, dass Katar angeblich die syrische „Opposition" und den „Islamischen Staat", insofern also den Krieg in Syrien mitfinanziert.[107] Dieser Krieg ist in Kombination mit den Embargos gegen Syrien und Iran dazu geeignet, die Entwicklung des Erdgassektors und den Pipelinebau von South Pars nach Syrien für den Erdgasferntransport zu verhindern.

Geopolitisch stellt sich ferner die Frage, ob es im Interesse von Gazprom und seinen Aktionären (Russland, Bank of New York Mellon) sein kann, wenn sich „das befreundete Syrien" zur „Energiedrehscheibe" entwickeln würde, von der aus große Mengen Erdgas per Pipeline nach Europa fließen würden. Bei realistischer Betrachtung dürften einige Akteure ein Interesse daran haben, dass Syrien, Irak und Iran, Katar und andere Staaten des Nahen Ostens in der Entwicklung ihres Öl- und Gassektors behindert werden.

Aufschlussreich sind auch die Russland-Sanktionen der EU von 2014. Die angebliche Bestrafung für die „Handlungen Russlands, die die Lage in der Ukraine destabilisieren", richtet sich bemerkenswerterweise nicht in voller Breite gegen den Ölhandel Russlands. Das Russland-Embargo erweist sich vielmehr als hoch-selektives Instrument der

Ressourcenkontrolle: Verboten ist die Lieferung von Gütern und Dienstleistungen für Erdöl-Explorations- und Förderprojekte in Wassertiefen von mehr als 150 Metern, im Offshore-Gebiet nördlich des Polarkreises und für Erdölprojekte, in Ton- und Schiefergesteinsformationen durch Hydrofracking.[108] Dieselben Sanktionen hatten die Vereinigten Staaten erlassen. Das, was öffentlich als Sanktionierung für die Einmischung in den Ukrainekrieg verkauft wird, sind demnach detaillierte Vorschriften, wo Russland Erdöl fördern darf und wo nicht. Der eigentliche Zweck des Embargos scheint insofern eine Mengenregulierung der Erdölförderung in russischen Meeresgebieten im Interesse transnationaler Konzerne zu sein.

Speziell wurden auch Wirtschaftssanktionen mit Blick auf die Krim erlassen. Die EU verbot 2014 per Verordnung u.a. die Einfuhr von Gütern mit Ursprung auf der Krim oder in Sewastopol „in Zusammenhang mit Infrastrukturprojekten in den Bereichen Verkehr, Telekommunikation, Energie und Ausbeutung von Erdöl-, Erdgas- und Mineralreserven.“[109] Die oben beschriebene energiewirtschaftliche Folge der Krim-Annexion durch Russland, die Beeinträchtigung der Erdöl- und Erdgasförderung auf der Krim sowie im Schwarzen Meer vor der Krim wurde also durch ein Embargo der EU unterstützt.

Auch in anderen Ländern und Sektoren werden Embargos offenkundig zur Ressourcenkontrolle genutzt. Gegenüber Somalia besteht ein Einfuhrverbot für Holzkohle. Aus Liberia dürfen keine Rohdiamanten und Holzprodukte importiert werden. Ehemalige Sanktionen gegen Myanmar/Birma betrafen u.a. Kohle, Holz, Gold, Silber, Diamanten – wie auch die ehemaligen Energie-Minister des Landes Than Htay und Lun Thi.[110]

Die Härte solcher Embargos wird besonders am Beispiel des Irak deutlich. Der UN-Sicherheitsrat hat in den 1990ern viele Jahre lang umfassende Wirtschaftssanktionen gegen den Irak verhängt. Offiziell begründet wurden sie mit der Invasion in Kuwait.

Die wirtschaftlichen Auswirkungen waren drastisch: Nach Angaben von Sponecks war die irakische Ölindustrie aufgrund des Embargos nicht in der Lage, ihre Fördermenge zu steigern. „Die im Golfkrieg von

1991 erheblich zerstörten irakischen Ölförderanlagen konnten unter den Sanktionsbedingungen der folgenden Jahre nicht repariert werden. Neue Ölfelder durften nicht eröffnet werden."

Die humanitären Folgen des Ölembargos waren unermesslich. Die Weltgesundheitsorganisation, das Kinderhilfswerk UNICEF und das Welternährungsprogramm und andere haben immer wieder festgestellt, dass die Sanktionen verheerende Auswirkungen auf die Bevölkerung des Landes hatten. Laut UNICEF waren seit 1991 in rund zwölf Jahren fast 1,6 Millionen Iraker, darunter über 550.000 Kinder unter fünf Jahren, infolge von Mangelernährung und unzureichender medizinischer Versorgung gestorben. Ranghohe UN-Diplomaten haben über Jahre hinweg vergeblich auf die dramatischen humanitären Folgen der Wirtschaftssanktionen für die Zivilbevölkerung aufmerksam gemacht. Der ehemalige Koordinator des humanitären Programms im Irak und beigeordneter UNO-Generalsekretär, der Ire Denis Halliday, trat 1998 aus Protest gegen die Sanktionspolitik ebenso von seinem Amt zurück wie im März 2000 sein Nachfolger, der Deutsche Hans von Sponeck wie auch die ebenfalls aus Deutschland stammende Leiterin des Welternährungsprogramms in Bagdad, Jutta Burghardt.

Alle drei warfen dem Sicherheitsrat später vor, mit der Aufrechterhaltung der Sanktionen gegen das Völkerrecht zu verstoßen und einen Akt des Völkermords am irakischen Volk zu begehen.

Von Sponeck beschrieb die Sanktionen als „einen wirtschaftlichen Krieg gegen das irakische Volk – sozusagen ein zwölfjähriger Vorkrieg zum heißen Krieg mit militärischen Mitteln. Das Volk wurde bestraft für einen Diktator, den es nicht loswerden konnte. Und zugleich haben diese Sanktionen das Regime gestärkt."

Der einstige UN-Diplomat hält die mehr als 1,5 Millionen Todesopfer als Folge der Sanktionen nicht für einen Kollateralschaden, vielmehr erhob er den Vorwurf, dies müsse absichtsvoll geschehen sein: Wichtige Medikamente und Ersatzteile für die Reparatur von Trinkwassersystemen und anderer ziviler Infrastruktur hätten hauptsächlich wegen „Einsprüchen aus dem Sanktionsausschuss des UNO-Sicherheitsrats" nicht in den Irak geliefert werden können. „Da der Sicherheitsrat trotz dieses Wissens die Sanktionspolitik fortgeführt hat, muss man davon ausgehen, dass eine Absicht vorliegt", so von Sponeck. Dieser Einschätzung zufolge ist die Embargopolitik also nicht fehlgeschlagen, sondern das behauptete Ziel war nicht das tatsächliche.

„Der Rücktritt der drei UNO-Funktionäre war die größte interne Revolte in der bisherigen Geschichte der Weltorganisation. Aber bislang hat sie zumindest keine erkennbaren Konsequenzen", schrieb der Journalist Andreas Zumach 2003. Wie kann das sein: Drei ranghohe Funktionäre der Vereinten Nationen werfen dem Sicherheitsrat einen Verstoß gegen das Völkerrecht und Völkermord vor und kein Aufschrei des Entsetzens geht um die Welt?

In der Aufarbeitung hieß es später lapidar, die Embargopolitik der Vereinten Nationen sei „fehlgeschlagen". Doch wie glaubhaft ist das angebliche Embargoziel, man habe das Regime von Saddam Hussein beseitigen wollen? Während des Zweiten Golfkrieges waren die „siegreichen" US-Truppen 1991 rund 80 Kilometer südlich von Bagdad stehen geblieben, ohne Hussein zu stürzen. Der ehemalige UN-Diplomat von Sponeck legt nahe, dass die Wirtschaftssanktionen gegen den Irak gar nicht unbedingt darauf abzielten, Diktator Saddam Hussein zu stürzen. Im Gegenteil hätten die Sanktionen das Regime in Bagdad selbst nach zwölf Jahren „kaum berührt, sondern seine Kontrolle über das Land nach Ansicht vieler Beobachter sogar noch gestärkt". Nach Einschätzung von Zumach waren die Sanktionen „das wirksamste Mittel, um das Regime von Saddam Hussein unter Kontrolle und gleichzeitig an der Macht zu halten".[111]

Ging es damals also, anders als behauptet, gar nicht darum, den angeblichen Feind, den Diktator Saddam Hussein zu besiegen? Ging es um einen „Krieg gegen Iraks Zivilbevölkerung", wie die Zeitung Die Welt einen Kommentar überschrieb? „Die Verhängung eines solch drakonischen Embargos hätte man als einen tragischen Fehler abtun können, wäre es rechtzeitig wieder beendet worden. Dessen jahrelange Fortsetzung war ein ungeheuerliches Verbrechen", heißt es in dem Kommentar.[112]

Auch das aktuelle Wirtschaftsembargo gegen Syrien richtet sich offenkundig gegen die Zivilbevölkerung. Es fehlt an Lebensmitteln, es herrscht allgemeine Arbeitslosigkeit, medizinische Behandlungen sind unmöglich geworden, Trinkwasser und Strom sind rationiert. Die jahrelangen Sanktionen haben „dazu beigetragen, die syrische Gesellschaft zu zerstören." Den Menschen mangelt es an Nahrung und Kleidung. Krankenhäuser sind zerstört oder funktionieren wegen des Mangels nicht mehr. Im Mai 2016 sollen 701 von 1921 syrischen Gesundheitszentren komplett zerstört worden sein. Der Wiederaufbau dieser Zentren werde durch die Sanktionen verzögert. „Die Sanktionen hatten ohnehin tiefe Spuren im Gesundheitssystem' hinterlassen (...) Das beinhaltet die Blockade des Zugangs zu Arzneimitteln, medizinischen Geräten und zum Verkehr und zur Kommunikation." The Lancet berichtete am 27. Mai 2015: „Die wirtschaftlichen Sanktionen haben nicht zum Sturz des Präsidenten geführt: (...) Ausschließlich Zivilisten sind in der Schusslinie (...)"[113]

Es ist vor diesem Hintergrund friedenspolitisch geboten, Wirtschaftssanktionen als menschenrechtswidrige, todbringende Bestrafungsaktionen gegen die Zivilbevölkerung zu entlarven und aus dem Katalog zulässiger politischer Handlungsoptionen zu streichen.

Töten von Zivilisten und Kombattanten

Es könnte eines der größten Irrtümer unserer Zeit sein, die Folgen von Embargos und Krieg für die Zivilbevölkerung als unbeabsichtigte oder allenfalls als fahrlässig in Kauf genommene Nebeneffekte zu bewerten. Bei systematischen und in großem Stil zu beobachtenden Geschehnissen im Vorfeld, in und nach Kriegen ist nicht auszuschließen, dass es sich in Wirklichkeit um Kriegsziele handeln könnte. Ist das Töten von Zivilisten und Kombattanten in Kriegen nicht nur ein Mittel zum Zweck, etwa für die Durchsetzung wirtschaftlicher Interessen, sondern unmittelbar eines der Kriegsziele?

Nach Einschätzung von UNICEF haben noch nie seit dem Zweiten Weltkrieg „so viele Kinder unter den Folgen von Konflikten, Krisen und Naturkatastrophen gelitten wie heute." Jeden Tag würden im Durchschnitt vier Schulen oder Krankenhäuser zur Zielscheibe bewaffneter Angriffe. Im Jahr 2014 seien allein in Afghanistan 164 Angriffe auf Schulen registriert, im Irak seien es im gleichen Zeitraum 67 gewesen. In Nigeria seien seit Beginn des Aufstandes mehr als 1.200 Schulen zerstört oder beschädigt und über 600 Lehrer getötet worden. In Syrien seien Kinder vielfach „durch Bomben in dicht besiedelten Wohngebieten getötet oder verstümmelt" worden. „Ein Drittel der Opfer wurde auf dem Schulweg getötet."[114] Es erscheint ausgeschlossen, dass diese zahlreichen Angriffe auf Schulen und Krankenhäuser unbeabsichtigt geschehen sein könnten.

Dennoch wird stets so getan, als sei alles nur ein Versehen. Für die angeblich unbeabsichtigten zivilen Kriegsopfer verwendete der britische NATO-Funktionär Jamie Shea während des Kosovokrieges öffentlich einen Begriff, der weltweit für Empörung sorgte – und vielleicht auch für Empörung sorgen sollte: „Kollateralschaden“. Ein Kollateralschaden bezeichnet einen an sich unbeabsichtigten, billigend in Kauf genommenen Begleitschaden, der zwangsläufig entsteht, wenn man einen Hauptschaden verhindern oder begrenzen möchte. In diesem Sinne wurden zivile Kriegsopfer als unbeabsichtigte Begleiterscheinung bzw. als notwendiges Übel dargestellt, um einen größeren Hauptschaden, nämlich die Kriegsverbrechen eines Hauptübeltäters zu verhindern. Zu Recht reagierte die Weltöffentlichkeit darauf mit Entsetzen und fragte unter anderem, wie es sein könne, dass es mit heutigen Präzisionswaffen, mit der „chirurgischen“ Treffsicherheit heutiger Kriegswaffen so viele menschliche Opfer geben kann. Jenseits der öffentlichen Empörung konnte man sich in der Fachdiskussion allerdings darauf berufen, dass das humanitäre Völkerrecht (unbeabsichtigte!) Begleitschäden, also Kollateralschäden unter bestimmten Voraussetzungen zulässt. Zugleich war erreicht worden, dass das Töten von Zivilisten lediglich als „unbeabsichtigter“ Begleitschaden wahrgenommen wurde.

Die Zivilbevölkerung war in den Kriegen seit der Wende zum 20. Jahrhundert aber immer stärker betroffen. Seit Beginn dieses Jahrhunderts hat sich in der Gesamtstatistik das Verhältnis von einem Ziviltoten auf acht reguläre Kämpfer in sein Gegenteil verkehrt. UNICEF geht bei neueren Kriegen sogar von einem Anstieg getöteter Zivilisten von 5 Prozent zur Jahrhundertwende auf bis zu 90 Prozent getöteter Zivilisten gegen Ende des 20. Jahrhunderts aus. Während des Ersten Weltkriegs kletterte die Zahl auf 15 Prozent, 65 Prozent betrug sie bereits zum Ende des Zweiten Weltkriegs, um in den 1990er Jahren auf über 90 Prozent zu steigen.

Goedart Palm schreibt dazu sarkastisch: „In Kriegen werden Menschen getötet. Diese schlichte Erkenntnis wird in dem Maße wieder originell, in dem der Mythos des humanen Kriegs die wahre Geschichte des systematischen Tötens von Menschen verdrängen will.“[115]

Unvergessen sind die „sinnlosen“ Schlachten des Ersten Weltkriegs. Zehn Monate lang dauerte 1916 die Schlacht bei Verdun, ein „brutales Blutvergießen“, ein Symbol für einen „industrialisierten Krieg“, in dem

Soldaten nur „Kanonenfutter“ sind, ein „Blutbad“, ein „Gemetzel“ im „verlustreichen Stellungskrieg“, Soldaten wurden zum Material für den „Abnutzungskrieg“, Flammenwerfer und Giftgasgranaten brachten nur neues Leid und „keinen Durchbruch“, es war ein „Massensterben“, bei dem die Fronten weitgehend unverändert blieben, eine „Schlacht ohne Gewinner“, doch in der Erde von Verdun blieben Hunderttausende von Toten zurück.

Die Begriffe, mit der sich diese Schlacht ins kollektive Gedächtnis eingebrannt hat, beinhalten die Möglichkeit, dass es nicht um einen militärischen Sieg, sondern vielmehr um das Töten möglichst vieler Menschen gegangen sein könnte. Tatsächlich ging die Geschichtsforschung lange Zeit davon aus, dass das Ziel gar nicht die Eroberung Verduns gewesen sei, sondern eine „Abnutzungsschlacht“, in der Frankreich hohe Verluste erleiden sollte, was als „Ausblutungsstrategie“ bezeichnet wurde. Die genaue Zahl der bei Verdun Getöteten ist nicht endgültig geklärt. Die Schätzungen reichen bis zu einer Größenordnung von 300.000 oder sogar 700.000 Opfern. Der Erste Weltkrieg forderte insgesamt fast zehn Millionen Todesopfer und etwa 20 Millionen Verwundete unter den Soldaten. Die Anzahl der zivilen Opfer wird auf weitere sieben Millionen geschätzt.[116]

Der Zweite Weltkrieg war gekennzeichnet unter anderem durch Blitzkriege, Kriegsverbrechen, Völkermord, Flächenbombardements und den Einsatz von Atomwaffen. Die Zahl der Kriegstoten des Zweiten Weltkriegs wird mit 60 bis 70 Millionen angegeben. „Durch den Ausplünderungs- und Vernichtungskrieg, den die deutsche Wehrmacht insbesondere im Osten führte, den Partisanenkrieg in Russland und auf dem Balkan sowie schließlich den strategischen Bombenkrieg der Westalliierten gegen deutsche Städte wurden die zuvor weitgehend respektierten Trennlinien zwischen Kombattanten und Nonkombattanten niedergerissen; die Folge dessen war der totale Krieg“, so Münkler. Mit dem strategischen Bombenkrieg sei „die militärische Gewalt nun bewusst und gezielt gegen die Zivilbevölkerung gerichtet“ worden. Die Atombombenabwürfe auf Hiroshima und Nagasaki bildeten „nur den Schlusspunkt eines gegen die japanische Zivilbevölkerung gerichteten

Bombenkriegs". Vor dem Atomwaffeneinsatz waren bereits 68 weitere Städte durch konventionelle Bombardierungen „ausradiert" worden.[117]

„Im Einsatz von B-52-Bombern über Vietnam hat diese Strategie" nach Auffassung Münklers „ihre Fortsetzung gefunden". Über Vietnam, Laos und Kambodscha (Indochina) sollen 6,7 Millionen Tonnen Bomben abgeworfen worden sein, somit mehr als im gesamten Zweiten Weltkrieg. Mehrere Millionen Menschen wurden in Indochina getötet. Noch heute lauern etwa 80 Millionen Streubomben-Sprengkörper in laotischen Wäldern und auf den Feldern als Gefahr für die Bevölkerung.[118]

© Henrik Paulitz
Akademie Bergstraße

Betrachtet man aktuelle Kriege, so sind die Opferzahlen offenkundig sehr viel höher als allgemein vermittelt wird. Die Ärzteorganisation IPPNW veröffentlichte 2015 einen Bericht mit dem Titel „Body Count", in dem die Zahl der Todesopfer des so genannten „Krieges gegen den Terror" in Irak, Afghanistan und Pakistan zwischen 2001 und 2011/2013 geschätzt wurde. Die Untersuchung „kommt zu dem Ergebnis, dass im Irak etwa eine Million, in Afghanistan 220.000 und in Pakistan 80.000 Menschen durch den Krieg direkt oder indirekt getötet wurden, insgesamt also etwa 1,3 Millionen Menschen. Weitere Kriegsschauplätze wie etwa der Jemen wurden in diesen Zahlen nicht erfasst." Es handele sich um eine vorsichtige Schätzung, schreiben die Autoren des Berichts. Die Gesamtzahl der in den drei oben genannten Ländern Getöteten „könnte auch bei über 2 Millionen liegen, während eine Gesamtzahl unter einer Million hingegen sehr unwahrscheinlich ist." Ein Großteil der Todesopfer waren Zivilisten. Ist es angesichts „moderner" Waffentechnologien vorstellbar, dass derart viele Menschen unbeabsichtigt getötet werden? In dem Bericht wird auf „wochenlange Offensiven mit massiven Luft- und Artillerie-Angriffen (…) auf ganze Stadtviertel“ im Irak verwiesen. An anderer Stelle heißt es: „In den von Besatzungstruppen angegriffenen und eingekreisten Städten und Stadtvierteln beispielsweise kamen viele Verwundete oft tage- und wochenlang in kein Krankenhaus (…)“[119]

Auch im so genannten Bürgerkrieg in Syrien werden systematisch zivile Ziele zerstört. In Aleppo wurden Wohngebäude, Krankenhäuser, Schulen, öffentliche Märkte und anderes bombardiert. Amnesty International sieht Belege dafür, dass zivile Einrichtungen und Zivilisten vorsätzlich getroffen worden seien. Die Organisation spricht von „systematischen Angriffen auf die Zivilbevölkerung“. Auch seien in Aleppo Zivilisten mit „unpräzisen Waffen völlig willkürlich“ angegriffen worden. Die Organisation spricht von „gezielten Angriffen auf die Bevölkerung von allen Konfliktparteien.“[120]

Mitte 2013 wurde berichtet, mehr als 50 Prozent der Infrastruktur des Gesundheitssystems in Syrien seien zerstört. Von den 75 staatlichen Krankenhäusern seien nur noch weniger als 30 in Betrieb. In der stark umkämpften Stadt Homs sei nur noch eins von 20 Hospitälern geöffnet. Das Al-Kindi-Krankenhaus in Aleppo, einst mit 600 Betten eines der größten und modernsten Syriens, sei nur noch ein Haufen Schutt. Hinzu kämen die massiven Folgen der Sanktionen.[121] Nach Angaben der Organisation „Physicians for Human Rights“ gab es in Syrien zwischen März 2011 und November 2015 insgesamt 336 Luftschläge auf 240 medizinische Einrichtungen. Allein im Jahr 2015 habe es 112 Angriffe auf Krankenhäuser gegeben.[122] Im Jemen zeigt sich das gleiche Bild: Nach Angaben des Internationalen Roten Kreuzes wurden zwischen März und November 2015 rund 100 Krankenhäuser „absichtlich“ bombardiert.[123]

Erinnert sei beispielsweise auch an den Angriff auf die asch-Schifa-Arzneimittelfabrik in der Nähe der sudanesischen Hauptstadt Khartum. Die Fabrik war bis 1998 der größte Hersteller pharmazeutischer Produkte im Sudan. Am 20. August 1998 wurde sie durch einen Angriff mit Marschflugkörpern zerstört. Der Angriff wird als „Vergeltungsschlag“ eingeschätzt, die offizielle Begründung lautete, die Fabrik diene der Produktion chemischer Waffen, zudem verwies man auf Verbindungen zu Al-Qaida. Der damalige deutsche Botschafter im Sudan, Werner Daum, informierte am Tag der Bombardierung den deutschen Außenminister Klaus Kinkel, dass man die Fabrik „beim besten Willen" nicht als Chemische Fabrik bezeichnen könne. Vielmehr produziere die Fabrik „überwiegend Humanarzneien, zum Beispiel Antibiotika, Malariamittel, Medikamente gegen Durchfall, Infusionsflüssigkeiten und einige Tierarzneimittel." Daum schätzte, dass der Angriff mittelbar zu zehntausenden Toten in der sudanesischen Zivilbevölkerung geführt hat.[124]

Zu den besonders perfiden Formen der Kriegsführung gehören die „außergerichtlichen Drohnen-Tötungen". Die Tötung von Menschen werde aufgrund nicht überprüfbarer Geheimdienst-Ermittlungen beschlossen, sagte der Kinderarzt Winfrid Eisenberg am 29. August 2016 vor dem United States Africa Command (AFRICOM) in Stuttgart. Opfer des Drohnenkriegs seien vielfach Zivilisten, darunter zahlreiche Kinder. Das sei „Terror aus der Luft", so Eisenberg. „Menschen, die in einer Region wohnen, die oft von Kampfdrohnen angesteuert oder auch nur überflogen wird, leben tagein-tagaus in Angst und Schrecken. Schwere Traumatisierungen sind die Folge, viele fliehen aus ihrer Heimat."[125]

Auf Vernichtung zielt laut Münkler auch die in „neuen Kriegen" zu beobachtende „Verbindung militärischer Gewalt mit Hunger und Seuchen". Das war nicht immer so: Seit dem späten 17. Jahrhundert habe die Verstaatlichung des Krieges in Europa dazu geführt, dass diese „nicht mehr unbedingt mit Hungerseuchen und Epidemien einhergingen. Im Gegensatz dazu sind die meisten Kriege der letzten zwanzig Jahre dadurch gekennzeichnet, dass in ihnen diejenigen, die sich nicht mit Waffengewalt Nahrung verschaffen können, dem Verhungern ausgeliefert sind oder in Flüchtlingslagern, in denen miserable hygienische Verhältnisse herrschen, von Seuchen dahingerafft werden." Die Entwicklung sei zweitweise noch „durch eine Politik der Wirtschaftsembargos (...) verstärkt worden". Kleinkinder, Frauen und Alte entrichten insofern in den neuen Kriegen regelmäßig den höchsten Preis. „Da dieser Preis in die Opferbilanz eines Krieges gar nicht oder nur zum Teil eingeht, dürfte bei genauerem Hinsehen der Anteil von Zivilisten unter den Opfern noch um einiges höher liegen. Es kommt also nicht von ungefähr, wenn für uns die neuen Kriege vor allem in Flüchtlingsströmen, Elendslagern und Verhungernden, nicht aber in Gefechten und Entscheidungsschlachten sichtbar werden.“

Münkler konstatiert, dass die in der Haager Landkriegsordnung wie der Genfer Konvention mitsamt ihren Zusatzprotokollen festgehaltenen Verbote und Einschränkungen in den neuen Kriegen „kaum Beachtung“ fänden. Dabei geht es um die Begrenzung der Gewalt gegen bewaffnete Kräfte und insbesondere auch um das Verbot der Gewaltanwendung gegen die Zivilbevölkerung. Es ist erschreckend, wie massiv das humanitäre Völkerrecht in fast allen Kriegen mit Füßen getreten wird.

Zu der in vielen Regionen zu beobachtenden Enthemmung der Gewalt gegen die Zivilbevölkerung haben offenbar auch die geschätzten 300.000 Kindersoldaten beigetragen. Die Rüstungshersteller sollen dies mit der Entwicklung von kleinen und leichten Handfeuerwaffen erst ermöglicht haben. Manche Waffen nähmen sich aus, als seien sie eher für Kinder als für Erwachsene konstruiert, kritisiert Ryszard Kapuściński. Hinzu kämen die strukturelle Arbeitslosigkeit und das Scharfmachen von Jugendlichen durch Gewaltvideos.[126]

Der Umstand, dass heute anstelle von regulären staatlichen Streitkräften zunehmend wieder Söldner, paramilitärische Verbände, Truppen von Warlords und lokale Milizen in Kriegen zum Einsatz kommen, begünstigt den Anstieg der Opfer in der Zivilbevölkerung. Da diese Verbände oftmals nicht von Staaten ausgerüstet und besoldet werden, die durch Steuern einen Teil des gesellschaftlichen Mehrprodukts für diese Zwecke abschöpfen, müssen sie sich in der Regel selbst versorgen. „Das hat zu einem unmittelbaren Anstieg der Gewalt besonders gegen Zivilisten geführt, ist sie doch das einzige Mittel, über das die Bewaffneten verfügen, um ihren Lebensunterhalt zu sichern.“ Es seien insbesondere die Warlords, lokale Kriegsherren sowie „internationale Kriegsunternehmer“, die als Protagonisten und „Hauptprofiteure der

Entstaatlichung des Krieges" auftreten. Einige von ihnen könnten obendrein „die Vorteile einer internationalen Anerkennung" einstreichen: den Anspruch auf wirtschaftliche Unterstützung, den ungehinderten Zugang zu internationalen Märkten und nicht zuletzt die Möglichkeit, das zusammengeraffte Vermögen ins Ausland zu transferieren".[127]

Den privaten Kriegsunternehmern wird demnach ein umfassender Zugang zu internationalen Güter-, Dienstleistungs- und Finanzmärkten ermöglicht, was natürlich die Frage aufwirft, welche internationalen Finanzkonzerne und sonstigen Strukturen an diesem Kriegssystem partizipieren und dieses erst ermöglichen. Es stellt sich auch die Frage nach der Verantwortung internationaler Akteure für den massiven Anstieg der Opfer in der Zivilbevölkerung. Am Beispiel der Söldnerfirma Blackwater (Academi/Constellis), der „mächtigsten Privatarmee der Welt" wurde das ansatzweise diskutiert.

Bei der extrem hohen Quote ziviler Kriegsopfer ist kaum vorstellbar, dass es sich dabei nicht um gezielte, vorsätzliche Tötungen handeln könnte. In der aktuellen Kriegsberichterstattung fällt generell auf, dass nur noch selten von harten Gefechten zwischen bewaffneten Kräften die Rede ist. Anstelle von abgeschossenen Kampfflugzeugen, von durch Minen zerstörten Panzern und zerschossenen Geschützen werden ganz andere Fernsehbilder präsentiert: Völlig unbehelligt von potenziellen gegnerischen Kräften feuert die Artillerie auf Wohngebiete, als Ergebnis werden der Weltöffentlichkeit permanent neue Ruinenstädte gezeigt, so als sei nichts normaler als das.

Eigentlich kann das nach herkömmlicher Vorstellung von Kriegen nicht sein: Hocheffektiven Angriffswaffen stehen hocheffektive Verteidigungssysteme gegenüber, es müssten also tagtäglich Bilder über das zu Schrott geschossene Kriegsgerät zu sehen sein. Das ist aber nicht der Fall. Selbst wenn man recherchiert und nach Zahlen über wechselseitige Verluste an Kriegsgerät sucht: Fehlanzeige. Es drängt sich der unheimliche Eindruck auf, die bewaffneten Kräfte würden kaum gegeneinander, als vielmehr gegen die Zivilbevölkerung agieren.

Laut Münkler wird in neuen Kriegen kein „bewaffneter und widerstandsfähiger Gegner zur Erfüllung eines politischen Willens gezwungen, sondern eine unbewaffnete und daher auch nicht widerstandsfähige Zivilbevölkerung wird durch exzessive Gewalt eingeschüchtert, damit sie den Bewaffneten in jeder Hinsicht zu Willen ist. Die Ökonomie des Raubes und der Plünderung beruht fast immer auf einer umfassenden Organisation von Angst", so Münkler. Fast alle neuen Kriege seien durch ein spezifisches „Angstmanagement" gekennzeichnet, das von den Bewaffneten gegen die Unbewaffneten aufgebaut und organisiert werde.

So sei auch eine „Resexualisierung der Gewaltanwendung" zu beobachten, „von den in diesen Konflikten beinahe alltäglich gewordenen Vergewaltigungsorgien bis zu den immer häufiger vorkommenden Verstümmelungen der Opfer und der Trophäisierung menschlicher Körperteile." Frauen seien „zum wichtigsten Angriffsziel geworden".

Entscheidend sei, „dass sich die Gewaltanwendung in den neuen Kriegen im Wesentlichen nicht gegen die bewaffnete Macht des Gegners, sondern gegen die Zivilbevölkerung richtet, die entweder – in so genannten ‚ethnischen Säuberungen', die sich bis zur physischen Vernichtung ganzer Bevölkerungsgruppen steigern können –, zum Verlassen eines Gebiets oder zur permanenten Unterstützung und Versorgung der bewaffneten Gruppen gezwungen werden soll." Daher seien in vielen aktuellen Kriegen schwere Waffen kaum gefragt, denn es handele sich „nicht um Kriege gegen einen entsprechend gerüsteten Gegner, sondern vielmehr um auf Dauer gegen große Teile der Zivilbevölkerung" gerichtete Gewalt. Nach Auffassung Münklers ähneln die derzeitigen Kriege somit weniger den Staatenkriegen der letzten drei Jahrhunderte als vielmehr den frühneuzeitlichen Kriegen. In diesen seien vornehmlich Bauern, Frauen und Kinder von Gewalt und Plünderungen betroffen gewesen, während sich die Bewaffneten beider Seiten füglich aus dem Weg gegangen seien und diese somit selbst nicht zu den primär Leidtragenden gehörten. Charakteristisch für den Dreißigjährigen Krieg sei, „dass sich die Gewalt in ihm nur zum Teil gegen die bewaffnete Macht eines Feindes, im Übrigen jedoch – zeitweise sogar vorwiegend – gegen die Zivilbevölkerung richtete".[128]

4. Übung: Schein-Feinde

Tagtäglich informiert uns die internationale Berichterstattung scheinbar umfassend über die aktuellen Kriege. In politischen Talkshows und Sondersendungen werden vertiefte Analysen angeboten. Wir sind rundum informiert und können einfache Fragen zu den aktuellen Kriegen präzise beantworten:

a) Welche Informationen erhalten Sie in den aktuellen Kriegs-Berichten über die Flugabwehr, über die Zahl zerstörter Panzer, abgeschossener Kampfflugzeuge und vom Himmel geholter Drohnen, über Angriffe auf feindliche Militärbasen, über versenkte Kriegsschiffe bzw. über Angriffe auf operierende Flugzeugträger vor den angegriffenen Ländern?

b) Wie beurteilen Sie den Erfolg der „Feindaufklärung" und der meist „hochgerüsteten Landesverteidigung" der von Kriegen betroffenen Länder, wenn Panzer und oftmals sogar „Kämpfer" in nicht gepanzerten „Pick-Ups" völlig unbehelligt über offenes Gelände in die nächste Stadt fahren bzw. diese anschließend mit Artillerie-Geschützen aus offenem Gelände beschießen können, ohne selbst angegriffen zu werden?

c) Welche Assoziationen haben Sie, wenn Sie Bilder von Ruinenstädten, bombardierten Krankenhäusern, Schulen, toten Zivilisten und einer terrorisierten Bevölkerung sehen?

Es stellt sich die Frage nach den Motiven dieser gegen die zivile Infrastruktur und gegen die Zivilbevölkerung gerichteten Kriege. In Betracht kommt, dass es sich um Bestrafungsaktionen für unerwünschte wirtschaftspolitische Entscheidungen oder unterlassene Zahlungen handeln kann. Solche Kriegsmotive gab es schon im assyrischen Reich mit seiner legendären „exzessiven Grausamkeit": „Um sicherzustellen, dass regelmäßige Tributzahlungen den Unterworfenen günstiger erschienen als Krieg, bedienten sich die Assyrer einer Politik systematischer Verwüstungen, für die sie in der Nachwelt berüchtigt geworden sind. (…) Die Form des Abfalls war Tributverweigerung, die Form seiner Bestrafung das Beutemachen. Es war mehr als gesteigerter Tribut, hatte es doch die Einäscherung ganzer Städte, die Verheerung von

Landstrichen und die Ausrottung ihrer Bewohner zur Folge. Der Militärapparat war das Droh- und Durchsetzungsinstrument (...)"[129] Die Beschreibung erinnert in mancherlei Facetten an die jüngsten Kriege im Irak und in Syrien.

Systematische Angriffe auf die Zivilbevölkerung können u.a. durch den Know-how-Verlust und die Zerstörung wirtschaftlicher Beziehungen ein Land ökonomisch weit zurückwerfen. Durch das Töten von Zivilisten kann insofern der ökonomische Output eines Landes verringert werden, mit der Folge einer preis-steigernden Begrenzung des Angebots auf den globalen Märkten.

Somit wäre also das Töten und Vernichten ein Mittel zum (wirtschaftlichen) Zweck, eine Fortsetzung der Politik mit anderen Mitteln. Es ist darüber hinausgehend die Frage zu stellen, ob das Töten und Vernichten ein Selbstzweck sein könnte, der allenfalls mittelbar – oder auch nur vorgetäuscht – einem politischen bzw. wirtschaftlichen Zweck dienen könnte. Konkret geht es um die Frage, ob es Zusammenhänge zwischen der fragwürdigen „Überbevölkerungs-Theorie" und dem millionenfachen Töten von Menschen in Kriegen geben mag.

Die Bevölkerungstheorie des anglikanischen Pfarrers Thomas Robert Malthus von 1798 („Essay on the Principle of Population") trug in Großbritannien und in anderen Ländern zu einer restriktiven Sozialpolitik bei (Armengesetz von 1834). Auch der Umgang mit der Großen Hungersnot in Irland von 1845 bis 1849 und mit späteren Hungersnöten in Britisch-Indien sollen von malthusianischen Ansichten beeinflusst gewesen sein, die dazu beitrugen, dass Hilfsmaßnahmen nur zögerlich ergriffen wurden. Anfang des 20. Jahrhunderts sahen Eugeniker in den USA und Europa ihre Gesellschaften degenerieren, mit entsprechenden Folgen nicht zuletzt auch während des Zweiten Weltkriegs. Ab Ende der 1960er Jahre erfuhr die Thematik durch den Biologen Paul R. Ehrlich („Die Bevölkerungsbombe") und durch die von Donella und Dennis L. Meadows im Auftrag des Club of Rome durchgeführte Studie „Die Grenzen des Wachstums" wieder viel Aufmerksamkeit. 2014 setzten sich Pierre-Alain Niklaus und der Schweizer Politiker Balthasar Glättli in ihrem Buch „Die unheimlichen Ökologen - Sind zu viele Menschen das Problem?" kritisch mit der Überbevölkerungs-Theorie auseinander. Sie wenden sich gegen die Vermischung von Ökologie und Bevölkerungspolitik und kritisieren, dass sich „bevölkerungspolitisch orientierte Ökologen" in letztlich menschenfeindliche Denktraditionen einreihen würden.

Die behauptete Überbevölkerung ist durchaus ein Thema in der Friedens- und Konfliktforschung. Der „Taiping-Aufstand" (1851–1864) infolge des Ersten Opiumkriegs (1839–1842), mit dem China zur Öffnung seiner Märkte und insbesondere zur Duldung des Opiumhandels gezwungen wurde, gilt als einer der blutigsten Konflikte der Weltgeschichte. Es war ein Krieg im Kaiserreich China unter der Qing-Dynastie „in Konfrontation" mit der Taiping-Bewegung, einer religiösen und zunehmend auch politischen Gruppierung, die der Mystiker Hong Xiuquan nach Kontakten mit christlichen Missionaren gegründet hatte. Im Taiping-Aufstand starben wahrscheinlich 20 bis 30 Millionen Menschen – er gilt damit als der opferreichste Bürgerkrieg der Menschheitsgeschichte. Als entscheidender Faktor für den Krieg galt lange Zeit die vermeintliche „Überbevölkerung".[130]

Das Mittel Krieg zur Bekämpfung angeblicher Überbevölkerung ist noch immer ein Thema. Eine Untersuchung von Joseph Barter aus dem Jahr 2000 mit dem Titel "Global War and the Human Population Problem" ging der Frage nach, ob es wahrscheinlich sei, dass ein globaler, mit Massenvernichtungswaffen geführter Krieg „die laufende Zerstörung der Biosphäre durch die Überbevölkerung und die Industrie beenden wird". Er untersuchte die möglichen Auswirkungen eines solchen Krieges als ein „natürliches Gegengewicht zu den vom Menschen verursachten Zerstörungen der Biosphäre".[131] Der Politikwissenschaftler Daniel Stroux bezeichnete 2003 „die Überbevölkerung in der Region um die großen Seen" als eine der „strukturellen Konfliktursachen" für den Krieg in Afrikas Mitte. Die Überbevölkerung gelte als einer der tieferen Gründe für den ruandischen Genozid.[132]

Der Volkswirt Friedrich Thießen von der Technischen Universität Chemnitz untersuchte in seiner Schrift „Die Apokalypse der Überbevölkerung" unter anderem Raubzüge und innere Konflikte hinsichtlich ihrer Auswirkungen auf die Bevölkerungszahl. Die starke Bevölkerungsvermehrung in vielen Ländern der Erde entwickelt sich seiner Auffassung nach zu einer Apokalypse. In Syrien habe sich die Bevölkerung seit 1950 fast versiebenfacht, im Kongo versechsfacht, in Afghanistan, Nigeria, Liberia, Libyen u.v.a. vervierfacht. „Raubzüge" könnten das Problem der Überbevölkerung in zweierlei Hinsicht lösen: „Zum einen stellt ein Raubzug in Zeiten einer eingetretenen Notlage einen Versorgungskanal dar, der die Notlage durch die Beute überwindet (...) Zum zweiten ist der Raubzug i.d.R. kriegerisch und führt zum Verlust von Menschenleben, was grundsätzlich einen Beitrag zur Lösung von Überbevölkerungsproblemen darstellt. Raubzüge sind deshalb eine immer wieder ergriffene Handlungsalternative", so Thießen. Ein positiver Aspekt sei auch, dass Raubzüge – anders als interne Unruhen – die sozialen Verhältnisse in dem Land der Notlage nicht störten. Es seien die überzähligen, arbeitslosen jungen Männer, die auf die Raubzüge geschickt würden. Ein Raubzug werde in aller Ruhe und in sozialem Frieden vorbereitet. „Entweder kommt Beute zurück oder die Zahl der Personen hat sich – wie intendiert – vermindert. Rückkehr ohne Beute wird sozial geächtet, weil es nicht erwünscht ist. Dies führt zu einer rücksichtslosen, erbarmungslosen Kampfführung, weil es für die Kämpfer um alles oder nichts geht." In der Gegenwart findet man laut Thießen in Ländern des Nahen Ostens eine wenig auf Menschenleben achtende Kriegsführung. Selbstmordattentate, Massenexekutionen und öffentliche Hinrichtungen und Verstümmelungen gehören dazu. „Insgesamt muss man sagen, dass menschenverachtende Raubzüge und Kriege durchaus ein Mittel sind, das Bevölkerungsvermehrungsproblem zu lösen, aber naturgemäß schreckliche Begleiterscheinungen mit sich tragen."

Neben den nach außen gerichteten Raubzügen befasst sich Thießen auch mit den Wirkungen interner Unruhen. In Zentralnigeria brächten sich in einem Ort in regelmäßigen Abständen christliche und muslimische Jugendliche bei Aufständen um. Die Härte der Kriegsführung in Ländern des Nahen Ostens sei in letzter Zeit viel kritisiert worden. „Da es aber ja gerade das Ziel ist, fremde Gruppen aufgrund des Bevölkerungsüberschussproblems auszulöschen, wären Nachsicht und Vergebung völlig fehl am Platze." Als Beispiel könne Syrien angeführt werden. Die Bevölkerungszahl sei von 1950 bis 2010 von 3,4 Millionen auf über 20 Millionen Menschen gestiegen. „Der Krieg in Syrien ist auf das Auslöschen eines Teils der Bevölkerung gerichtet", behauptet der Wirtschaftswissenschaftler und resümiert: „Insgesamt gesehen muss gesagt werden, dass die Auslöschung eines Teils der Bevölkerung eines überbevölkerten Gebietes durch Kriege und Unruhen tatsächlich eine Lösung des Überbevölkerungsproblems darstellt."[133]

Das Dargelegte zeigt in erschreckender Weise, dass es nicht abwegig zu sein scheint, die Frage aufzuwerfen, ob die häufig gegen die Zivilbevölkerung gerichteten Kriege auch als Mittel der „Bevölkerungskontrolle" betrachtet werden müssen. Ist es vielleicht gewollt, dass sich „Terroristen" in Wohngebieten verschanzen und Zivilisten als menschliche Schutzschilde missbrauchen, damit diese Wohngebiete bombardiert werden können?

Was kann gegen die Angriffe auf Zivilisten getan werden? US-General Stanley A. McCrystal sagte in seiner Antrittsrede als ISAF-Kommandeur im Juni 2009, die Empfindungen, die durch zivile Opfer ausgelöst würden, seien einer der gefährlichsten Feinde.[134] Die Dokumentation, das Offenlegen des gegen die Zivilbevölkerung gerichteten Kriegsgeschehens und die intensive öffentliche Debatte darüber sind sicherlich geeignete Mittel, um solche inhumanen und völkerrechtlich verbotenen Praktiken unwahrscheinlicher zu machen. Das gezielte Töten von Zivilisten sollte an den Pranger gestellt werden, um zumindest die Beteiligung des eigenen Landes an derartigen Kriegseinsätzen möglichst zu verhindern. Es sollte deutlich gemacht werden, dass es um die Grundlagen des humanitären Völkerrechts geht.

Dem methodischen Grundsatz folgend, dass das, was in Kriegen systematisch geschieht, intendiert sein könnte, erscheint eine Debatte über das „Töten von Zivilisten als Kriegsziel" dringlich. Es wäre einerseits zu untersuchen, ob die Missachtung von Erwartungen der Ressourcenkontrolle zu Bestrafungsaktionen gegen die Zivilbevölkerung führt. Andererseits erscheint es notwendig zu untersuchen, ob Strukturen, die sich mit so genannter Bevölkerungskontrolle beschäftigen, mit dem Herbeiführen von Kriegen zu tun haben könnten.

Jenseits der Frage, ob das Töten von Zivilisten absichtlich erfolgt oder nicht, und welche Motive dahinter stecken mögen, scheint zumindest unstrittig zu sein, dass in aktuellen Kriegen 90 Prozent der Opfer Zivilisten sind. Eine öffentliche Debatte darüber ist vordringlich, um die Ächtung von Kriegen wahrscheinlicher und die Beteiligung an Kriegseinsätzen unwahrscheinlicher zu machen.

Exkurs: Lukrative Nebengeschäfte mit der Angst

Regelmäßige große Kriege und langandauernde „Bürgerkriege" sind eine Realität. In relativ abstrakter, häufig nur wenig belegter Weise wird darüber hinaus immer wieder vor der Gefahr eines „Dritten Weltkriegs" gewarnt. Papst Franziskus spricht seit 2014 immer wieder davon, es sei eine Art Dritter Weltkrieg, der (bereits) stückweise geführt werde. Kaum etwas anderes kann mehr kollektive Angst auslösen als ein weiterer Weltkrieg.

Hinzu kommt der „Terrorismus", der inzwischen auf vergleichsweise „billige Weise" dazu in der Lage ist, Angst und Schrecken in aller Welt zu verbreiten. Einerseits muss man die Gefahr der massiven Ausweitung von Terrorismus und Krieg sehr ernst nehmen. Andererseits stellt sich die Frage, welche Funktion teilweise dramatisierende Berichte über terroristische Gewaltausübung haben und wer davon profitiert.

Im Bereich der globalen Kommunikation nehme man ein Klima des Krieges wahr, hat der Papst im Juni 2015 gesagt. Einige „wollten dieses Klima absichtlich schüren". Es werde auch mit Kriegen spekuliert, um Waffen zu verkaufen, so der Papst.[135] Das Klima der Angst, das so erzeugt wird, heizt unter anderem das Geschäft mit Waffen, Gold und Immobilien an. Selbst dort also, wo gar kein Krieg geplant ist, können durch reine Stimmungsmache „Kriegsdividenden" realisiert werden.

Illegaler Handel, Piraterie und die Verwendung staatlicher Öleinnahmen

Der natürliche Reichtum von Ländern nützt meistens nur einer kleinen, einheimischen Elite und den global agierenden Konzernen. Das Nachsehen hat die – aufgrund der rechtlichen Bedingungen – in vielen Ländern in Armut gehaltene Bevölkerung. Solche Randbedingungen begünstigen „kriminelle Netzwerke" und „illegalen Handel". Je nach den jeweiligen Nutznießern werden kriminelle, illegale Strukturen entweder begünstigt oder mit politischen, polizeilichen und im Extremfall mit militärischen Mitteln bekämpft.

Krieg, Bürgerkrieg und Aufstände führten in Libyen seit 2011 zu einem dramatischen Rückgang der Ölexporte. Allerdings entwickelte sich ein illegaler Ölhandel, der immer wieder militärisch bekämpft wurde. Es gab Androhungen militärischer Gewalt und Luftangriffe auf Öltanker, die „illegal" libysche Ölhäfen anfuhren, die von „Aufständischen" besetzt worden waren. Im März 2014 verließ der Öltanker „Morning Glory" schwer beladen das Land, wurde dann aber von der US Navy aufgebracht und von dem Zerstörer „USS Stout" zurück nach Libyen eskortiert. Im Januar 2015 wurde ein weiterer Öltanker vor der Küste Libyens von einem Kampfflugzeug beschossen. Im Januar 2016 wurde der Ölhafen Es Sider angegriffen und Rohöl-Lagertanks in der Nähe des Hafens von Ras Lanuf in Brand gesetzt. Schon Ende 2014 waren Öltanks in Brand gesetzt worden.

Die Europäische Union verhängte am 18. Januar 2016 ein Embargo, durch welches unter anderem „die illegale Ausbeutung von Rohöl oder von anderen natürlichen Ressourcen in Libyen" durch „bewaffnete Gruppen" und „kriminelle Netzwerke" unterbunden werden soll. Man zielt dabei u.a. auf den Export von Erdölprodukten über Häfen des Landes. In der sperrigen Verordnungssprache heißt es: Das Embargo umfasst die Bereitstellung von Geldern oder wirtschaftlichen Ressourcen „für Hafenbehörden", die in Zusammenhang mit der Erfüllung von vor dem 7. Juni 2011 geschlossenen, „Erdöl, Erdgas oder Raffinationsprodukte betreffenden" Verträgen stehen. Es ist auch „untersagt, dass benannte Schiffe unter der Fahne eines Mitgliedstaats Rohöl aus Libyen laden, befördern oder entladen, sofern dies nicht von der zuständigen Behörde des Mitgliedstaats im Benehmen mit der Kontaktstelle der Regierung Libyens genehmigt wurde.“ Auch sind „Finanztransaktionen im Zusammenhang mit Rohöl an Bord benannter Schiffe, einschließlich des Verkaufs des Rohöls oder der Verwendung des Rohöls für Kredite, sowie der Abschluss von Transportversicherungen für das Rohöl, sofern der Sanktionsausschuss dies festgelegt hat, untersagt.“[136] Warum wurde über diese bemerkenswerten Sanktionen nicht umfassend berichtet?

Für die Kontrolle und Bekämpfung des illegalen Ölhandels und der Ölpiraterie werden weltweit militärische Kräfte in großem Stil herangezogen. Adriana Erthal Abdenur von der Päpstlichen Katholischen Universität von Rio de Janeiro äußerte im Kontext der Ölförderung und Kontrolle in den Meeresgebieten Brasiliens die Befürchtung, dass sich „die Piraterie (…) schließlich über den gesamten Südatlantik ausbreiten könnte“. Hintergrund sind die Erfahrungen mit Piraterie an der Küste Somalias, die „nun auch auf den Golf von Guinea [übergriff], ein Gebiet, das es inzwischen durch Ölexploration und Schifffahrtslinien zu globaler strategischer Bedeutung gebracht hat“. Nach Darstellung der brasilianischen Regierung erfordere die Exploration der großen Öl- und Gasvorkommen „verstärkte Kapazitäten zur Überwachung“ des Südatlantiks und „zur Abschreckung potenzieller Gegner“.[137] Warum wird nicht umfassend darüber berichtet, dass es beim Thema Piraterie vielfach um den globalen Erdölhandel geht?

Die Internationale Seeschifffahrts-Organisation (International Maritime Organization, IMO), London, schätzte, dass afrikanische Staaten im Jahr 2011 fast eine Milliarde US-Dollar durch Öl-Piraterie verloren haben.[138] Die Verluste für die Konzerne könnten deutlich höher liegen. Das Zentrum der Piraterie hat sich offenbar vom Horn von Afrika wegverlagert hin zur Westküste Afrikas, „der größten ölproduzierenden Region in Subsahara-Afrika“, so die International Business Times. In den meisten Fällen würden die schwerbewaffneten Piraten Gasöl[139] erbeuten. Das dänische Sicherheitsunternehmen Risk Intelligence schätzt, dass allein im Golf von Guinea zwischen 2010 und Herbst 2013 etwa 117.000 Tonnen Ölprodukte im Wert von rund 100 Millionen Dollar entwendet wurden.

Das zeigt: Es gibt offenbar militante Akteure, die den Ölmultis das Leben schwer machen und die sich einen Teil der gigantischen Ölprofite auf ihre Weise sichern wollen. Sie scheinen starken Rückhalt in den westafrikanischen Ländern zu haben. So schreibt die International Business Times, dass diese „Netzwerke" in ihren Nationen eingebunden („embedded") seien.[140] Im April 2014 wurde im Golf von Guinea unter dem Titel "Obangame Express" ein Großmanöver durchgeführt. Beteiligt waren u.a. europäischer Marinen, die US Navy, afrikanische Marinen sowie die brasilianische Marine. Die Übung richtete sich gegen an der westafrikanischen Küste aktive Piraten und gegen „illegalen Handel".[141]

In vergleichbarer Weise wird beispielsweise auch in Griechenland vor dem Hintergrund einer eventuellen „Förderung von Kohlenwasserstoffen" in der Ägäis zur Verhinderung von „Terrorismus, Sabotage und Piraterie" der Ausbau einer hochseetüchtigen griechischen Marine diskutiert. Für die Finanzierung von Kriegsschiffen für große Reichweiten, Flugzeugen, Überwachungseinrichtungen per Satellit, der Küstenwache etc. wurde daher vorgeschlagen, auf einen Teil der staatlichen Erdöleinnahmen zurückzugreifen.[142]

Diese Forderung erscheint nicht unlogisch: Wenn ein Staat die Überwachung und Kontrolle der Erdölförderung in einem großen Meeresgebiet wie der Ägäis sicherstellen soll, dann stellt sich die Frage, ob das nicht aus den Erdöl-Einnahmen beglichen werden kann. Unter realistischer Beurteilung der Machtverhältnisse zwischen Staaten und Konzernen ist es naheliegend, die staatlichen Öleinnahmen und nicht die der Ölmultis für die militärische Ressourcenkontrolle heranzuziehen.

Es ist vorstellbar, dass das für Griechenland diskutierte Finanzierungsmodell durchaus üblich sein könnte. Das würde bedeuten, dass staatliche Öleinnahmen möglicherweise in vielen Staaten nicht der Allgemeinheit zugutekommen und auch nicht ausschließlich in den Taschen der heimischen Eliten verschwinden, sondern zu erheblichen Teilen für die militärische und nicht-militärische Ressourcenkontrolle verbraucht werden. Es gilt, illegale Ölförderung, illegalen Ölhandel und Ölpiraterie mit militärischer Macht zu unterbinden. Demnach würde ein erheblicher Teil der staatlichen Öleinnahmen wiederum im Interesse der Ölmultis verausgabt werden. Das kann gerade in sehr großen Ländern mit weiten Gebieten, in denen Öl preiswert gefördert werden kann wie etwa Saudi-Arabien oder Russland, einen immensen Militärapparat erforderlich machen.

So gesehen könnte es sogar im Interesse der Ölmultis sein, wenn in bestimmten Ländern die Ölindustrie ganz oder teilweise in staatlicher Hand liegt. Gerade wenn man Länder wie das Königreich Saudi-Arabien betrachtet, ist es doch bemerkenswert, dass trotz aller Bemühungen, weltweit eine neoliberale Politik durchzusetzen, die Forderung nach Privatisierung der äußerst lukrativen Ölindustrie kein Thema ist. Scheinbar freimütig überlässt man in vielen Staaten des Nahen Ostens „den Scheichs" und der Dynastie der Saud die riesigen Öleinnahmen. Doch das stimmt nicht ganz: Die regelmäßigen milliardenschweren Rüstungsimporte Saudi-Arabiens sind legendär und ein Großteil des Kriegsgeräts wie etwa Patrouillenboote ist gut für die Ressourcenkontrolle, ebenso wie Panzer zur Aufstandsbekämpfung.

Zudem finanziert Saudi-Arabien immer wieder Kriege in den Nachbarländern des ressourcenreichen Nahen Ostens. Das Land kam für rund 40 Prozent der Kosten des Zweiten Golfkriegs auf und soll angeblich jahrelang die Opposition in Syrien finanziert haben. Saudi-Arabien finanziert(e) auch die Terrororganisation Al-Qaida – religiöse Stiftungen und vermögende Einzelpersonen finanzierten offenbar auch den „Islamischen Staat".[143]

Seit 2015 bombardiert das Land den Nachbarstaat Jemen. Die Dynastie der Saud tritt im eigenen Land wie auch in den Nachbarstaaten als „Ordnungsmacht" auf. Die staatlichen Öleinnahmen dienen offenkundig der Ressourcenkontrolle im gesamten Nahen Osten.

Es erscheint sinnvoll, die Mittelverwendung aus den staatlichen Öleinnahmen weltweit und die mögliche Funktion von Staatskonzernen im Kontext der Ressourcenkontrolle näher zu untersuchen. Jedenfalls sollte Außenhandel in staatlicher Hand nicht den Rüstungskonzernen, sondern der jeweiligen Bevölkerung zugutekommen. Die vorstehenden Ausführungen zeigen, dass immense militärische Überwachungs- und Unterdrückungsapparate erforderlich sind, um den in Konkurrenz zu den Konzernen stehenden „illegalen Handel" zu bekämpfen.

Aus friedenspolitischer Sicht sollte der hochgradig regulierte, „unfreie" und überwachungsbedürftige „Exklusivhandel der Konzerne" auf die politische Tagesordnung gesetzt werden. Eine tatsächlich „liberale Weltordnung" mit freierem Handel, der weiten Teilen der Weltbevölkerung nützt, könnte Kriege und Repression nach innen weithin überflüssig machen.

ENTLASSEN SIE DIE POLITIK AUS DER SÜNDENBOCKROLLE

Nach dem Soziologen Michael Mann gibt es vier Machtquellen: die militärische, die ökonomische, die politische und die ideologische Macht.[144] Als mächtig werden aber meist nur Staaten mit einer sie steuernden Politik dargestellt. Einflussreiche transnationale Konzerne und sonstige global agierende Organisationen werden in fragwürdiger Weise einzelnen Staaten zugeordnet und in ihrer weltumspannenden Machtausübung weit unterschätzt. Machtvolle Rückwirkungen auf Staaten und auf deren Politik werden ignoriert, da sich solche Prozesse jenseits der Öffentlichkeit abspielen. Der Schlüssel für eine neue Friedenspolitik könnte darin liegen, selbst „starke und aggressive", vermeintlich „imperiale" Staaten in ihrer Erpressbarkeit wahrzunehmen. Werden nicht mehr vornehmlich Staaten und Politiker, sondern die Mechanismen wirtschaftlicher Nötigung an den Pranger gestellt, dann bahnen sich Wege einer neuartigen Völkerverständigung an. Völker und Regierungen könnten zu dem Ergebnis kommen, dass sie fast alle unter Druck gesetzt werden, Gewalt anzuwenden, ohne es wirklich zu wollen. Eine solche Erkenntnis könnte völlig neue Kräfte für die Bewahrung des Friedens freisetzen.

Die vermeintliche „Allmacht“ der Politiker

Für viele Menschen steht fest, dass der US-Präsident der mächtigste Mann der Welt ist. Den Memoiren von Henry Kissinger ist allerdings ein ganz anderes Bild zu entnehmen: „Welcher Anlass es auch sein mag, kein Präsident hat Zeit, seine Reden selbst zu entwerfen. Die außenpolitischen Reden Nixons kamen alle aus der gleichen Quelle. Der Nationale Sicherheitsrat verfasste unter meiner Aufsicht einen detaillierten Entwurf, den Nixon prüfte und vielleicht ein wenig änderte, bevor er ihn an einen Redenschreiber weitergab.“ Vor Auslandsreisen wurde Nixon vom Nationalen Sicherheitsrat und vom Außenministerium „mit umfangreichem Material“ versorgt, u.a. mit einem „Lagepapier“, in welchem dem US-Präsidenten „die „politischen Ziele“, „die Strategie“ und „eine Stellungnahme“ zu Gesprächsthemen vorgegeben wurden. Dabei wurde versucht, „den Gang der Gespräche vorher möglichst genau festzulegen“. Dem US-Präsidenten wurden nach Angaben von Kissinger sogar die „Antworten“ vorformuliert, die er in den Gesprächen geben sollte. Der US-Präsident sei dabei in den Gesprächen nie über „die festgelegten Grenzen“ hinausgegangen, betont Kissinger. Bezogen auf Nixons Europareise im November 1969 schreibt er: „Auf dem Flug nach Europa lernte der Präsident (...) unsere Analysen Punkt für Punkt auswendig“. Auf diese Weise vorbereitet, führte er Gespräche u.a. in Brüssel im königlichen Palast und bei der NATO, im Londoner Buckingham-Palast mit Königin Elisabeth sowie mit dem Papst in Rom. Zur Bedeutung Roms und des Vatikans schrieb Kissinger: „Es war der Regierungssitz eines Weltreichs im klassischen Altertum gewesen. Seit anderthalb Jahrtausenden befand sich hier auch der Regierungssitz des Papstes, der Vatikan (...) Die italienische Regierung zog in die Stadt des Papstes, und das Papsttum blieb in Rom die zentrale Institution.“[145]

Rainer Mausfeld von der Universität Kiel sagte 2015 in einem viel beachteten Vortrag, die gesamte abendländische Ideengeschichte sei von einer tiefen Demokratieskepsis und oftmals Demokratiefeindlichkeit durchzogen. Laut James Madison, einem der Gründungsväter der

US-amerikanischen Verfassung, müsse jede Regierungsform so gestaltet sein, dass sie die Minorität der Reichen gegen die Majorität der Armen schützt. Regierungsberater Samuel Huntington stellte fest, Präsident Truman habe das Land lediglich mit einer relativ kleinen Zahl von Anwälten und Bankiers der Wallstreet regieren können.

Die Washington Post stellte am 21. April 2014 fest: „America is no longer a democracy (…)“ Der ehemalige US-Präsident Jimmy Carter nannte in einem Interview am 28. Juli 2015 die USA eine “Oligarchie”. Die Politikwissenschaftler Martin Gilens und Benjamin Page kamen in einer Untersuchung zu dem Ergebnis, dass der Wille der großen Masse der Amerikaner Null Einfluss auf politische Entscheidungen hätte. 70 Prozent der Bevölkerung hätten überhaupt keinen Einfluss auf politische Entscheidungen. Nach Auffassung von Mausfeld betrachten die herrschenden Eliten Demokratie als eine „notwendige Illusion“. Das von den Eliten erwünschte Modell sei eine „Zuschauerdemokratie“. Und: „Aus Sicht multinationaler Konzerne stellt Demokratie vor allem ein Geschäftsrisiko dar.“[146]

Der Historiker Udo Sautter skizziert in seiner Geschichte der Vereinigten Staaten von Amerika die Macht und den gewaltigen Einfluss der Konzerne auf die Politik. Er schreibt vom zunehmenden „Misstrauen, mit dem das Wachstum der Großfirmen betrachtet wurde. Allein in den 1960er Jahren vergrößerten die sieben Dutzend Industrieunternehmen mit einer Bilanzsumme von über einer Milliarde Dollar ihren Anteil am Wirtschaftsprodukt von einem Viertel auf fast die Hälfte. Weniger als ein Prozent aller Firmen nahm 88 Prozent aller Gewinne ein. Der Trend zum Monopol oder Oligopol war in vielen Wirtschaftszweigen spürbar und wurde durch die Tendenz zur Absorption anstelle des Ausscheidens der im Wettbewerb Unterlegenen noch verstärkt. Die Macht, welche die Manager einiger weniger Auto-, Öl- oder Elektronikfirmen in Händen hielten, war aber nicht nur wirtschaftlicher Natur. Schwer zu kontrollieren durch die eigentlichen Kapitalbesitzer, gegenüber gewählten Politikern eindeutig im Besitz eines Statusvorteils, bei Regierungsaufträgen oft ohne Konkurrenz, verfügten sie über ein kaum sichtbares, schwer greifbares und doch überaus wirksames Entscheidungspotenzial, das die Idee vom souveränen Volk in bemerkenswertem Maß zur Fiktion reduzierte. Die Tatsache, dass sich der Verkaufserlös der amerikanischen Tochtergesellschaften und Unternehmensfilialen im Ausland 1969 auf 142 Milliarden Dollar belief und damit größer als das Bruttosozialprodukt Frankreichs oder Großbritanniens war, zeigte die globale Bedeutung dieses Problems. Eisenhower, gewiss kein Sozialrevolutionär, fühlte sich in seiner Abschiedsadresse dazu getrieben, vor den Gefahren des ‚military-industrial complex' zu warnen", so Sautter.[147]

Auch US-Präsident John F. Kennedy klagte über einen militärisch-industriell-geheimdienstlichen Komplex. Am 27. April 1961 sagte er in New York in einer Rede vor wichtigen Zeitungsverlegern des Landes: „Wir sind mit einer weltweiten monolithischen und skrupellosen Verschwörung konfrontiert, die ihren Einfluss mit verdeckten Mitteln ausdehnt (…) Es ist ein System, in dem gewaltige menschliche und materielle Ressourcen für den Aufbau eines straffen, hocheffizienten Apparates verpflichtet wurden, der militärische, diplomatische, geheimdienstliche, wirtschaftliche, wissenschaftliche und politische Operationen aufeinander abstimmt."[148]

In vergleichbarer Weise machte der deutsche Spitzenpolitiker und bayerische Ministerpräsident Horst Seehofer deutlich, dass wesentliche politische Entscheidungen nicht von den gewählten Politikern getroffen werden. Am 20. Mai 2010 sagte er im deutschen Fernsehen (ARD): „Diejenigen, die entscheiden, sind nicht gewählt, und diejenigen, die gewählt werden, haben nichts zu entscheiden." Der ehemalige baden-württembergische Ministerpräsident Lothar Späth stellte 1985 fest: „Es ist, in Wahrheit, nicht weit her mit der ‚Macht' demokratisch legitimierter Politik … In den meisten Fällen tendiert der politische Handlungsspielraum gegen Null."[149]

Manche dieser Äußerungen mögen übersteigert sein. Der Grad demokratischer Mitwirkungsmöglichkeiten und die Machtbalance zwischen Politik und Konzernen und sonstigen Strukturen der globalen Eliten können und sollen hier nicht quantifiziert werden. Es geht allein um die Feststellung, dass die vermeintliche Allmacht der Politiker eine

Illusion ist. Einen für maximal acht Jahre amtierenden amerikanischen Präsidenten als den mächtigsten Mann der Welt zu titulieren oder eine deutsche Bundeskanzlerin zur mächtigsten Frau der Welt zu küren, ist ebenso abwegig wie die Annahme, ein russischer Staatspräsident könne „allmächtig" in diesem Riesenreich schalten und walten wie er wolle.

Dies dient allein dem Zweck, alle Verantwortung und Schuld – nicht zuletzt, wenn es um Entscheidungen über Krieg und Frieden geht – auf Politiker abzuladen und andere Machtstrukturen und Entscheidungsträger dabei nicht in den Blick zu nehmen. Politiker sind nicht zuletzt auch eine Projektionsfläche für die Wut der Massen über Entscheidungen, die Politiker zumindest nicht alleine getroffen haben.

Das globale Geflecht der transnationalen Konzerne

Den Warnungen Eisenhowers und John F. Kennedys ist zu entnehmen, dass die Politik in massiver Weise den Einflüssen wirtschaftlicher Macht unterworfen ist. Die Darstellungen der beiden US-Präsidenten erscheinen aufgrund einer vor wenigen Jahren durchgeführten wissenschaftlichen Untersuchung nicht unplausibel.

Die Studie „The Network of Global Corporate Control" der renommierten Eidgenössischen Technischen Hochschule (ETH) Zürich von 2011 macht in besorgniserregender Weise deutlich, wie eng die Wirtschaft über die einflussreichsten Banken und sonstigen Großkonzerne weltweit miteinander verbunden ist. In der Studie kristallisierten sich 1318 Konzerne heraus, die im Durchschnitt mit jeweils 20 weiteren Konzernen verflochten waren. Das führt dazu, dass diese Unternehmen – obwohl sie nur ein Fünftel der globalen Umsätze erzielen – insgesamt vier Fünftel der Umsätze von internationalen Konzernen kontrollieren, schrieb die Frankfurter Rundschau. Die Forscher stellten weiterhin fest, dass nur 147 Konzerne mehr als 40 Prozent der 43.000 betrachteten transnationalen Konzerne kontrollieren. Mehr noch: Diese 147 Konzerne bilden ein in sich geschlossenes System. „Die Mitglieder

dieser Super-Einheit kontrollieren sich gegenseitig, weil sie sich über ein kompliziertes Geflecht von Beteiligungen größtenteils in wechselseitigem Besitz befinden."

An der Spitze dieses Machtzentrums steht der Analyse zufolge die im Vereinigten Königreich in London ansässige Barclays Bank. Im Kernbereich dieser weltumspannenden „Elite der Elite" rangieren zahlreiche weitere Finanzhäuser wie beispielsweise JP Morgan Chase, UBS, Capital Group, AXA, Goldman Sachs, Merrill Lynch, Bank of America, Bank of New York Mellon, Deutsche Bank, Allianz, BNP, Unicredito Italiano, Mitsubishi UFJ Financial Group oder die Credit Suisse.[150]

In China und Russland operierende Großkonzerne sind in dieses weltumspannende Geflecht eng eingebunden. Die China Petrochemical Group (Sinopec) zählt der Studie der ETH Zürich zufolge zu den Top 50 der globalen „Elite der Elite". Der Öl-, Gas-, Raffinerie- und Chemiekonzern mit Sitz in Peking galt 2015 als das weltweit ertragreichste Unternehmen, als größtes Raffinerieunternehmen Asiens und als zweitgrößter Chemikalienproduzent der Welt.[151]

An Rosneft, einem der weltweit führenden Ölkonzerne mit Sitz in Moskau, ist mehrheitlich der russische Staat und mit rund 20% British

Petroleum (BP) beteiligt. British Petroleum zählt zum Kern der weltweit führenden Ölmultis, die auch als „Big Oil" bezeichnet werden und eng mit dem Aufstieg der global tätigen Finanzhäuser verbunden sind. Rosneft hält die Aktienmehrheit am ebenfalls in Moskau ansässigen, weltweit größten Erdgasförderunternehmen Gazprom.[152]

5. Übung: Transnationale Konzerne

Die Studie „The Network of Global Corporate Control" der ETH Zürich offenbarte ein weltumspannendes Geflecht transnationaler Konzerne, in dessen Zentrum rund 147 Konzerne, meist große Finanzhäuser, als „Elite der Elite" stehen.

a) Würden Sie die Rüstungskonzerne mit Sitz in den USA als „US-Rüstungsindustrie" und Rüstungskonzerne mit Sitz in Deutschland als „deutsche Rüstungshersteller" bezeichnen?

b) Würden Sie sagen, dass die Bank of America eine „US-Bank" und dass die Deutsche Bank eine „deutsche Bank" ist?

c) Wen machen Sie für Geschäfte eines transnationalen Konzerns verantwortlich? Den Staat, auf dessen Gebiet der Konzern seinen Sitz hat, dessen Regierung, dessen Bevölkerung, die einfachen oder die leitenden Mitarbeiter des Konzerns, seine Großaktionäre, „graue Eminenzen", Ihnen nicht bekannte Strukturen?

An Gazprom, einem der größten Unternehmen Europas, ist mit rund 27% die Bank of New York Mellon beteiligt, die wie gezeigt laut Studie der ETH Zürich zum Kern der „Elite der Elite" gehört. Somit übt die globale Elite auf das weltgrößte Erdgasförderunternehmen, mit 110 Milliarden US-Dollar Marktkapitalisierung auf „eines der größten Unternehmen Europas" und selbstverständlich indirekt auch auf die russische Politik einen nicht unerheblichen Einfluss aus.[153]

Dies soll hier nur exemplarisch vor Augen führen, wie eng die global führenden Finanzhäuser mit den Energiemultis und wie Privatkonzerne mit Staatskonzernen verflochten sind. Eine umfassende Darlegung und Erörterung der weltweiten Konzernverflechtung und Eigentümerstrukturen würden den Rahmen dieses Buches sprengen. Es sei aber ergänzend darauf hingewiesen, dass selbstverständlich auch erhebliche Teile der Rüstungsindustrie mit den führenden Finanzhäusern verflochten sind.

Die Sündenbockrolle der Politik

Es bedarf keiner kontroversen Diskussionen darüber, ob führende Banken und sonstige Konzerne einen erheblichen Einfluss auf die Politik ausüben oder nicht. Ein solcher Einfluss wird von diesen selbst beschrieben und grundsätzlich nicht in Abrede gestellt, wenn auch vielfach als „Beratungen" oder „Diskussionen" deklariert.

David Rockefeller beispielsweise, der langjährige Chef der Chase Manhattan Bank (heute: JP Morgan Chase) und Enkel des Ölmagnaten John D. Rockefeller Sr., deutet in seinem Buch „Erinnerungen eines Weltbankiers" freimütig an, auf welche Weise global führende Konzerne auf politische Entscheidungen einwirken. Er stellt fest, „dass das Council on Foreign Relations immer wieder die Formulierungen der amerikanischen Außenpolitik beeinflusst." Rockefeller geht auch knapp auf die Bilderberg-Konferenzen als „ungemein interessantes jährliches Diskussionsforum" ein. Er wirkte bei der Gründung des „International Executive Corps (IESC)" mit, welches in 35 Jahren mehr als 50.000 pensionierte Führungskräfte ins Ausland geschickt und u.a. die Regierungen von Polen, Ungarn und der Tschechischen Republik „in Bezug auf die freie Marktwirtschaft" beraten habe. Bezüglich der von Rockefeller mitbegründeten ECAT, einer Gruppe bestehend aus den CEO's der 50 wichtigsten Unternehmen mit Sitz in den USA, räumt der Weltbankier eine direkte politische Einflussnahme anlässlich der aufkeimenden Protektionismusbewegung in den USA ein: „(…) es gelang uns, die unmittelbare Gefahr zu bannen." ECAT, die geballte Macht von 50

Großkonzernen, ist laut Rockefeller „nach wie vor die stärkste Stimme für den freien Handel in einem zunehmend protektionistischer werdenden Washington."

Die Gründung der „Trilateralen Kommission" war laut Rockefeller von folgenden Überlegungen geleitet: „Ich rief zu einem Bündnis ‚für Frieden und Wohlstand' auf, bestehend aus Bürgern der NATO-Staaten und Japans, die über ‚so lebenswichtige Themen wie den globalen Handel und Investitionen, Umweltprobleme, den Kampf gegen Kriminalität und Drogen, Bevölkerungskontrolle und die Unterstützung für die Entwicklungsländer' diskutieren sollten." Man habe versucht, „das Verhalten unserer jeweiligen Regierungen zu beeinflussen".

Ein laut Rockefeller „obskurer demokratischer Gouverneur", James Earl Carter, wurde zu einem Treffen der Trilateralen Kommission im April 1975 nach Tokio eingeladen und bewarb sich dann 1976/77 als Jimmy Carter in rebellischer Manier um das Amt des US-Präsidenten: „Carters Kampagne richtete sich äußerst subtil gegen Washington und gegen das Establishment. Er versprach, sowohl neue Köpfe als auch neue Ideen in die Regierung zu bringen." Als er nach seiner Wahl dann aber 15 Trilateral-Mitglieder auswählte, „war die Überraschung groß", so Rockefeller. Er sei froh, dass Trilateral nach wie vor ein lebendiger und „effektiver" Bestandteil der Weltbühne sei.[154]

Zischka schreibt zum einstigen Einfluss der Standard Oil Company (heute u.a. ExxonMobil und BP) auf die Politik der USA: „Die Standardleute hatten Minister und Senatoren in ihrem Sold und – zumindest einen – Präsidenten: Der Senator Harding war 1920 vor allem mit dem Geld der Petroleumindustrie in das Weiße Haus gewählt worden, und so hatte der Präsident Harding sich natürlich erkenntlich zeigen müssen. Er machte einen der Direktoren und Rechtsvertreter der Standard Oil, Hughes, zum Außenminister und damit die amerikanische Diplomatie zu einem Instrument der Rockefeller-Interessen."[155]

Auch der Wahlkampf für die Präsidentschaftswahlen im Jahr 2016 wurde laut BBC zu wesentlichen Teilen von Banken und Großunternehmen finanziert.[156] Auch der Präsidentschaftskandidat Donald Trump inszenierte sich als „Anti-Politiker", der im Wahlkampf das unpopuläre politische Establishment angriff. Auch Trump machte nach seiner Wahl mit dem ehemaligen Präsidenten von ExxonMobil, Rex Tillerson, einen führenden Mann von „Big Oil" zum Außenminister. Tillerson war bei Exxon u.a. verantwortlich für die Russland-Aktivitäten des Konzerns.

In Deutschland zählen die Vorstandssprecher der Deutschen Bank traditionell zu den engsten „Beratern" der jeweiligen Bundeskanzler(in), ohne dass die Öffentlichkeit über diese Kontakte oder gar über die Gesprächsinhalte informiert würde. Eine Einflussnahme der großen Finanzhäuser und der mit ihnen verbundenen sonstigen Konzerne auf die Politik auch in Deutschland ist umfangreich untersucht und belegt.[157]

Vor wenigen Jahren wurde neben der Deutschen Bank auch die Einflussnahme der Investmentbank Goldman Sachs auf die Politik intensiv diskutiert. „Es ist ein Haus mit vielen Verbindungen, ein Klub der Geld-Elite: Leute von Goldman Sachs schaffen es auffällig oft in die Spitze von Ministerien, Botschaften, Notenbanken, Regierungen und anderer Banken", schrieb die Süddeutsche Zeitung im März 2012.[158] Einer Antwort der Bundesregierung auf eine parlamentarische Anfrage ist zu entnehmen, dass Führungskräfte von global führenden Banken wie Barclays Capital, JP Morgan, Goldman Sachs, Bank of America, Credit Suisse, UBS, Deutscher Bank und Commerzbank in einem engen Austausch mit der Bundeskanzlerin, dem Bundeskanzleramt und diversen Ministerien stehen.[159]

Konzerne entsenden längst auch Mitarbeiter in Ministerien, wo sie die Politik unmittelbar mitbestimmen können. Aus einer Antwort der Bundesregierung auf eine parlamentarische Anfrage vom 13. November 2006 geht hervor, dass im Auswärtigen Amt insbesondere Mitarbeiter der Energiewirtschaft (BP, Wintershall, E.On, Siemens) und der Rüstungsindustrie (EADS, DaimlerChrysler) tätig waren.[160] Auch das ist ein aufschlussreicher Beleg dafür, worum sich die Außenpolitik in Wirklichkeit dreht: um Fragen von Energie und Krieg.

Es geht an dieser Stelle nicht darum, das sei ausdrücklich betont, Mitarbeiter von Großunternehmen zu diskreditieren. Sie gehen ebenso wie andere zur Sicherung ihres Lebensunterhalts einer Arbeit nach und sind nicht für weitreichende Entscheidungen in die Verantwortung zu nehmen, die letztlich andere getroffen haben. Selbst unter leitenden Angestellten solcher Unternehmen dürften sich manche darum bemühen, im Rahmen ihrer Möglichkeiten verantwortungsvolle Entscheidungen zu treffen und die Politik in sinnvoller Weise zu beraten. Immerhin verfügen sie über intime Kenntnisse, die der Öffentlichkeit großteils verborgen bleiben. Aber: Gerade leitende Angestellte sind in extremer Weise dem Gewinnerzielungsinteresse verpflichtet. Von ihnen wird erwartet, dass sie nicht Verantwortung für die Allgemeinheit übernehmen und ihrem Gewissen folgen, sondern dem Willen der Großaktionäre.

Es geht jenseits der Betrachtung einzelner Personen um das strukturelle Problem, dass mächtige Eliten und Konzerne einen Einfluss geltend machen können, der nach aller Logik unter dem Strich den Interessen der Bevölkerung zuwiderlaufen muss. Es geht beispielsweise um die schlichte Tatsache, dass Rüstungskonzerne von Kriegen profitieren und dass es vor diesem Hintergrund nicht wünschenswert ist, wenn diese Einfluss auf die Politik nehmen.[161] Es geht darum, dass offenkundig auch Energiekonzerne, Baukonzerne (Wiederaufbau) und andere Branchen in erheblichem Maß von Ressourcenkontrolle, Kriegen und deren Folgen profitieren. Auch deren Einfluss auf die Politik muss daher als überwiegend schädlich angenommen werden.

Das Grundproblem ist, dass in Darstellungen und Diskussionen über politische Entscheidungen fast immer nur vom Willen von Staats- oder Regierungschefs bzw. von Staaten die Rede ist, nicht aber von den Zielen transnationaler Konzerne. Es ist schwerlich bestreitbar, dass den Staaten bzw. Politikern permanent mächtige Akteure und Konzern-Interessen im Nacken sitzen. Die Reduktion auf den (angeblichen) Willen der Staats- und Regierungschefs wird der Komplexität der realen Machtverhältnisse und den tatsächlichen Abläufen bei der politischen Willensbildung nicht gerecht.

Die nicht an einzelne Staaten gebundene, global denkende und handelnde „wirtschaftliche Macht“ wird als Einflussfaktor auf Fragen von

Krieg und Frieden praktisch ausgeklammert. Stattdessen werden „machthungrige Diktatoren“ und „aggressive Staaten“ in Szene gesetzt und an den Pranger gestellt. Der Politikwissenschaftler Martin Jänicke untersuchte in seinem Buch „Staatsversagen. Die Ohnmacht der Politik in der Industriegesellschaft“ das Geflecht der Einflussnahme auf die Politik. Er verwies auf die bürokratische Macht, den „bürokratisch-industriellen Komplex“, die industrielle Macht, Medienmacht und die „Ohnmacht der Parlamente“. Aber „das Publikum starrt gebannt auf die Politiker im Scheinwerferlicht der politischen Arena. Denn dort werden auch die Schurkenrollen vergeben, wenn ‚Regierungsverantwortung‘ für offensichtliche Missstände des Staatsapparates zu übernehmen ist“, so Jänicke. Die „Sündenbockrolle der Politik“ ergebe sich u.a. daraus, „dass der Staat in der Wirtschaft wenig entscheidet, aber mit immer mehr befasst ist und am Ende alles zu verantworten hat.“ Die „Politik“ werde „mit beachtlichem Prestige dafür bezahlt, dass sie diese Rolle zu übernehmen bereit ist“.[162]

Sehr gut erkennbar wird die Sündenbockrolle der Politik immer dann, wenn Konzerne Politiker bestechen, um auf illegale Weise einen erheblichen wirtschaftlichen Vorteil zu erzielen. Fliegt der Bestechungsvorgang auf, dann wird er in der Regel ausschließlich den entsprechenden Politikern angelastet, nicht aber den Konzernen. An den Pranger stellt man „korrupte Politiker“ und „korrupte Staaten“, nur selten die bestechenden Unternehmen.

Politiker und Länder werden generell als Projektionsflächen für Kritik und für den Hass der Bevölkerung dargeboten. Bei dieser systematischen „Dämonisierung der Politik“ werden Politikern und Staaten Dinge in die Schuhe geschoben und moralisch angelastet, die sie zwar tatsächlich formal „verantworten“, zu denen sie aber zumindest teilweise genötigt werden. „Die Personalisierung des Bösen ist ein billiges Spiel, das medial inszeniert wird“, kritisiert beispielsweise Florian Rötzer die auf „Putin“ fixierte Propaganda. „Wer selbst Propagandakriege führt, muss dem Gegner dies in die Schuhe schieben, während man selbst die Wahrheit vertritt. Auch das funktioniert bestens auf beiden Seiten …“.[163]

Jänickes Begriff der Sündenbockrolle der Politik trifft den Kern des Problems, wenn bei außenpolitischen Entscheidungen stets nur Namen wie Trump, Putin, Assad, Clinton, Merkel und Erdoğan oder Staaten wie USA, Russland, Nordkorea, Irak, Iran und Syrien genannt werden, nicht aber von Barclays, JP Morgan Chase, Goldman Sachs, Royal Dutch Shell, ExxonMobil, Gazprom, Lockheed Martin, Boeing, BAE Systems oder Raytheon die Rede ist.

Politiker werden als allmächtige Alleinentscheider inszeniert und Länder als Schurkenstaaten präsentiert, obwohl Kriegsentscheidungen womöglich in Konzernzentralen vorentschieden und entsprechende politische Entscheidungen von diesen maßgeblich mit herbeigeführt werden. Es ist nicht logisch, Profiteure von Kriegen in die Untersuchungen und Diskussionen über die „Auslösung" von Kriegen nicht mit einzubeziehen.

Laut Münkler waren seit den 1990er Jahren verstärkt „internationale Unternehmen, von den Ölkonzernen bis zu den großen Diamantenhändlern" an der Finanzierung von Kriegen beteiligt.[164] Darüber aber spricht erstaunlicherweise niemand.

Möchte man den Fokus auf die kriegsauslösenden Kräfte jenseits einer nur formalen „politischen Verantwortung" richten, so scheint es geboten, die Politik aus der Sündenbockrolle zu entlassen. Neben der politischen sollte immer auch die wirtschaftliche Macht in den Blick genommen werden, um die Mechanismen zu verstehen, die zur Herbeiführung von Kriegen führen, und um wirksame Ansätze für deren Verhinderung zu entwickeln. Realitätstaugliche Friedens- und Konfliktanalysen werden stets davon ausgehen, dass im Hintergrund allen staatlichen Handelns starke wirtschaftliche Interessen eine maßgebliche Rolle spielen.

Einflussnahme von außen

Häufig wird das Bild geprägt, dass Politiker und Staaten, in denen es zum Krieg kommt, für die Entwicklung vornehmlich selbst verantwortlich seien. Eine systematische Einflussnahme von außen als kriegsauslösender Faktor wird dabei ausgeklammert.

Münkler beschreibt das Problem am Beispiel der „Staatszerfallskriege" in der Dritten Welt: „Die zum Zerfall junger und noch instabiler Staaten führenden Kriege unserer Tage unterliegen vielmehr ständigen politischen Einflussnahmen von außen, und vor allem sind sie in weltwirtschaftliche Austauschsysteme eingebunden, die eine politisch kontrollierte Entwicklung ihrer nationalen Ökonomien unmöglich machen. Gerade nationaler Reichtum in Form von Bodenschätzen, Erdöl und Erzen, Diamanten und Edelmetallen ist in der Regel nicht einer sich selbst tragenden Wirtschaftsentwicklung zugute gekommen, sondern hat zumeist die Konflikte um die Aneignung und Verteilung dieser Reichtümer lediglich forciert. So ist die Mehrzahl der failed states unserer Tage keineswegs nur am Tribalismus sozial wie kulturell unzureichend integrierter Gesellschaften gescheitert, sondern ebenso am Sog einer wirtschaftlichen Globalisierung, die vor allem dort ihre destruktiven Wirkungen entfaltet hat, wo sie nicht auf eine robuste Staatlichkeit traf."[165]

Münkler beschreibt hier die Grenzen nationaler Politik, die dieser durch eine systematische Einflussnahme von außen gesetzt werden. Diese Einflussnahme ist wirtschaftlich motiviert und hat sehr viel mit den Bodenschätzen eines Landes zu tun. Schuld an den Entwicklungen, die zu Kriegen führen, hat demnach nicht in erster Linie die nationale Politik von Staaten, sondern vielmehr die Globalisierung und die sie treibenden Kräfte. Kriege entstehen demnach weniger durch eine „Unfähigkeit der Politik", wie es nur allzu gerne dargestellt wird, sondern dadurch, dass die Politik extremen Restriktionen unterliegt und nicht frei entscheiden kann.

Am Beispiel von Dritte-Welt-Staaten lässt sich – da es dort weitgehend unbestritten ist – gut festmachen, dass die Inhalte der Politik, insbesondere auch durch die Auswahl des politischen Führungspersonals, von außen massiv beeinflusst werden. Bernhard Schmid vom Gewerkschaftsbund CGT schreibt beispielsweise, dass nach der formalen Unabhängigkeit der Zentralafrikanischen Republik im Jahr 1960 weiterhin die ehemaligen Kolonialherren weitgehend das politische und militärische Führungspersonal des Landes auswählten. „Das war damals in vielen ehemaligen Kolonien in West- und Zentralafrika der Fall“, so Schmid.[166]

Nach Darstellung von Zischka hatten schon Anfang des 19. Jahrhunderts blutige Regimewechsel oft mit Ölinteressen zu tun: „Revolutionen in Mexiko, Nicaragua, in Bolivien, Paraguay und Costa Rica – jahrzehntelang hatte es Bürgerkriege und Blut gegeben, nur um die Politiker an die Macht zu bringen, die Ölkonzessionen verteilten.“[167]

Entwicklungsländer werden vielfach durch die Entsendung von Militärberatern und durch die Lieferung von Waffen und Gerät hochgerüstet. So hat beispielsweise das äthiopische Militärregime von General Mengistu Haile Mariam mit Hilfe von außen die größte Armee in Afrika südlich der Sahara aufgebaut. Sie zählte nach Darstellung des Journalisten Ryszard Kapuściński 400.000 Mann und verfügte über Raketen und chemische Waffen.[168] Mit dem Problem massiver Einflussnahme von außen sind aber nicht nur Entwicklungsländer konfrontiert...

Aggressive Außenpolitik oder „außenpolitisches Paradoxon“?

Wir sind es heutzutage gewohnt, Politiker, Regierungen und Staaten als brutal und potenziell kriegsbereit wahrzunehmen. Staaten gelten stets als feindselig und aggressiv. Sie scheinen jederzeit bereit zu sein, andere Staaten mit Krieg zu überziehen. Es kostet uns kognitiv keine Mühe, einen Staatspräsidenten als Schurken, Diktator, Massenmörder und Kriegstreiber wahrzunehmen, sobald ein solches Bild gezeichnet wird. Politikern und Staaten wird jederzeit alles abgrundtief Böse zugetraut.

In manchen politischen Milieus wird andererseits das freundliche Lächeln und die staatsmännisch-seriöse Ausstrahlung von Politikern als Ausdruck des Vertrauenswürdigen und Guten schlechthin interpretiert. Insbesondere den eigenen Politikern und Staatsapparaten wird keinerlei Missetat zugetraut, Kriege beginnen immer nur andere.

Über eine dritte Alternative jenseits einer schlichten Vorstellung von Gut und Böse wird meist nur wenig nachgedacht: Politiker und Staatsapparate könnten genötigt werden, Dinge zu tun, die sie eigentlich nicht wollen. Man kommt meist nicht auf die Idee, dass Staaten und Politiker möglicherweise mit sehr viel Aufwand und Nachdruck zu Militarismus und Krieg gedrängt werden könnten, sich dem aber teilweise verweigern. Auch in den klassischen Industriestaaten.

Die deutsche Gesellschaft hat sich nach zwei furchtbaren Weltkriegen dem Frieden verschrieben. Wissenschaftliche Arbeiten kamen immer wieder zu dem Ergebnis, dass die deutsche Bevölkerung mehrheitlich „antimilitaristische Grundhaltungen“ vertritt. Unter dem Gesichtspunkt eines stärkeren militärischen Engagements stellte die Bundesakademie für Sicherheitspolitik fest, dass die Öffentlichkeit Umfragen zufolge „nach wie vor ein aktiveres internationales Agieren Deutschlands ablehnt“.[169]

Vor diesem Hintergrund stellt sich die Frage nach der Einstellung und dem Verhalten führender Politiker und der Bundesregierung. Die Beantwortung dieser Frage ist alles andere als trivial. Betrachtet man die jüngere Vergangenheit etwa seit 1990, so ist festzustellen, dass es eine deutliche Militarisierung der deutschen Außenpolitik gibt. Das manifestiert sich zum einen in der formalrechtlichen Abkehr des Auftrags der deutschen Bundeswehr weg von der reinen Landesverteidigung hin zu Auslandseinsätzen, die u. a. auch wirtschaftlichen Interessen dienen, die als „deutsche Interessen“ bezeichnet werden. Zum anderen beschließt der Deutsche Bundestag regelmäßig mit überwältigender Mehrheit Auslandseinsätze der Bundeswehr in aller Welt. Seit 1992 ist die Bundeswehr eine „Armee im Einsatz“, wie stets betont wird.

Hinzu kommen in jüngerer Zeit die regelmäßigen Äußerungen vieler Spitzenpolitiker wie auch die Aussagen hoher Repräsentanten des Staates beispielsweise auf der „Münchner Sicherheitskonferenz" 2015, die in abschreckender und befremdlicher Weise den Eindruck vermitteln, als wolle Deutschland künftig eine aggressive, „führende" Rolle in den globalen Weltordnungskriegen übernehmen.

Die zunehmend aggressive Kriegsrhetorik ist das eine. Auf der anderen Seite ist eine jahrzehntelange Kontinuität einer eher zurückhaltenden Außenpolitik zu beobachten – trotz zunehmenden Drängens von außen. Bundeskanzler Willy Brandt soll im Oktober 1973 dem amerikanischen Gesandten in Bonn erklärt haben, dass die Bundesrepublik Deutschland im Nahostkonflikt strikte Neutralität wahren wolle. Sie könne es daher nicht zulassen, dass die USA von ihren Militärbasen in Deutschland aus die israelischen Truppen aufrüste.[170]

Der ehemalige deutsche Bundeskanzler Helmut Schmidt sagte zur Beteiligung Deutschlands am Krieg gegen Jugoslawien 1999 (Kosovokrieg): „Gegängelt von den USA haben wir das internationale Recht und die Charta der Vereinten Nationen missachtet."[171] Im Sommer 2002 hatte Bundeskanzler Gerhard Schröder angekündigt, dass sich Deutschland nicht an einem Krieg gegen den Irak beteiligen werde. Er war von den „wechselnden Kriegsbegründungen", unter anderem die angebliche Existenz von Massenvernichtungswaffen, nicht überzeugt.[172]

Bundesaußenminister Guido Westerwelle wurde massiv vorgeworfen, er habe „immer eine Kultur der militärischen Zurückhaltung propagiert" und er sei der schwächste Außenminister der Bundesrepublik seit 1949 gewesen, insbesondere weil er sich gegen eine Bombardierung Libyens gestellt habe.[173] Auch Bundeskanzlerin Merkel habe „in ihren acht Jahren im Amt den Glauben daran verloren, dass militärische Interventionen die Dinge zum Besseren wenden, vor allem der Einsatz der Bundeswehr in Afghanistan hat sie desillusioniert."[174] Infolge der Libyen-Entscheidung der deutschen Bundesregierung flog die FDP erst aus den Landesparlamenten und schließlich aus dem Deutschen Bundestag, Außenminister Westerwelle verlor sein Amt.

Äußerungen des damaligen Außenministers Frank-Walter Steinmeier aus den Jahren 2015 und 2016 könnte man interpretieren, als bemühe man sich unter dem Strich weiterhin um einen moderaten Kurs. Zum

Syrienkrieg sagte Steinmeier: „(…) es wird am Ende keine militärische Lösung für diesen Konflikt geben.“; zur Ukraine: „Eine militärische Lösung des Ukraine-Konflikts ist und bleibt keine Option.“; oder zur Region Berg-Karabach: „In diesem Konflikt kann es keine militärische Lösung geben.“[175]

Es handelt sich nicht nur um Worte, sondern vielmehr um praktische Politik. Bis heute wird die deutsche Bundesregierung von internationalen Think Tanks kritisiert, sie habe sich nicht am Irakkrieg beteiligt, bei der Operation in Afghanistan habe sie „eine Rolle auf dem Rücksitz“ eingenommen und auch entschieden, sich bei der Militäroperation in Libyen nicht zu beteiligen.[176]

Der Frankfurter Politikwissenschaftler und Pazifist Andreas Buro vertrat vor diesem Hintergrund im Oktober 2015 die Auffassung, es sei falsch, Deutschland als potenziell imperialistischen Staat zu beschreiben. Militärisch sei Deutschland viel zu schwach, um als eigenständige Großmacht zu agieren. Selbst im Kontext der EU sei es nicht möglich, eine wirkliche Imperialpolitik zustande zu bringen. „Ich behaupte nicht, die deutsche Regierung sei pazifistisch geworden“, so Buro. Die Beteiligung an imperialen Kriegen der USA habe man aber nicht mehr befördert. De facto betreibe die Bundesregierung mit dem Westen „militärische Kooperation auf einem relativ niedrigen Niveau“. Sie sei dort aber keine „Speerspitze“. Sie habe sich auch nicht an den „Aktionen der Willigen“ in Irak, Libyen und Syrien beteiligt. Afghanistan war laut Buro eine „Politikscheide“, ein zweites Vietnam, auch für Deutschland. Er sprach von einer insgesamt zurückhaltenden deutschen Politik, der er „Ansätze von Taubenpolitik“ attestierte.[177]

In vergleichbarer Weise bezeichnet der Regensburger Politikwissenschaftler Stephan Bierling Deutschland als eine „Vormacht wider Willen“. Mit den Entscheidungen Deutschlands zum Irak 2003, den „vielen Einschränkungen beim Afghanistan-Einsatz“ und zu Libyen 2011 habe sich sogar der alte Reflex, „zumindest die Minimalanforderungen der Nato- und EU-Partner zu erfüllen“, abgeschwächt. „In allen drei Phasen blieb die Bundesrepublik militärischer Gewalt gegenüber skeptisch, trug Interventionen wenn überhaupt, dann nur widerwillig mit und präferierte bei multilateralen Aktionen zivile Instrumente. Auslandseinsätze sah Deutschland stets als Last, nicht als Chance", so Bierling. Es sei der Bundesrepublik die längste Zeit nicht gelungen, „ihre wichtigsten Partner auf einen primär diplomatischen und zivilen Kurs der Krisenbewältigung zu verpflichten. Dazu war Deutschland nicht stark genug." Regierung und Parlament hätten wenig unternommen, um die Bundeswehr konzeptionell und materiell für Kampfeinsätze im Ausland auszurüsten. „Diese Selbstbeschränkung war Ausdruck des Unwillens, militärische Maßnahmen als Fortsetzung der Politik mit anderen Mitteln zu verstehen." Bierling, der die deutsche militärische Zurückhaltung im Gegensatz zu Buro kritisiert, kommt in seiner Analyse dennoch zu einem vergleichbaren Ergebnis: „Deutschland ist ein risikoscheuer, post-militärischer Handelsstaat, der sich auf die EU konzentriert, friedliche Mittel der Krisenbewältigung präferiert und Führungsaufgaben ablehnt".[178]

Man kann die deutsche Außenpolitik mit einem „außenpolitischen Paradoxon" beschreiben: Verbal präsentiert sie sich – aufgrund unterschiedlicher Einflüsse von innen und außen – in einer weiten Diskrepanz zwischen diplomatisch zurückhaltender und militaristisch relativ forscher Rhetorik. Jenseits dieser Rhetorik handeln Politik und Staatsapparat in militärischer Hinsicht kontinuierlich dem Motto folgend: Mitmachen, soweit unausweichlich, verweigern, soweit vertretbar, ohne das eigene Land zu gefährden. Die Balance zwischen Mitmachen und Verweigerung unterliegt stets den Kräften, die auf dieses System einwirken.

Eine neue „Weltordnungsmacht" durch Erpressung?

Die konsequente Ablehnung militärischer Gewalt seitens der Bevölkerung und die Außenpolitik der deutschen Bundesregierung mit militärischer Beteiligung auf einem „relativ niedrigen Niveau" (Buro) werden seit Jahren attackiert. Die „Vormacht wider Willen" (Bierling) wird massiv unter Druck gesetzt. Mit der Ansage, der außenwirtschaftliche Erfolg und der Wohlstand Deutschlands stünden auf dem Spiel, wird dieses Land – von der Öffentlichkeit kaum wahrgenommen – massiv unter Druck gesetzt, die Rüstungsausgaben deutlich zu erhöhen und sich „führend“ an Kriegen zu beteiligen. Vieles deutet darauf hin, dass die Bundesrepublik Deutschland – überwiegend gegen den eigenen Willen – die Rolle einer Ordnungsmacht in Europa, im Nahen und Mittleren Osten und im Norden Afrikas übernehmen soll.

Unmittelbar im Vorfeld der Bundestagswahl im September 2013 wurde von zwei einflussreichen Think Tanks ein Papier mit dem Titel „Neue Macht Neue Verantwortung“ veröffentlicht. Die Stiftung Wissenschaft und Politik (SWP) und der German Marshall Fund of the United States (GMF) schreiben darin: „Deutschlands Bürger genießen eine Phase lange nicht gekannter Sicherheit. Ihr Land lebt in Frieden mit seinen Nachbarn in Europa (…)“ Doch die Welt bleibe „voller Ungewissheit und Gefahren“. Für einen globalisierten Staat wie Deutschland seien die Sicherheit der Welt und deutsche Sicherheit untrennbar miteinander verknüpft. Schließlich heißt es wörtlich, fast drohend: „Wenn Deutschland die eigene Lebensweise erhalten und schützen will, muss es sich folglich für eine friedliche und regelbasierte Weltordnung einsetzen; mit allen legitimen Mitteln, die Deutschland zur Verfügung stehen, einschließlich, wo und wenn nötig, den militärischen.“ Aus Deutschlands „gewachsener Macht“ und seinem „gestiegenen Einfluss“ folge dabei auch „ein Mehr an Verantwortung. Jahrzehntelang war Deutschland Konsument von Sicherheit, garantiert von der NATO und insbesondere von den USA. Heute erwarten Verbündete und Partner, dass Deutschland selbst Sicherheit produziert; und nicht nur für sich selbst.“

Die Stiftung Wissenschaft und Politik und der German Marshall Fund of the United States erklären, dass Deutschlands Erfolg als Handels- und Exportnation auf eine so genannte liberale Weltordnung angewiesen sei: „Deutschland (…) lebt wie kaum ein anderes Land von der Globalisierung. Seine gegenwärtige Stärke beruht wesentlich (…) auf seinem Erfolg als Handels- und Exportnation. (…) Deutschland braucht also die Nachfrage aus anderen Märkten sowie den Zugang zu internationalen Handelswegen und Rohstoffen. Mehr noch aber braucht es (…) eine liberale, normengestützte Weltordnung mit freien, offenen Staaten (…). Deutschlands überragendes strategisches Ziel muss es daher sein, diese Weltordnung zu erhalten, zu schützen und weiter zu entwickeln." Die so genannte neue Verantwortung Deutschlands besteht also darin, als globale Ordnungsmacht eine „Weltordnung" mit durchzusetzen, die dem so genannten Freihandel dient, was wohl nichts anderes bedeutet, als den multinationalen Konzernen den exklusiven Zugang zu Rohstoffen, Märkten und Handelswegen zu erhalten bzw. zu verschaffen. Notfalls gegen den Willen von souveränen Staaten und mit militärischen Mitteln.

Die Vereinten Nationen (VN) werden hierbei ebenso wie Deutschland und andere Staaten in die Pflicht genommen, um Kriegseinsätze der NATO und der EU auszulösen: „Die Vereinten Nationen sind die einzige Organisation mit universeller Mitgliedschaft; sie bietet, bei allen Schwächen, ein einzigartig legitimes Forum zur kooperativen Regelung konfliktträchtiger Fragen, wie (…) der Sicherheit von Versorgungswegen und dem Zugang zu Rohstoffen (…) NATO und EU müssen (…) damit rechnen, weiter von den VN zur Durchsetzung des internationalen Rechts aufgerufen zu werden – bei Bedarf auch mit militärischen Mitteln." Für Deutschland gelte, „konkrete strategische Ziele mit Augenmaß zu formulieren. Dazu gehört auch, dass sich eine pragmatische deutsche Sicherheitspolitik – besonders dann, wenn es um aufwändige und längerfristige militärische Einsätze geht – in erster Linie auf das zunehmend instabil werdende europäische Umfeld von Nordafrika über den Mittleren Osten bis Zentralasien konzentrieren muss; nicht zuletzt, um die amerikanischen NATO-Verbündeten im Zuge ihres wachsenden Engagements in Asien zu entlasten." Ausgesprochen befremdlich ist die in dem Papier „Neue Macht Neue Verantwortung" insgesamt drei Mal fast wortgleich vorgebrachte Forderung, Deutschland werde künftig öfter und entschiedener „führen" müssen.[179]

Die erpresserische Logik des Projekts „Neue Macht Neue Verantwortung" von 2013 blieb nicht ohne Folgen. Gemäß dem „außenpolitischen Paradoxon", sich den militärischen Erwartungen weniger zu verweigern, wenn Wohlstand und Sicherheit des eigenen Landes in Gefahr geraten könnte, sah sich die Politik offenkundig gezwungen, nachzusteuern.

Im Koalitionsvertrag zur Bildung der deutschen Bundesregierung vom 16. Dezember 2013 steht: „Die überragende Bedeutung der Außenwirtschaft für die deutsche Volkswirtschaft, die zunehmende Verflechtung mit Auslandsmärkten, (...) verlangen einen stärkeren Einsatz der Politik für die internationalen Wirtschaftsbeziehungen. (...) Wir sehen mit Sorge die zunehmende Zahl von Maßnahmen, mit denen der freie Handel begrenzt oder sogar verhindert wird. (...) Deutschland ist bei vielen wichtigen Rohstoffen (...) auf Importe angewiesen."

Im Kapitel „Verantwortung in der Welt" des Koalitionsvertrages bietet sich die deutsche Bundesregierung – den Erwartungen entsprechend – als „verlässlicher Partner in der Welt" an. „Deutschland stellt sich seiner internationalen Verantwortung. Wir wollen die globale Ordnung aktiv mitgestalten", heißt es da. „Wir stehen bereit, wenn von unserem Land Beiträge zur Lösung von Krisen und Konflikten erwartet werden. (...) Wir stehen für Verlässlichkeit und Bündnistreue. Wir wollen ein guter Partner bei der Gestaltung einer gerechten Weltordnung sein. (...) Deutschland wird auch künftig seinen angemessenen Teil der Lasten im Bündnis verlässlich leisten. Gemeinsam mit unseren NATO-Partnern (...) Den Vereinten Nationen kommt eine Schlüsselrolle (...) zur Bewältigung von globalen Herausforderungen zu."[180] Zu Recht wurde vielfach festgestellt, dass somit im Koalitionsvertrag die in dem Papier „Neue Macht Neue Verantwortung" vorgegebene außenpolitische Strategie aufgegriffen worden ist.[181]

Der für die deutsche Außenpolitik symptomatische Satz, „Wir stehen bereit, wenn von unserem Land Beiträge zur Lösung von Krisen und Konflikten erwartet werden", ist alles andere als Ausdruck eines aus sich heraus aggressiven Staates. Es ist ganz im Gegenteil ein fast schon devoter Satz eines unter erheblichem Druck stehenden Staates. Daneben finden sich in diesem Koalitionsvertrag allerdings auch immer wieder deutliche Bekenntnisse zur Unterstreichung der Friedfertigkeit wie zum Beispiel: „Dabei stehen für uns die Mittel der Diplomatie, der friedlichen Konfliktregulierung und der Entwicklungszusammenarbeit im Vordergrund."

Der internationale Einfluss wirkt sich auch unmittelbar auf die deutsche Militärdoktrin aus. Das Weißbuch der deutschen Bundeswehr von 2016 entstand mit Beteiligung des Royal Institute of International Affairs (Chatham House). Der unter der Schirmherrschaft von Elisabeth II. stehende mächtige Londoner Think Tank wird u. a. von 75 Banken, Energiemultis und sonstigen Großkonzernen getragen. Während der Auftaktveranstaltung für den Weißbuchprozess 2016 am 17. Februar 2015 trug Chatham House-Direktor Robin Niblett im Beisein der deutschen Verteidigungsministerin Ursula von der Leyen die „internationalen Erwartungen an Deutschland" vor.

Nicht-staatliche Akteure würden heutzutage stets beobachten, welchen Nutzen ein Land ihnen bietet, sagte Niblett und fuhr drohend fort: Verstärkt durch die Medien könnten diese Akteure ihre Macht breit streuen und dadurch Politiker in einer Weise in die Verantwortung nehmen, wie es früher nicht möglich war. Der Prozess der Globalisierung führe zu einem weitaus machtvolleren Gerangel um Einfluss, wobei es „Gewinner und Verlierer" gebe. Das sei wichtig zu bedenken. Niblett forderte die deutsche Bundesregierung nachdrücklich dazu auf, bei ihrem internationalen Agieren nicht nach dem Vorbild der USA in scheinheiliger Weise allen alles zu versprechen, wie etwa, man wolle weltweit Demokratie verbreiten. Dies würde durch den Vorwurf, man handle in heuchlerischer Weise mit „doppelten Standards", die eigene Macht beschränken. Offenbar sorgt sich der Think Tank darum, Deutschland könne in der geforderten Funktion einer neuen Weltordnungsmacht ähnlich ins Straucheln geraten wie die Vereinigten Staaten. Ohnehin sei in den USA wie auch in Großbritannien der nationale Zusammenhalt durch die Kriege in Afghanistan und Irak substanziell zerstört worden. Aufgrund der Zurückhaltung bei diesen Kriegen habe Deutschland im Gegensatz dazu noch die Kapazität, breite Zustimmung zu mobilisieren, „falls es entscheidet zu handeln".

Die Ausführungen Nibletts lassen sich wohl nur so interpretieren: Großbritannien und die USA haben ihre Gesellschaften in jahrzehntelanger Ausübung ihrer Funktion als Weltordnungsmächte wegen der vielen Kriegstoten und wegen des verlogenen Versprechens, Demokratie verbreiten zu wollen, gründlich zerrüttet. Daher können sie in ihrer Bevölkerung nicht mehr in hinreichendem Maße Zustimmung für die Weltordnungskriege im Interesse der Konzerne organisieren. Vor diesem Hintergrund wird nun unter anderem von Deutschland verlangt, diese Funktion in Teilen der Welt zu übernehmen.

Unverblümt verlangte der Chatham House-Direktor in seiner Rede, die deutschen Rüstungsausgaben zu erhöhen, „was ein Schwerpunkt ihrer Studie sein wird", so Niblett mit Blick auf das Weißbuch der Bundeswehr. Die britischen Rüstungsausgaben seien angesichts der schwierigen wirtschaftlichen Situation rückläufig. Zwar befinde sich Deutschland derzeit noch unter den Top Ten der Länder mit den höchsten Ausgaben für „Verteidigung". Doch solle Deutschland in dieser Liste höher liegen oder zumindest den Rang halten, wenn Länder wie China, Indien, Brasilien und andere ihre Rüstungsausgaben erhöhen würden. Offenbar wird also auch von China, Indien und Brasilien verlangt, die Profite der Rüstungskonzerne zu mehren und möglicherweise auch, neben Deutschland, verstärkt die Funktion von Weltordnungsmächten in ihren jeweiligen Regionen wahrzunehmen. Die zunehmende Praxis einer militärischen Ressourcenkontrolle im Südatlantik durch Brasilien wurde in diesem Buch bereits näher beleuchtet (S. 54). Über Chinas militärische Aktivitäten im ressourcenreichen südchinesischen Meer wird immer wieder berichtet.

Deutschland sei nicht nur eine Mittelmacht („mid-sized power"), so Niblett, sondern eine große Mittelmacht („mid-sized great power"). Das Land habe nicht die Möglichkeit zu wählen. Deutschland habe schlichtweg die Verpflichtungen zu erfüllen, die aus dieser Position erwachsen würden und müsse die damit verbundenen Kosten tragen. Die deutsche Bevölkerung müsse wissen, dass sie keine Wahl habe, als Europa und somit der Weltwirtschaft zu dienen.

Deutschland müsse ein Verfechter offener Märkte sein. Offenbar in Anspielung auf die transatlantischen Freihandelsabkommen TTIP und CETA verlangte der Chatham House-Direktor in dieser Hinsicht trotz der starken öffentlichen Opposition die Durchsetzung entsprechender Entscheidungen. Ganz in diesem Sinne hob Niblett das Tragen der Kosten für die Russland-Sanktionen positiv hervor (S. 75) – das sei ein Beispiel für die Führung, „die man hoffte, von Deutschland zu sehen". Das bedeute ferner, die Kosten der europäischen Energiesicherheit zu tragen, so Niblett, und nicht einfach nur die Kosten von Autoexporteuren. Energiesicherheit sei das absolut zentrale Element für Europas künftigen Wohlstand und seine Sicherheit, wobei Deutschland eine Schlüsselrolle zukomme.

In militärischer Hinsicht müsse sich Deutschland zwar nicht in Asien engagieren. „Es wird von Deutschland aber erwartet, und es sollte dies auch selbst von sich erwarten, mitzuhelfen, Sicherheit in Europa herzustellen." Er glaube, der Führung Deutschlands werde es gelingen, der skeptischen Öffentlichkeit die „Verpflichtungen des Landes" als Großmacht nahe zu bringen, sofern sie übereinstimmend die Botschaft „der Unausweichlichkeit von Deutschlands anteiligen Verpflichtungen" zur Abwendung der Gefahren der heutigen, wechselseitig abhängigen Welt verbreite. Zu diesen Verpflichtungen zählt laut Niblett unter anderem auch „strafendes Engagement“ etwa in Form von Sanktionen.[182]

All das bedeutet: Von Großkonzernen getragene Think Tanks verlangen von ausgewählten Staaten, ihre Rüstungsausgaben deutlich zu steigern und in verschiedenen Regionen als Weltordnungsmächte mit wirtschaftlichen und militärischen Mitteln eine liberale Weltordnung im Sinne der Konzerne durchzusetzen und aufrechtzuerhalten. Die Vereinigten Staaten sollen sich weitgehend nur noch im pazifischen Raum engagieren müssen, während Deutschland in Europa mit angrenzenden Regionen (Naher Osten, Nordafrika) mehr und mehr die Funktion der USA zu übernehmen hat. Der Wille der Bevölkerung spielt keine Rolle, die Staatsführung hat ihr „die Unausweichlichkeit“ der jeweiligen „Verpflichtungen“ beizubringen und entsprechende Maßnahmen gegen den demokratischen Mehrheitswillen durchzusetzen.

Sollten Staaten wie Deutschland ihren Verpflichtungen nicht nachkommen, dann müssen sie damit rechnen, dass Exportchancen und Wohlstand beeinträchtigt werden könnten. Wenn Staaten der ihnen zugedachten Rolle nicht entsprechen, kommt anderen Staaten die Aufgabe der Bestrafung zu. Am Beispiel der Russland-Sanktionen, die wie dargelegt auf die Ausdehnung der Erdölförderung abzielen (vgl. S. 75), wird deutlich, was von den Weltordnungsmächten verlangt wird: Die Durchsetzung einer Politik der Ressourcenkontrolle, verklausuliert auch als „Energiesicherheit“ bezeichnet.

Der Direktor der Stiftung Wissenschaft und Politik (SWP), Volker Perthes, machte am 17. Februar 2015 zum Auftakt des Weißbuch-Prozesses ebenfalls und zwar mit konkreten Vorstellungen Druck für mehr militärisches Engagement Deutschlands: NATO und Europäische Union seien „nur zwei der multilateralen Formate, in denen wir militärisch handeln können“, so Perthes. Das Interesse u.a. an der „Aufrechterhaltung einer regelgebundenen internationalen Ordnung“ bedinge, sich für die Stärkung der Vereinten Nationen und ihrer Krisenbewältigungskompetenz einzusetzen. Der SWP-Direktor machte sich daraufhin in sarkastischer Weise über „unser“ (Deutschlands) bisheriges militärisches Engagement lustig und forderte deutlich mehr: „Wir unterstreichen ja gern, wahrscheinlich auf den Webseiten fast jeden Ministeriums, dass wir der viertgrößte Beitragszahler zum Peacekeeping-Budget sind. Das ist schön. Aber es würde unserer Glaubwürdigkeit und vor allem auch der Leistungsfähigkeit der Vereinten Nationen dienen, wenn Deutschland auch bereit wäre, nicht nur einzelne Stabsoffiziere, sondern, wenn nötig, ganze Einheiten und spezielle Fähigkeiten der Bundeswehr unter VN-Kommando zu stellen."

Während die USA sich mehr auf Asien/Pazifik fokussieren würden, könnte das Weißbuch laut Perthes ausführen, was der Radius sein sollte, in dem Deutschland und Europa primär „ordnungspolitische Verantwortung tragen. Dazu gehört natürlich Europa selbst, aber sicherlich auch die östliche Nachbarschaft und die südliche Peripherie, also Afrika und der Nahe Osten. Hier agiert Deutschland bereits zusammen mit seinen Partnern als Ordnungsmacht, auch wenn wir das nicht immer so gerne zugeben", so Perthes.

Dem stehe die deutsche Öffentlichkeit sehr skeptisch gegenüber. Durch Verweise etwa auf die Verhinderung von Völkermord werde das Meinungsbild sehr viel differenzierter. Zudem denkt der SWP-Direktor, „dass unserer Öffentlichkeit auch zunehmend bewusst wird, wie eng die Zusammenhänge zwischen Äußerem und Innerem sind – oder anders gesagt, dass der Zerfall von Staaten oder Krieg und Bürgerkrieg in Afrika oder im Nahen Osten auch Auswirkungen auf unser Wohlbefinden in Deutschland und in Europa haben, sowie auf Frieden und Sicherheit bei uns zu Hause."[183]

Setzt man hier etwa darauf, dass so genannte Bürgerkriege im Nahen Osten und in Afrika negative Rückwirkungen auf das Wohlbefinden und die Sicherheit in Deutschland und Europa und positive Rückwirkungen auf die Zustimmung der deutschen Öffentlichkeit zu Kriegseinsätzen der Bundeswehr in der Funktion einer „Ordnungsmacht" haben? Kein Zweifel kann jedenfalls daran bestehen, dass einflussreiche Think Tanks von Deutschland verlangen, als Ordnungsmacht in Europa einschließlich Osteuropa, im Nahen Osten und in Afrika nicht zuletzt auch militärische Gewalt auszuüben.

Es entspricht nicht der gängigen Vorstellung, dass Staaten, schon gar nicht Staaten wie Deutschland, unter Druck gesetzt oder gar wirtschaftlich erpresst werden könnten, um sie zu Militäreinsätzen bzw. zu deren Tolerierung zu bewegen. Der ehemalige deutsche UN-Diplomat von Sponeck hat aber genau das beschrieben. Er beobachtete im Sicherheitsrat der Vereinten Nationen kaum Widersprüche gegen Luftangriffe im Irak, sondern eine „fatale Zurückhaltung" von Staaten, selbst dann, wenn sie Luftangriffe und die Einrichtung von Flugverbotszonen für völkerrechtlich fragwürdig hielten. Auch Deutschland habe sich in den zwei Jahren seiner Ratsmitgliedschaft 1996/97 völlig bedeckt gehalten. Das erfolge „aus rein politischen Gründen. Natürlich aus der Angst heraus, Bedenken und Widerspruch könnten (…) sich in politischer und wirtschaftlicher Hinsicht nachteilig für den Bedenkenträger auswirken", so von Sponeck.

Im Kontext der Kriegsermächtigungsresolution 678 vom November 1990 und der Waffenstillstands- bzw. Sanktions-Resolution 687 vom März 1991 gegen den Irak sei ein „immenser Druck" auf die Mitglieder des Sicherheitsrates ausgeübt worden. Der damalige US-Außenminister James Baker schrieb später in seinen Memoiren,[184] er habe sich mit seinen Amtskollegen im Sicherheitsrat getroffen, „um durch Schmeicheleien, Überzeugungsarbeit, Druck und gelegentlichen Stimmenkauf die Mehrheit sicherzustellen". Auch soll der amerikanische UN-Botschafter, nachdem der Jemen trotz des massiven Drucks gegen die Kriegsermächtigungsresolution 678 gestimmt hatte, zu seinem jemenitischen Amtskollegen Abdallah Saleh al-Ashtal gesagt haben:[185] „Dieses war die teuerste Nein-Stimme, die Sie je abgegeben haben." Zwei Tage später strich die US-Administration dem Jemen, dem ärmsten arabischen Land, ein Hilfsprogramm von 70 Mio. US-Dollar.[186]

Die Beispiele geben einen Einblick, unter welchem Druck die Staaten stehen, sowohl Entwicklungs- als auch Industrieländer, und warum sie ganz offenkundig gegen ihren Willen immer wieder Kriegs- und Sanktionsentscheidungen zustimmen.

Dass Staaten – entgegen dem oftmals gezeichneten Bild – meist gar nicht an der Kriegsbeteiligung interessiert sind, geht aus Begriffen wie

„Lastenteilung“ und dem Umstand hervor, dass große Kriege offenbar kaum noch ohne „Truppenstellerkonferenzen“ begonnen bzw. langjährig geführt werden können. Im Kontext des Afghanistankrieges ist immer wieder von einer „fairen Lastenteilung“ die Rede.

Im November 2009 beispielsweise wurde von Berlin eine Truppenaufstockung mit dem Argument einer fairen Lastenteilung im Bündnis gefordert. Der damalige Bundesaußenminister Guido Westerwelle hatte im Dezember 2009 mit einem Boykott der internationalen Afghanistan-Konferenz Anfang Januar in London gedroht. Wenn es eine reine "Truppenstellerkonferenz" werde, fahre er nicht hin. Der zivile Aufbau im krisengeschüttelten Afghanistan dürfe in London keine nebensächliche Rolle spielen. In der Bundesregierung gebe es nach wie vor Vorbehalte, die Zahl der deutschen Soldaten in Afghanistan, wie verlangt, deutlich zu erhöhen. Die erwartete Truppenaufstockung in Höhe von rund zweieinhalbtausend Soldaten stehe "außerhalb jeder Diskussion". Der Außenminister bezeichnete es als "gesund", dass die deutsche Bevölkerung gegenüber Auslandseinsätzen der Bundeswehr zurückhaltend sei. "Wäre es andersherum, würde ich mir Sorgen machen."[187]

Staaten als Instrumente globaler Raumbeherrschung

Mit der unter anderem für Deutschland vorgesehenen Rolle als Ordnungsmacht erfolgt eine neue Aufteilung der globalen Raumbeherrschung.

In der politischen Analyse wird üblicherweise angenommen, dass Staaten, die politische und militärische Macht ausüben, gleichzeitig auch die Spielregeln für eben diese Machtausübung definieren. Zunächst einmal sind Staaten als Verwaltungsgebiete für definierte Territorien zu betrachten. Ihre Regierungen verwalten Räume und sorgen in diesen für die weitgehende Einhaltung von Regeln. Mit anderen Worten: Sie kontrollieren definierte Räume, die in diesen Räumen lebenden Menschen und ihre wirtschaftlichen Tätigkeiten.

Jenseits von Staaten gibt es eine Fülle transnationaler Strukturen, die unmittelbar über wirtschaftliche und ideologische Machtmittel verfügen, indirekt aber auch auf politische und militärische Ressourcen zugreifen können: globale Strukturen internationaler Regelsetzung und Sanktionierung (u. a. Sicherheitsrat), das Netzwerk transnationaler Konzerne, mächtige ideologisch-religiöse Institutionen sowie informelle Formate für Abstimmungen und Planungen durch Vertreter globaler Eliten und Netzwerke. Diese transnationalen Strukturen werden teils allein von nicht-staatlichen Akteuren beherrscht, teils sowohl von staatlichen als auch nicht-staatlichen. Von Ausnahmen abgesehen, etwa im Kontext der Vereinten Nationen, ist die Öffentlichkeit von den strategischen Überlegungen, Diskussionen und Planungen in den transnationalen Strukturen vollständig abgeschnitten. Selbst wenn an den Schnittstellen zur Politik beispielsweise Abschlussdokumente von Weltwirtschaftsgipfeln oder Sicherheitsratsbeschlüsse veröffentlicht werden, so bleiben dennoch die tatsächlichen Beweggründe und die eigentlichen Motive und Ziele hinter den getroffenen Entscheidungen im Dunkeln.

Der Londoner Wirtschaftswissenschaftler David Keen unterscheidet zwischen offiziellen („expressed") und inoffiziellen („unexpressed") Zielen von Kriegen und betont: Auch wenn die offiziellen Kriegsziele nicht erreicht werden, werden dennoch eine Reihe inoffizielle verwirklicht.[188]

Wenn beispielsweise das offizielle Ziel, Rebellen zu besiegen, verfehlt wird, stattdessen aber ein Staatszerfall das Ergebnis eines Krieges ist, so mag der „failed state" das inoffizielle tatsächliche Kriegsziel gewesen sein, beispielsweise weil dann ständig rivalisierende „Terrorgruppen" den Ausbau der Erdölförderung verhindern. Während in diesem Fall also das offizielle Ziel des Niederringens einer Rebellengruppe nicht erreicht und der Krieg öffentlich als gescheitert erklärt wird, wird das eigentliche Kriegsziel Ressourcenkontrolle verwirklicht. Neben der Öffentlichkeit kennt auch der weit überwiegende Teil der Politik die inoffiziellen Ziele nicht. Die Politik ist insofern, so muss man unterstellen, nicht hinreichend dazu in der Lage, die Folgen des eigenen Handelns abzuschätzen, wird aber in ihrer „Sündenbockrolle" dennoch für alles in die Verantwortung genommen.

Unbestreitbar spielen die transnationalen Strukturen eine starke Rolle bei globalen Regelsetzungen wie auch bei Entscheidungen über die Sanktionierung von Verstößen etwa gegen die Regeln der so genannten liberalen Weltordnung.

Im deutschen Grundgesetz ist in den Artikeln 23 bis 25 die Wirkung internationalen Rechts förmlich geregelt. Die Juristin Birgit Laubach sprach in diesem Zusammenhang von der „weltoffenen Staatlichkeit des Grundgesetzes". Kennzeichen des offenen Staates, des Staates in der globalisierten Welt sei „der poröse Charakter seiner Grenzen und seine Durchlässigkeit für transnationales Handeln in Wirtschaft, Kultur und Wissenschaft bis hin zur administrativen Kooperation". Das Grundgesetz habe die Öffnung des Staates ausdrücklich zum Staatsziel erklärt. Positiv hebt sie die Beschränkung souveränen Handelns hervor.[189] Demgegenüber wertet beispielsweise der ehemalige Verteidigungs-Staatssekretär Willy Wimmer die staatliche Souveränität als wesentliche Errungenschaft des Westfälischen Friedens von 1648 und als „Pfeiler unserer westlichen Zivilisation".[190]

Von den „offenen Staaten" bzw. ihren Regierungen wird erwartet, supranationale Regelungen wie auch beispielsweise Beschlüsse der transatlantischen Strukturen innerhalb ihrer Territorien umzusetzen. Ihnen kommt darüber hinaus die Aufgabe zu, einzeln oder gemeinsam Regelverstöße in anderen Ländern zu ahnden, sei es mit Verhandlungen, Drohungen, Sanktionen oder mit militärischer Gewalt. Ausgewählte Staaten werden „gebeten", als Ordnungsmächte Großräume zu kontrollieren.

Deutschland soll nun wie dargestellt als Ordnungsmacht in einem Gebiet nicht zuletzt auch militärische Gewalt anwenden, welches vor Jahren vom Royal Institute for International Relations (Egmont) als eine „Grand Area" beschrieben und im Rahmen der EU diskutiert wurde (S. 55). Die zuletzt „einzige" Weltordnungsmacht USA hat die Aufgabe, eine andere „Grand Area" im asiatisch-pazifischen Raum unter Kontrolle zu halten. Offenkundig werden Staaten und ihre ökonomischen wie militärischen „Fähigkeiten“ als Instrumente für eine globale Raumbeherrschung in die Pflicht genommen.

Öffentlichkeit gegen die Nötigung zum Krieg?

Für die Entwicklung einer friedenspolitischen Strategie ist es essentiell, die Fixierung auf Staaten als allmächtige Akteure des Weltgeschehens und als treibende Kräfte von Kriegen auf den Prüfstand zu stellen. Bei realistischer Betrachtung geht es um eine der größten Herausforderungen der Menschheit auf dem Weg zu mehr Frieden: die Politik aus der Sündenbockrolle zu entlassen.

Es ist eine verbreitete Auffassung, ebenso wie in der Vergangenheit werde es immer Kriege zwischen Staaten geben, dauerhafter Frieden sei vermutlich unmöglich. Eine Präzisierung dieser pessimistischen Annahme könnte einen möglichen Weg zum Frieden weisen: Es wird so lange Kriege geben, wie die Menschheit es zulässt, dass Staaten und andere Strukturen genötigt werden, andere Staaten zu bedrängen und Kriege zu führen. Es ist folglich für die Erlangung eines dauerhaften Friedens in einer Welt, in der Kriege die Ausnahme bleiben, eine essentielle Aufgabe, die Nötigung und Erpressung von Staaten und Politikern zum Top-Thema zu machen und Strukturen zu deren Verhinderung zu entwickeln.

Die Realisierung einer friedenspolitischen Strategie angesichts der sichtbaren Fassade von Staaten und Politikern, die für die Raumbeherrschung in die Verantwortung genommen werden, mit dahinter liegenden „unsichtbaren“ transnationalen Strukturen, ist alles andere als trivial. Die Menschheit wird täglich darauf konditioniert, Staaten und Politiker als allmächtig wahrzunehmen und Kriege als die Folge aggressiven Verhaltens von Staaten und Politikern zu betrachten. Die inoffiziellen Kriegsziele bleiben im Dunkeln. Staaten werden offenbar genötigt und wirtschaftlich erpresst, Kriege zu führen. Darstellungen über Schurkenstaaten sind so überzeugend, dass es nahezu unmöglich ist, hinter den offenkundigen Missetätern anderes als tatsächlich treibende Kraft zu vermuten. Das Bild von „Staatenkriegen“ wird täglich so perfektioniert gezeichnet, dass es nahezu unmöglich erscheint, die Politik aus der Sündenbockrolle zu entlassen.

Hierbei geht es nicht darum, Staaten und Politik als machtlos oder als per se friedfertig zu betrachten. Es geht vielmehr darum, dass das Zusammenwirken transnationaler nicht-staatlicher Strukturen mit staatlichen Strukturen zu Kriegen führt, aber allein den Staaten und der Politik die Sündenbockrolle zugeschoben wird. Selbstverständlich ist grundsätzlich von der Bereitschaft auszugehen, dass Staaten in aggressiver Weise und notfalls auch mit militärischen Mitteln eigene wirtschaftliche Interessen gegen andere Staaten „verteidigen“, wenn sie von denselben Märkten abhängig sind. Allerdings stellt sich die Frage, ob Staaten heutzutage – in dieser „zivilisierten“ Welt – tatsächlich aus sich heraus die gewaltigen Risiken, wirtschaftlichen Nachteile und humanitären Folgen militärischer Auseinandersetzungen in Kauf nehmen würden, wenn sich derartige Konkurrenzsituationen zu weitaus geringeren „Kosten“ auch auf dem Verhandlungsweg regeln lassen. Werden aber die um dieselben Märkte konkurrierenden Staaten vor die Alternative gestellt, sich entweder selbst militärisch gegen den Rivalen durchzusetzen oder vollständig zu unterliegen und vom Markt zu verschwinden, dann ist das ein starkes Argument für den Griff zu militärischer Macht.

Wirtschaftliche Erpressung von Staaten ist weit verbreitet. Solche Vorgänge gehen fundamental an die Existenz von Staaten und ihrer Staatsbürger. Man stelle sich beispielsweise ein Land vor, dessen Volkswirtschaft fast ausschließlich von Ölexporten abhängig ist, nicht zuletzt, weil es in der Vergangenheit daran gehindert wurde, zu diversifizieren und andere Wirtschaftssektoren zu entwickeln. Es ist eine ernsthaft zu beantwortende Frage an die Weltöffentlichkeit, welcher Ausweg der Regierung dieses Landes bleibt, wenn von ihr verlangt wird, Krieg gegen ein benachbartes ölproduzierendes Land zu führen, andernfalls werde es die Abnehmer für die eigenen Ölexporte verlieren und verarmen.

Für Deutschland ist wie gezeigt nachweisbar, dass seit Jahren unter sehr deutlichem Verweis auf die Abhängigkeit des Wohlstands vom Zugang zu Rohstoffen und Märkten nachdrücklich verlangt wird, das Land müsse sich deutlich stärker, nämlich "führend" als Ordnungsmacht außenpolitisch und auch militärisch engagieren. Der Anfangsverdacht einer massiven Nötigung bzw. Erpressung ist durchaus begründet. Es werden also nicht nur Entwicklungsländer, sondern auch „starke“ Länder unter Druck gesetzt, militärische Gewalt anzuwenden.

Aufgrund der fundamentalen Abhängigkeit von Öl- und Gasexporten ist es beispielsweise auch nicht unwahrscheinlich, dass die Russische Föderation erpressbar ist und tatsächlich erpresst wird – auch wenn man es zunächst eher für abwegig halten mag. Jegliche „Pläne“ für Pipelines zur Lieferung großer Erdgasmengen aus dem Nahen Osten nach Europa müssen auf Russland eine existenzbedrohende Wirkung haben. Nach aller Logik ist Russland auf diese Weise vergleichsweise leicht erpressbar. Es ist nicht auszuschließen, dass dieses Land so zu bestimmten Handlungen genötigt werden kann.

Man mag sich auch in Erinnerung rufen, dass sich wie dargestellt zwei US-amerikanische Präsidenten über den Einfluss eines militärisch-industriellen Komplexes beklagten. Wie ist es möglich, dass derart weitreichende und bedeutsame Aussagen von zwei US-Präsidenten in der Konfliktanalyse weithin einfach ignoriert werden? Warum ist relativ unscharf von einem „US-Imperium“ die Rede, statt den militärisch-industriellen Komplex an den Pranger zu stellen und Strukturen zur Überwindung dieses undemokratischen Machtkomplexes zu entwickeln? Unter welchen Bedingungen kommen Entscheidungen von weiteren, militärisch sehr aktiven Ländern wie Großbritannien und Frankreich zustande, wie kommt es zur Aufrüstung Chinas und Indiens?

Es könnte das Bild dieser Welt verändern, würden Politikwissenschaftler und Historiker systematisch der Frage nachgehen, inwieweit Länder gedrängt, genötigt oder sogar erpresst werden, gegen ihren Willen Terror zu begünstigen und andere Länder mit Kriegen zu überziehen, um sie zu bestrafen. Solche Untersuchungen sind allerdings nur dann sinnvoll, wenn sie ergebnisoffen, mit der erforderlichen fachlichen Sorgfalt und nicht interessengeleitet durchgeführt werden.

6. Übung: Landesverteidigung

Ordnungsmacht A treibt Land B immer mehr in die Enge, ein Krieg gegen B wird zunehmend wahrscheinlich. Es laufen Hetzkampagnen einerseits gegen „die Verbrechen“ von Land B und andererseits gegen „die Kriegstreiberei“ von A. Oppositionspolitiker, Wissenschaftler und Teile der Friedensbewegung der Ordnungsmacht A greifen zu einem ungewöhnlichen Mittel: Sie appellieren an die Weltöffentlichkeit, Ordnungsmacht A und dem bedrohten Land B aus dieser Situation herauszuhelfen, beide würden vermutlich zu ihrem jeweiligen Handeln gedrängt und wirtschaftlich erpresst. In Land B reagieren entsprechende Kräfte in ganz ähnlicher Weise.

a) Beschreiben Sie in Ihren Worten die immer wieder zu beobachtende Ausgangssituation einer zunehmenden Eskalation und erklären Sie die ungewöhnlichen Versuche der „Landesverteidigung“.

b) Wie können die Hilferufe aus den betroffenen Ländern schnell und effektiv aufgegriffen und mit Mitteln der Weltöffentlichkeit massiv verstärkt werden?

c) Wie können Politiker, Wissenschaftler und engagierte Menschen weltweit Wirkmechanismen in Gang setzen, damit die Hetzkampagnen gegen die Länder ins Leere laufen und stattdessen kriegstreibend Vorgänge der Nötigung und wirtschaftlichen Erpressung an den Pranger gestellt werden?

Es könnte die öffentliche Diskussion um Krieg und Frieden grundlegend verändern, würde man es schaffen, „aggressiven“ Politikern und Staaten nicht durch ein Einstimmen in kollektive Hetzkampagnen zu begegnen, sondern vielmehr öffentlich die Frage diskutieren, ob dieser Staat bzw. dieser Staatschef unter Druck steht, sich aggressiv zu gebärden, ob er genötigt wird, einen Krieg herbeizuführen. Wie können wir diesem aggressiv erscheinenden bzw. aggressiv handelnden Staat durch eine offensive Diskussion helfen, seine aggressiv-militaristische Rolle verlassen zu können, in die er mutmaßlich gedrängt wurde?

Statt also die „Aggressoren“ an den Pranger zu stellen, könnte eine Alternative darin bestehen, ihre schwierige Zwangslage zu ergründen und diese öffentlich zu verurteilen. Die Nötigung und Erpressung von Staaten muss zum Thema gemacht werden. Es mag ein steiniger Weg sein, auf lange Sicht aber ein potenziell erfolgreicher. Viele kompetente Personen und Institutionen aus allen Bereichen der Welt müssten daran mitwirken. Man sollte ihn erproben.

THEMATISIEREN SIE DIE KRIEGSFINANZIERUNG

Kriege sind ohne den ständigen Zufluss finanzieller Mittel nicht möglich. Die Kriegsökonomie ist eng eingebunden in die globale Wirtschaft. Kriege zu finanzieren, ist für Geldgeber seit jeher ein gutes Geschäft, welches beständig am Laufen gehalten wird. Neben den Besiegten bleiben auch die angeblichen „Sieger" vielfach hoch verschuldet, wirtschaftlich und sozial zerrüttet zurück. 15 Staaten belasten ihre Budgets mit 80 Prozent der globalen Militärausgaben. Sie davon zu befreien ist eine wesentliche Voraussetzung für Frieden auf der Welt.

„Humanitäre Hilfe" als Teil der Kriegsökonomie

Internationale Hilfe in Kriegsgebieten betrachtet man gemeinhin als eine Abmilderung humanitären Leids im Kontext gewalttätiger Konflikte. Die Realität ist allerdings vielschichtiger.

Jean-Christophe Rufin vom französischen Institut des relations internationales et stratégiques schrieb, Hilfslieferungen für die Zivilbevölkerung in Flüchtlingslagern „alimentieren die Kriegsökonomie und stärken die bewaffneten Bewegungen." In dem Buch „Ökonomie der Bürgerkriege" resümiert er: „Die wichtigste Eigenschaft humanitärer Hilfe ist, dass sie Ländern im Krieg Ressourcen zuführt".[191]

Auch Münkler wirft einen sehr kritischen Blick auf die internationale humanitäre Hilfe in Kriegsgebieten. Es sei ein Kennzeichen aller neuen Kriege, dass sie innerhalb kürzester Zeit große Flüchtlingsströme erzeugten, die schließlich in eine Reihe von Lagern an den Rändern des

Konfliktgebietes mündeten. Durch eine Strategie sexueller Gewalt werde „ein System aus Angst und Furcht, Gewalt und Demoralisierung hergestellt, das große Teile der Bevölkerung dazu zwingen soll, ‘freiwillig‘ ihre Häuser und allen sonstigen Besitz aufzugeben“ und die angestammte Heimat zu verlassen.

„Flüchtlingslager sind zur allgegenwärtigen Begleiterscheinung der neuen Kriege geworden“, so Münkler. In ihnen werde das menschliche Leid und Elend dieser Kriege durch internationale Hilfsorganisationen gelindert. Was in den reichen Ländern „zumeist gut gemeint und als karitative Handlung gedacht ist, hat in den Kriegs- und Krisengebieten oft verheerende Folgen, weil sich die Kriegsparteien selbst daraus alimentieren“, so Münkler. Die verteilten Nahrungsmittel und Medikamente dienten „auch zur Versorgung der Kriegsparteien“. Flüchtlingslager seien insofern eine Grundlage, um lang andauernde Kriege zu ermöglichen. Hierbei komme der fast alle Kriege begleitenden Entstehung von Flüchtlingslagern auf dem Territorium eines Nachbarstaates oder unter dem Schutz der Vereinten Nationen eine wichtige Rolle zu.

Flüchtlingslager seien keineswegs bloß die „Müllhalden des Krieges“, sondern ebenso „dessen Nachschubzentren und Kraftreserven, in denen die humanitäre Hilfe internationaler Organisationen zumindest teilweise in Ressourcen für die Fortführung des Krieges umgewandelt wird.“ Für alle Warlords gelte, „dass sie ganz gezielt Flüchtlingslager als Rückzugs- und Rekrutierungsgebiete nutzen, da sie dort auf die Hilfslieferungen internationaler humanitärer Organisationen zugreifen können.“ Systematisch würden „Hilfskonvois gestoppt und durchsucht, und dabei wird das abgezweigt, was die Bewaffneten selbst brauchen können – nur was nicht benötigt wird, darf passieren.“

Während der Belagerung Sarajevos habe die UNO auf diese Weise die Belagerer ebenso wie die Belagerten unterstützt, und „die internationale Gemeinschaft finanzierte den Grund des Übels, während sie das Übel einzudämmen versuchte.“ Die Warlords hätten inzwischen gelernt, wie sie mit Hilfe von Kamerateams internationale Hilfslieferungen in Gang setzen und steuern könnten, und sie nutzten dies als eine kostengünstige Ressource für die Weiterführung ihrer Kriege. Es handele sich um ein Element zur Verbilligung der Kriege. Die Hilfsorganisationen seien „zu einem festen Bestandteil der Bürgerkriegsökonomien geworden. Wo sie sich nicht von selbst einschalten, werden sie mit Hilfe des Fernsehens hineingezogen."

In Nachrichtensendungen der OECD-Länder würden geradezu rituell die Nummern der Spendenkonten eingeblendet, „besorgte Reporter" sprächen von Hunger, Elend und einer drohenden humanitären Katastrophe, dazu Bilder von ausgemergelten Alten, bettelnden Frauen und weinenden Kindern. Bald darauf würden die ersten Hilfslieferungen eintreffen. In Somalia sei die internationale Hilfe „Finanzier der brutalen Banden des Bürgerkrieges geworden. Der Terror lebte durch die Hilfe." Durch die Hilfslieferungen seien zudem die örtlichen Produzenten ruiniert worden. Es entstünden langfristige Abhängigkeiten von internationaler Hilfe. Selbst Bauern und Handwerker seien von Wirtschaftsstrukturen abhängig, die von den Warlords beherrscht würden „und müssen ihr Auskommen als Lastwagenfahrer, Schmuggler, Händler oder auch Kämpfer suchen, um unter den neuen Bedingungen überleben zu können."[192]

In vergleichbarer Weise schrieb Petra Becker von der Stiftung Wissenschaft und Politik im Oktober 2014, die internationale Hilfe für Syrien komme zum Großteil nicht dort an, wo sie gebraucht werde, und reiche auch nicht aus, um das Überleben von Bevölkerung und Zivilgesellschaft zu gewährleisten. In Gebieten im Umland von Damaskus und Homs, in denen rund eine halbe Million Einwohner belagert würden, hätte sich „eine Kriegswirtschaft etabliert": Rebellengruppen machten Geschäfte mit mafiösen Akteuren von Geheimdiensten, „schmuggeln Lebensmittel in die belagerten Gebiete und verknappen Güter künstlich, um die Preise hochzutreiben". Einige Kräfte „erpressen Lebensmittel von Hilfsorganisationen und verkaufen sie auf dem Schwarzmarkt", so Becker.[193]

Davon, dass die humanitäre Hilfe Teil der Kriegsökonomie sein könnte, ahnt die breite Öffentlichkeit nichts, da ihr entsprechende Informationen in der Regel verwehrt bleiben. Beispielsweise forderte eine Sprecherin des Auswärtigen Amts am 13. Juli 2016 anlässlich der Belagerung der syrischen Stadt Aleppo: „Die Bilder aus Aleppo zeigen, wie dringend eine Rückkehr zum politischen Prozess ist. Wir setzen uns deshalb weiterhin intensiv dafür ein, dass die Friedensgespräche in Genf so rasch wie möglich wieder aufgenommen werden. Vor allem muss jetzt auch dringend sichergestellt werden, dass humanitäre Hilfe in alle Stadtteile (...) gelangen kann."[194] Kein Wort dazu, dass die geforderte humanitäre Hilfe der Fortsetzung des Krieges in Syrien dienen und eventuell sogar weiteren Terror begünstigen könnte bzw. mit welchen Maßnahmen dies möglicherweise zu verhindern versucht wird.

In der Fachdiskussion über die humanitäre Hilfe als Teil der Kriegsökonomie ist vielfach von einem „Dilemma" die Rede. In einer Forschungsarbeit an der Universität Köln diskutiert Nadine Alff-Pereira indirekt die Möglichkeit, dass humanitäre Organisationen ihre Tätigkeit in innerstaatlichen Konflikten, „in denen ihre Hilfe eine eindeutig konfliktverstärkende Wirkung hat", beenden könnten. Die Möglichkeit, sich bei tiefgreifenden Verletzungen der Prinzipien der Neutralität, Unparteilichkeit und Unabhängigkeit aus dem Konfliktkontext zurückzuziehen werde aber nur von wenigen Hilfsorganisationen als Handlungsoption anerkannt. Eine profunde Analyse des Konfliktkontextes sowie möglicher Manipulationsstrategien durch die Konfliktakteure würden humanitäre Akteure ausklammern. „Manipulation der Hilfe" würde auch nicht von den Geberländern, die das System der humanitären Hilfe finanzierten, unterbunden. Die zunehmende Privatisierung der humanitären Hilfe, der Wettbewerbsdruck zwischen Hilfsorganisationen und ihre finanzielle Abhängigkeit von Spendengeldern „widerspricht nicht nur dem Prinzip der Unabhängigkeit, sondern verhindert auch eine Selbstreflexion der humanitären Organisationen über ihre geostrategische Rolle im Konfliktkontext und eine einheitliche und effektive Reaktion des Hilfssystems auf Negativeffekte der humanitären Hilfe", so Alff-Pereira. Sie beklagt eine Nichtwahrnehmung der politischen Verantwortung der internationalen Staatengemeinschaft und der Konfliktakteure. Die humanitäre Hilfe werde vermutlich auch in Zukunft u. a. „von den verdeckten Interessen" geprägt sein. Sie fordert die

Bereitschaft, so genannte Hilfe gegebenenfalls aus Konfliktregionen zurückzuziehen.[195]

Die Analyse deutet auf die prinzipielle Möglichkeit hin, „eindeutig konfliktverstärkende Wirkungen" humanitärer Hilfe feststellen zu können. Es könnte daher zielführend sein, öffentlichen Druck aufzubauen, so dass private und UN-Hilfsorganisationen wie auch staatlich organisierte „humanitäre Hilfe" effektiven, unabhängigen Kontrollen unterworfen werden, mit der möglichen Konsequenz der Einstellung konfliktverschärfender Ressourcenzuflüsse. Wie eine solche Strategie konkret ausgestaltet werden könnte, müsste sehr gründlich untersucht werden. Sie sollte auch die Problematik der Mittelzuflüsse in Kriegsgebiete durch Emigrantengemeinden umfassen.[196] Insbesondere müsste aber auch eruiert werden, durch welche Maßnahmen internationale Profiteure von Kriegen dazu gebracht werden könnten, ihre potenzielle – direkte oder indirekte – Mitwirkung am Missbrauch der humanitären Hilfe zu unterlassen.

Mittelzuflüsse aus der Weltwirtschaft ermöglichen den Krieg

Kriege erfordern eine permanente Geld-Zufuhr. Auf diese Weise sind an Kriegen meistens mehr Staaten beteiligt, als man unmittelbar wahrnimmt und, kaum sichtbar, auch private Kreditgeber. Manche Staaten müssen den Krieg führen, andere müssen ihn bezahlen und am Ende verdienen die Großaktionäre der Banken.

Der Dreißigjährige Krieg hätte in Deutschland nicht über einen Zeitraum von dreißig Jahren geführt werden können, wenn ihm nicht kontinuierlich von außen neue Mittel zugeflossen wären, in Gestalt frischer Truppen und „insbesondere in Form von immer neuen Geldern, die namentlich von England, Frankreich und den Niederlanden in den Krieg hineingepumpt worden sind. Diese Subsidien haben den Krieg in doppelter Hinsicht verlängert: zunächst, indem sie seine Fortsetzung ermöglichten, und später, indem sie seine Beendigung erschwerten. In den Friedensverträgen sollte nämlich unter anderem festgehalten werden, wer für die Rückzahlung jener Gelder aufzukommen hatte, und natürlich war dazu niemand mehr imstande." Ohne den beständigen Zufluss von Gold und Silber aus der Neuen Welt hätte sich dieser Krieg kaum über dreißig Jahre hingezogen. Im Prinzip sei es selbstverständlich, und dennoch werde es zumeist übersehen, so Münkler: „Kriege dauern normalerweise umso länger, je stärker die an ihnen Beteiligten auf die Ressourcen der Weltwirtschaft zugreifen können." In früheren Zeiten konnten Kriege häufig nicht weitergeführt werden, sobald alle Vorräte geplündert waren. Heute ist das aber „gerade nicht der Fall: Über die Kanäle der Schattenglobalisierung sind sie auf vielfältige Weise mit der Weltwirtschaft verbunden und beziehen daraus die für ihre Weiterführung nötigen Ressourcen."[197] Kriege können insofern nur dann lange Zeit geführt werden, wenn sich die Weltwirtschaft als Geldgeber (oder als Absatzmarkt für Raubgut) daran beteiligt.

Beim Zweiten Golfkrieg 1991 gab es eine bemerkenswerte Arbeitsteilung zwischen Ländern, die den Krieg militärisch führten, und Ländern, die ihn ganz wesentlich finanzierten. Als Kosten für die Krieg führenden Vereinigten Staaten wurden vom Kongress etwa 61,1 Milliarden US-Dollar errechnet. 52 Milliarden dieser Kosten wurden von verschiedenen anderen Staaten bezahlt, davon 36 Milliarden von Kuwait, Saudi-Arabien und anderen Golfstaaten. Deutschland beteiligte sich mit 17,9 Milliarden DM.[198] Beim aktuellen Krieg in Syrien heißt es, dieser werde seit Jahren wesentlich aus vermögenden Kreisen in Katar, Kuwait, den Vereinigten Arabischen Emiraten und Saudi-Arabien finanziert.[199]

Das zeigt, dass von Kriegen stets relativ viele Länder betroffen sind: Am Kriegsschauplatz werden Länder verwüstet, weitere Länder sind militärisch beteiligt und andere sind als Geldgeber involviert. All das muss nicht unbedingt freiwillig geschehen. Staaten könnten in vielen Fällen zu ihren Kriegshandlungen genötigt werden.

Kriegsschulden angeblicher Sieger

Wenn Staaten aus sich heraus Krieg führen, dann sollte er sich auch „lohnen", jedenfalls im Fall eines militärischen Sieges. Es stellt sich also die Frage, in welchem Umfang Länder, die viele Kriege führen, davon profitieren. Es scheint, als wäre das Ergebnis von Kriegen sowohl für die Verlierer als auch teilweise für die „Sieger" eine große Schuldenlast.

Der Historiker Sautter merkt an, Großbritannien habe zwar den Siebenjährigen Krieg gewonnen, „doch die Verschuldung des Staates hatte sich darüber verdoppelt. Schuldendienst und Abzahlung waren Lasten, denen die überkommenen Einnahmequellen nicht mehr gewachsen waren." Den Amerikanischen Unabhängigkeitskrieg haben die Amerikaner zwar gewonnen und damit die Unabhängigkeit erlangt, doch mussten sie am Ende ihre Vorkriegsschulden bei britischen Geldgebern anerkennen. Und: Die Konfiszierung britischen oder loyalistischen Eigentums in Amerika wurde rückgängig gemacht.

Im Zweiten Weltkrieg lösten die Vereinigten Staaten das Problem der Finanzierung der immensen Kriegsanstrengung durch Besteuerung und Auflegen von Anleihen. „Neu war lediglich, dass nunmehr auch die minderbemittelten Bevölkerungsschichten durch die Ausweitung der Einkommenssteuer direkt an der Kriegsfinanzierung beteiligt wurden. Während 1939 nur 4 Millionen Personen Einkommenssteuer bezahlten, waren es bei Kriegsende 43 Millionen. Durch Einbehaltung beim Arbeitgeber erfolgte der Einzug sicher und rasch", so Sautter. Mit diversen weiteren Steuern entsprach das Steueraufkommen etwa 40 Prozent der benötigten Mittel. Die übrigen drei Fünftel mussten durch Anleihen aufgebracht werden. Die Bundesverschuldung stieg dadurch von 42 Milliarden im Jahr 1940 auf 269 Milliarden 1946. Der Verkauf der Anleihen hatte den Effekt, dass sich die eigentliche Finanzierungsperiode weit über die Dauer der Kampfhandlungen hinaus erstreckte.[200]

Die Finanzierung der NS-Hochrüstung und der Kosten des Zweiten Weltkrieges auf deutscher Seite erfolgte zu einem erheblichen Teil über spezifische Staatsschulden, vor allem über das System der „Mefo-Wechsel". An dieser Form der Rüstungs- und Kriegsfinanzierung waren private Banken und über die Metallurgische Forschungsgesellschaft mbH Rüstungskonzerne wie Siemens, Gutehoffnungshütte, Krupp und Rheinmetall beteiligt. Es war eine „Symbiose aus der Verflechtung von Rüstungs-, Industrie- und Finanzkapital", so der Politologe Winfried Wolf. Der Zusammenhang zwischen Hochrüstung und hoher Verschuldung sei auch in jüngerer Zeit festzustellen. „Die hohe Staatsschuld der USA geht auf den Vietnamkrieg und die unter Ronald Reagan betriebene Hochrüstung (SDI usw.) zurück." Auch die in Westeuropa aufgetürmten Staatsschulden seien u. a. auf die hohen Rüstungsausgaben in den 1980er Jahren zurückzuführen. Besonders augenfällig sei der Zusammenhang in Griechenland und in der Türkei. „In allen Hochrüstungsphasen und in allen Kriegen kam es zu einer beschleunigten Verschuldung von Staaten", so Wolf.[201]

Der ehemalige US-Kongressabgeordnete Ron Paul hat gesagt, dass der „Krieg gegen den Terror" den USA nur Schaden zugefügt habe „und in einem bankrotten Staat enden wird." Der österreichische Publizist Marco Maier verwies 2014 auf die „unermesslichen Staatsschulden" von über 18,5 Billionen US-Dollar. „Noch mögen die USA als Supermacht gelten, doch das ‚amerikanische Jahrhundert' neigt sich offenkundig dem Ende zu", so Maier. Der auf Pump finanzierte Militärapparat mit den global verteilten Basen koste so viel, dass selbst die elementarsten Investitionen in die US-Infrastruktur nicht mehr finanzierbar seien. „Straßen, die zu Schotterpisten werden, Brücken, die in sich zusammen brechen und gewaltige Staudämme, die nur notdürftig saniert werden, sind erst der Anfang. Kollabierende Pensionskassen und ein – trotz der nur rudimentären Grundversorgung – kaum mehr finanzierbares Gesundheits- und Sozialsystem kommen noch hinzu." Die nun anfallenden Kosten für den Krieg gegen den „Islamischen Staat" werden nach Auffassung von Maier dafür sorgen, „dass das US-Imperium noch schneller implodiert".[202] Vielfach ist in den Medien vom „Niedergang" der USA die Rede. Das ist bemerkenswert: Die führende Militärmacht, das „Imperium" ist – als Land – offenbar kein Profiteur all der Kriege, die es führt. Länder, Volkswirtschaften und

Bevölkerungen scheinen allein die Lasten der Kriege zu tragen, aber nicht zu profitieren.

Die Bevölkerung wird insbesondere über die Steuerlast für das Zurückzahlen der Kriegskredite herangezogen. Eine der Voraussetzungen, dass der neuzeitliche Territorialstaat stehende Heere finanzieren konnte, war die Verstetigung und Vervielfachung des Steueraufkommens im Verlauf des 15. und 16. Jahrhunderts. Der Staat hatte sich zum Steuerstaat entwickelt. Da der Staat seitdem über regelmäßige Einnahmen verfügte, erhöhte sich seine „Kreditfähigkeit“, was zur Folge hatte, dass die Zyklen der europäischen Kriegsgeschichte von entsprechenden Zyklen der Staatsverschuldung begleitet wurden, so Münkler. „Um die aufgenommenen Kredite bedienen zu können, erhöhte man wiederum die Steuern.“ Dagegen regte sich Widerstand: Nicht nur örtliche Rebellionen und Aufstände, „sondern auch die großen Revolutionen – der Unabhängigkeitskrieg der Niederlande, die Englische Revolution von 1640, der Amerikanische Unabhängigkeitskrieg und schließlich auch die Französische Revolution von 1789 – haben ihren Ursprung zum Teil im Widerstand gegen eine Steuerlast, die als willkürliche Enteignung empfunden wurde.“[203]

Zu den Profiteuren der Kriege zählen demnach also weniger Staaten als vielmehr Banken und sonstige Kreditgeber. Die USA beispielsweise müssen für ihre hohe Schuldenlast jährlich einen dreistelligen Milliardenbetrag Schuldzinsen bezahlen.

Steuersünder, Sondersteuern und Rüstung

Steuererhöhungen dienen vielfach der Abzahlung von Krediten für Hochrüstung und Krieg. Vor diesem Hintergrund sollte man nochmals einen kritischen Blick auf die oben dargestellten „internationalen Erwartungen“ werfen, Deutschland solle seine Rüstungsausgaben deutlich erhöhen und als Ordnungsmacht fungieren (vgl. S. 123). Wie soll der hoch verschuldete deutsche Staat eine deutliche Erhöhung der Rüstung und ein weitaus umfangreicheres militärisches Engagement finanzieren? Durch Ausgabenkürzungen, durch eine weitere Verschuldung oder durch eine Erhöhung der Staatseinnahmen?

In den vergangenen Jahren waren diverse Bemühungen zur Erhöhung der Staatseinnahmen erkennbar: Bemerkenswert ist beispielsweise das neuerdings sehr hartnäckige Vorgehen gegen Steuersünder aus besserverdienenden Kreisen. In sehr unüblicher Weise wurden prominente Millionäre als Steuersünder an den Pranger gestellt. Durch den staatlichen Kauf so genannter Steuer-CDs wurde das jahrzehntelang gehütete Bankgeheimnis für Besserverdienende durchbrochen und potente Steuersünder dazu gebracht, sich selbst anzuzeigen und Steuern nachzuzahlen. Im Mai 2014 schrieb die Zeitung „Die Welt", die steuerlichen Mehreinnahmen durch Selbstanzeigen hätten sich bis dato auf schätzungsweise 4,3 Milliarden Euro summiert.[204] Mit der Einführung von „SEPA", der „Single Euro Payments Area" wurde in den vergangenen Jahren zudem die Möglichkeit der Überwachung des bargeldlosen Zahlungsverkehrs erleichtert.

2013 hat der IWF in seinem Fiskalbericht „Taxing Times" Überlegungen für eine Sondersteuer von 10 Prozent auf Vermögen aufgegriffen, die alle Besitzer von Ersparnissen, Wertpapieren und Immobilien betreffen würde. In Deutschland würde eine solche, einmalige Besteuerung aller privaten Vermögen oberhalb von 250.000 Euro etwa 230 Milliarden Euro einbringen. Alternativ zu dieser Sondersteuer kam laut IWF eine Vermögensentwertung durch Inflation in Frage.[205] 2017 erklärte das Institut für Weltwirtschaft, die Inflation kehre nach Deutschland zurück. Die Inflation hatte im Februar 2017 im Vergleich zum Februar 2016 um 2,2 % zugenommen. Nahrungsmittel verzeichneten einen Preiszuwachs um 4,4 %, Energie um 7,2 %.[206]

Es gibt zudem Bestrebungen, das Bargeld abzuschaffen. Eine Pkw-Maut könnte längerfristig Gelder in die Staatskasse spülen. Auch die Bestrebungen nach einer so genannten Reichensteuer, die die Superreichen natürlich nicht treffen würde, verdienen Beachtung: Geht es dabei wie behauptet um soziale Gerechtigkeit oder geht es darum, weitere Einnahmen für Rüstung und Krieg zu generieren?

Jedenfalls scheinen die „internationalen Erwartungen“ nach höheren Rüstungsausgaben und Bemühungen um höhere Staatseinnahmen zu korrelieren. Eine öffentliche Diskussion über mögliche Zusammenhänge könnte die Durchsetzung von Maßnahmen zur Rüstungs- und Kriegsfinanzierung deutlich erschweren.

Rettungskredite und Rüstung

Mit Unverständnis reagierte die Öffentlichkeit vor Jahren auf die Vergabe von Rüstungsaufträgen Griechenlands mitten in der Finanzkrise. Wie konnte es sein, dass transnationale Rüstungskonzerne ausgerechnet in den völlig verschuldeten Mittelmeerstaat weiterhin Kriegswaffen liefern konnten?

Mit 130.000 Soldaten hat Griechenland in Relation zur Bevölkerung von elf Millionen Einwohnern die größte Armee Europas. Hellas besitzt mehr Panzer als Großbritannien, Frankreich und Deutschland zusammen. Kein anderes Land in Europa gibt pro Kopf so viel für Rüstung und Soldaten aus wie Griechenland. Der Wehretat Deutschlands belief sich 2016 – trotz weitreichender internationaler Erwartungen – auf 1,2 Prozent des Bruttoinlandsprodukts. Die griechischen Militärausgaben hingegen betrugen 2009, zu Beginn der Finanzkrise, vier Prozent des Bruttoinlandsprodukts. Nach diversen Kürzungen waren es 2013 immer noch 2,3 Prozent. Die Regierung in Athen wollte 2015 den Wehretat weiter verringern. Die EU-Kommission signalisierte Zustimmung. Laut Medienberichten war aber „vor allem der IWF“ dagegen.

Schon im Jahr 2010 war Athen dazu gedrängt worden, zugunsten der Hersteller Airbus, BAE Systems und Alenia Aermacchi Kampfflugzeuge vom Typ „Eurofighter“ zu bestellen. Mitten in der Krise im Jahr 2010 mussten die Euro-Staaten mehr als hundert Milliarden Euro an Rettungskrediten bereitstellen, Deutschland davon über 20 Milliarden. So sollte weiter in neue Rüstungsgüter investiert werden, unter anderem in sechs U-Boote der Klasse 214 des multinationalen Rüstungskonzerns ThyssenKrupp, die mit ihrem Brennstoffzellenantrieb auf ausgedehnte Patrouillenfahrten gehen können.[207] Es könnte also sein, dass Griechenland zu den hohen Investitionen in Rüstungsgüter und Militär – wohl zur Optimierung der Ressourcenkontrolle – genötigt wird.

Wirtschaftskraft, Bevölkerung, Fläche und Wehretat

Rund 80 Prozent der weltweiten „Verteidigungsausgaben" werden von nur 15 Staaten aufgebracht. Laut SIPRI waren dies 2008 die Vereinigten Staaten mit 41,5 % Anteil an den weltweiten Ausgaben, die Volksrepublik China (5,8 %), Frankreich (4,5 %), Vereinigtes Königreich (4,5 %), Russische Föderation (4 %), Deutschland (3,2 %), Japan (3,2 %), Italien (2,8 %), Saudi-Arabien (2,6 %), Indien (2,1 %), Südkorea (1,7 %), Brasilien (1,6 %), Kanada (1,3 %), Spanien (1,3 %) und Australien (1,3 %).

Alle diese Staaten gehören zur Gruppe der zwanzig wichtigsten Industrie- und Schwellenländer (G 20). In den in der G20 direkt oder indirekt vertretenen Staaten erwirtschaften zwei Drittel der Weltbevölkerung rund 90 Prozent des weltweiten Bruttoinlandsprodukts (BIP) und bestreiten 80 Prozent des Welthandels. Die 15 Staaten mit den größten Wehretats decken erhebliche Flächen fast aller Kontinente ab. Unter ihnen sind die größten Flächenstaaten der Erde (Russische Föderation, Kanada, Vereinigte Staaten, Volksrepublik China, Brasilien, Australien, Indien, Saudi-Arabien).

Bei den 15 Staaten lag der Wehretat 2007 zwischen 1 % und 4 % des Bruttoinlandsprodukts (BIP), es zeigt sich also eine relativ enge Relation zur wirtschaftlichen Leistungsfähigkeit. Mit 3,5 % des BIP in Russland und 4,0 % in den Vereinigten Staaten lagen die relativen Verteidigungsausgaben dieser beiden Flächengiganten gar nicht so weit auseinander. Die Ausgaben Saudi-Arabiens, eine Ausnahme, werden mit 9,3 % des BIP angegeben, wobei hier möglicherweise Ausgaben für die

„Aufrechterhaltung der öffentlichen Ordnung“ enthalten sind. Zwischen 2004 und 2013 stiegen die Militärausgaben insbesondere in China um 170 %, in Saudi-Arabien um 118 % und in Russland um 108 % steil an. Auch in den Schwellenländern Brasilien (48 %), Indien (45 %) und Südkorea (42 %) erhöhten sich die Ausgaben deutlich.[208]

Es zeigt sich, dass die Militärsysteme insbesondere von den wirtschaftlich leistungsfähigen Industrie- und Schwellenländern, die große Territorien und Bevölkerungen kontrollieren, aufrechterhalten werden. Dem Grand Area-Konzept ähnelnd (vgl. S. 55) wirkt es wie ein System einer globalen Raumbeherrschung mit einer Reihe von Ordnungsmächten für diverse Weltregionen.

Vertiefte Untersuchungen über den Zusammenhang zwischen wirtschaftlicher Prosperität und den Wehretats globaler Ordnungsmächte könnten essentiell für das Verständnis der Funktionsweisen von Rüstung, Krieg und Raumbeherrschung sein. Die Frage, inwieweit prosperierende Industrie- und Schwellenländer zu Handlungen genötigt werden, ist hierbei von besonderer Bedeutung. Könnte den 15 Staaten mit den größten Militärausgaben diese enorme Last genommen werden, wäre das eine wesentliche Grundlage dafür, dass diese Staaten und der Rest der Welt weitgehend in Frieden leben könnten.

BEGRENZEN SIE IDEOLOGISCHE MACHT

Man unterscheidet politische, wirtschaftliche, ideologische und militärische Macht. Militärische Macht ist unmittelbar und massiv vernichtend. Ideologische Macht wirkt dagegen langfristig und umfassend: Sie bereitet den Einsatz militärischer Macht vor und wirkt weltweit im Vorfeld von Kriegen. Ideologische Macht ist sehr viel preiswerter zu generieren als militärische. Deshalb finden wir sie kontinuierlich und überall, während militärische Macht aufgrund des Aufwands eher begrenzt eingesetzt wird.

Was ist ideologische Macht? Welche Funktion haben Ideologie, Demagogie und Lüge im Bestreben, die Menschheit zu manipulieren, zu beherrschen und regelmäßig in Kriege hineinzuziehen? Wo sind die Übergänge von der ideologischen zur militärischen Machtausübung und wie können wir uns davor schützen? Eine der wirksamsten Gegenmaßnahmen ist, das Bewusstsein möglichst vieler Menschen einer Gesellschaft durch systematisches Training zu schärfen, um den allgegenwärtigen Ideologien mit einer wachsamen und ebenso bodenständigen wie intelligenten Skepsis zu begegnen.

Das ist nicht trivial: Es war vor Jahrhunderten angesichts der erdrückenden ideologischen Macht schließlich auch alles andere als einfach, aus der „Scheibe Erde" einen „Planeten Erde" zu machen. Wir stehen heutzutage vermutlich vor keinen geringeren Aufgaben. Je häufiger Aussagen von glaubwürdig geltenden Personen und Institutionen wiederholt werden, desto selbstverständlicher werden erfundene „Geschichten" für wahr gehalten. Die demagogische Machtausübung in ihren perfiden, hinterlistigen und doppelbödigen Ausdrucksformen zu entlarven, zählt zu den größten Hürden für die Überwindung strukturreller Gewalt, da sie gerade auch in den „aufgeklärten" und „freiheitlichen" Gesellschaften teilweise an die Stelle direkterer Formen repressiver Gewalt tritt. Es gilt, der Allgegenwart ideologischer Macht wirksam zu begegnen, die sich in erschreckender Weise in blindem und oft naivem Glauben und in der unkritischen Übernahme vermeintlicher Wahrheiten zeigt. An die Stelle von blindem Glauben muss eine intelligente Form der Skepsis treten. Die Überlistung der ideologischen Macht zählt zu den größten Herausforderungen der Menschheit auf dem Weg zum Frieden.

Kriegslügen

Noch immer stirbt im Krieg die Wahrheit zuerst. Der Zweite Golfkrieg 1990/1991 gilt als der schwerste Krieg seit dem Ende des Zweiten Weltkrieges. Im Vorfeld des Kriegseintritts der USA und des Vereinigten Königreichs gab eine angebliche Krankenschwester vor einem informellen Menschenrechtskomitee des US-Kongresses unter Tränen eine Erklärung ab: Sie habe als kuwaitische Hilfskrankenschwester freiwillige Arbeit im Al-Adnan-Krankenhaus in Kuwait-Stadt geleistet und sei dabei Zeugin des Eindringens irakischer Soldaten geworden. Sie sagte: „Ich habe gesehen, wie die irakischen Soldaten mit Gewehren in das Krankenhaus kamen (...), die Säuglinge aus den Brutkästen nahmen, die Brutkästen mitnahmen und die Kinder auf dem kalten Boden liegen ließen, wo sie starben." Die Geschichte wurde unter anderem vom damaligen US-Präsidenten George H. W. Bush und von Menschenrechtsorganisationen vielfach zitiert und hatte großen Einfluss auf den Krieg gegen den Irak (Operation Desert Storm). Später hieß es, dass es sich um eine frei erfundene Lügengeschichte der PR-Agentur Hill & Knowlton (WPP Group, London)[209] gehandelt habe, die als „Brutkastenlüge" in die Geschichte einging. Bei der angeblichen Krankenschwester handelte es sich demnach in Wirklichkeit um die damals fünfzehnjährige Tochter des kuwaitischen Botschafters Saud Nasir as-Sabah in den USA.[210]

1999 wurde ein Luftkrieg gegen Jugoslawien bzw. gegen Serbien geführt, „der, streng genommen, ein unerklärter Angriffskrieg war."[211] Der Legitimation des Krieges dienten vor allem ein „Massaker von Račak" und ein so genannter „Hufeisenplan". Bei letzterem handelte es sich um einen angeblichen serbischen Operationsplan, die im Kosovo lebenden Albaner systematisch – in einer hufeisenförmigen Bewegung – zu vertreiben. Im Jahr 2000 hat die deutsche Bundesregierung bestätigt, dass der angebliche Plan westlichen Militärs gar nicht schriftlich vorliege. Damit bestätigte sie die Recherchen des Ex-Brigadegenerals Heinz Loquai, nach denen es sich bei dem Hufeisenplan lediglich um angebliche Geheimdiensterkenntnisse aus zweiter und dritter Hand handelte, nicht aber um die Kopie oder das Original eines serbischen Plans, der die systematische Vertreibung und Ermordung der Kosovo-Albaner beinhaltet.[212] Bezüglich des angeblichen Račak-Massakers sprach der Internationale Gerichtshof (IGH) den zentralen Berichten (OSZE: „Kosovo/Kosova – As Told, As Seen", Human Rights Watch: „Under Orders: War Crimes in Kosovo") die Beweisfähigkeit ab.[213]

Zu den Geschehnissen vom 11. September 2001 in den USA, mit denen der nachfolgende Afghanistan- und der Irakkrieg gerechtfertigt wurde, schrieb der ehemalige deutsche Bundespräsident Richard von Weizsäcker: „Wahr ist, dass sich die ganze Führungsgruppe rund um George W. Bush schon zu Beginn seiner Amtszeit der Vorbereitung eines neuen Irakkrieges zugewandt hatte. Der 11. September 2001 war dann nicht mehr, als der schockierten westlichen Öffentlichkeit den Irakkrieg wie eine notwendige Antwort auf Terrorgefahren nahezubringen."[214] Der ehemalige US-Außenminister Colin Powell sagte, er habe keinerlei Beweise gesehen, die einen möglichen Zusammenhang zwischen dem Irak unter dem damaligen Machthaber Saddam Hussein und den Terroranschlägen vom 11. September 2001 in den Vereinigten Staaten nahelegten.[215]

Im Vorfeld des Irakkrieges im Jahr 2003 (Dritter Golfkrieg) präsentierte jener Colin Powell am 5. Februar 2003 im UN-Sicherheitsrat angebliche Beweise dafür, dass der Irak Massenvernichtungswaffen besitze und an neuen Programmen zu deren Herstellung arbeite. Im Vorfeld seiner Rede soll Außenminister Powell fünf Tage im Hauptquartier des Geheimdienstes CIA verbracht haben. Das Vereinigte Königreich legte ein Dossier vor, welches die Behauptungen bestätigen sollte. Powells Rede im Sicherheitsrat war „Höhepunkt und Abschluss einer medialen Kampagne, zweifelnde Regierungen und die Vereinten Nationen von der unausweichlichen Notwendigkeit des Irakkrieges zu überzeugen". Im Jahr 2005 entschuldigte sich Powell für die in der Rede „verbreiteten Lügen" über angebliche Massenvernichtungswaffen. Auch aufgrund des britischen Dossiers mit veraltetem und kopiertem Material sei klar geworden, „dass die USA und Großbritannien den Krieg in jedem Fall wollten." Bei Wikipedia heißt es, der Irakkrieg sei eine völkerrechtswidrige Invasion des Iraks durch die Streitkräfte der Vereinigten Staaten und des Vereinigten Königreichs gewesen.[216]

2011 wurde Libyen mit rund 26.500 Lufteinsätzen bombardiert. Einem Bericht der Washington Times vom 28.01.2015 zufolge waren die Vorwürfe gegen den libyschen Machthaber Muammar al-Gaddafi völlig haltlos: Das Argument habe darin bestanden, „dass Gaddafi kurz davor stand, einen Völkermord gegen Zivilisten in Bengasi zu begehen, wo die Rebellen ihr Machtzentrum hatten. Aber Geheimdienstbeamte aus dem Verteidigungsministerium konnten diese Bedenken nicht bestätigen und kamen in der Tat zu der Einschätzung, dass es Gaddafi wohl kaum riskieren würde, aufgrund der Tötung zahlreicher Menschen den Zorn der Welt auf sich zu ziehen."[217]

Ein besonderer Fall war der heimliche Krieg in Laos in den 1960er und 1970er Jahren. Als Entwicklungshilfe getarnt wurden Waffen in das Land geschmuggelt und in dem streng geheimen Talgebiet Long Cheng 400 Landebahnen errichtet. Laos gehört zu den am schwersten bombardierten Ländern der Welt, wovon die Weltöffentlichkeit nur wenig mitbekommen hat.

7. Übung: Kriegspropaganda ernst genommen

Im Jahr 2003 wurde der Irak mit seiner Hauptstadt Bagdad bombardiert, weil dem damaligen Machthaber vorgeworfen wurde, das Land besitze Massenvernichtungswaffen.

a) Was halten Sie von der Aussage: „Länder, die Atombomben und andere Massenvernichtungswaffen besitzen, sind zu bombardieren."?

b) Notieren Sie alle Länder mit ihren jeweiligen Hauptstädten, von denen Sie wissen, dass sie Atombomben besitzen.

c) Welche Schlussfolgerungen ziehen Sie aus dem Umstand, dass die unter b) notierten Länder und ihre Hauptstädte von der „Weltgemeinschaft" nicht mit Krieg bedroht werden?

Die wenigen Beispiele mögen genügen, um deutlich zu machen, wie ungewiss offizielle Aussagen im Vorfeld von Kriegen sind. „In diesem Zusammenhang sollte der wachsende Einfluss der Medien auf die politischen Entscheidungsabläufe nicht unterschätzt werden", so Münkler, der von einer „Politik des Täuschens und Lügens" schreibt. Berichte von massiven Menschenrechtsverletzungen, von Massakern, vergewaltigten Frauen, umherirrenden Kindern und andere „Gräuelpropaganda" sorgten dafür, dass die Gesellschaft in den Interventionsländern bereit gemacht wird, die Kosten und Risiken eines Militäreinsatzes zu tragen. Dabei sei der „Kampf um die ‚richtigen' Bilder" immer auch ein Kampf um die Unterstützung oder Ablehnung einer Politik der Intervention durch die Bevölkerung. „Dass unter diesen Umständen den jeweils verbreiteten Bildern und Nachrichten zu misstrauen ist und dass sie keineswegs immer eine angemessene Berichterstattung über die wirkliche Lage vor Ort darstellen, ist nicht verwunderlich." Die Entscheidung über Intervention oder Nichtintervention werde inzwischen „durch das Fernsehen vorbereitet", so Münkler, u. a. mit Verweis auf MacArthur: „Die Schlacht der Lügen".[218]

In welchem Maß bereits während des Ersten Weltkriegs die Öffentlichkeit in Europa wie auch in den Vereinigten Staaten propagandistisch beeinflusst wurde, macht der Historiker Udo Sautter deutlich: „Den europäischen Vorbildern folgend, ging die amerikanische Kriegsführung auch noch den Schritt zur psychologischen Beeinflussung des Volkes." Bei Kriegseintritt der USA, im April 1917, setzte Präsident Wilson das Committee on Public Information ein. „Unter der tüchtigen Ägide des Zeitungsmanns G. Creel gelang es dem CPI, sich der Dienste von 15 000 Schriftstellern, Rednern, Schauspielern und Künstlern zu versichern und sie mit den nötigen Direktiven, Materialien und Wirkungsgelegenheiten zu versorgen. Ein ungeheurer Schwall vielfach heuchlerischer Hasspropaganda überschwemmte die amerikanische Öffentlichkeit so wirkungsvoll, dass sie noch über Generationen fortwirkte. Der Kongress tat das Seine. (...) Der erwähnte Trading with the Enemy Act gestattete die Überwachung des Nachrichtenverkehrs mit dem Ausland und der fremdsprachigen Presse. Die eigene englischsprachige Presse wurde anderweitig zur Selbstzensur angehalten."[219]

15 000 Schriftsteller, Redner, Schauspieler und Künstler nach europäischem Vorbild – das lässt erahnen, mit welchem personellen Aufwand insgesamt der Erste Weltkrieg, in den man angeblich „hineingeschlittert" war, propagandistisch herbeigeführt und die öffentliche Meinung gezielt gesteuert und manipuliert wurde. Es wäre naiv, anzunehmen, das Ausmaß der Meinungsmache wäre heutzutage geringer.

Vieles halten wir für gesicherte Erkenntnis, was in Wirklichkeit nur blinder Glaube ist. Es ist daher von großer Bedeutung, Berichten im Vorfeld, in und nach Kriegen mit großer Skepsis zu begegnen. Selbst wenn wieder einmal eine Kriegslüge „entlarvt" wird, muss das nicht den Tatsachen entsprechen. Die angebliche „Wahrheit" über eine Kriegslüge kann neue Lügen enthalten. Es ist insbesondere auch damit zu rechnen, dass Handlungen bestimmten Staaten zugeschrieben werden, denen die Sündenbockrolle zukommt und die möglicherweise zu diesen Handlungen genötigt worden sind. Gerade wenn angeblich die Wahrheit ans Licht kommt und wieder einmal ein Land an den Pranger gestellt wird, ist Skepsis angezeigt. Skepsis meint nicht, dass man beliebigen anderen Theorien als den offiziellen Glauben schenken sollte. Skepsis meint hier, anzuerkennen, dass im Kontext von Kriegen die ganze Wahrheit – insbesondere über die tatsächlichen Verursacher – von der Öffentlichkeit in der Regel nicht erkannt werden kann.

Es ist auch ungewiss, ob es um Frieden geht, wenn von Frieden gesprochen wird. Bertolt Brecht schrieb in den 1950er Jahren: „Die Kapitalisten reden vom Frieden, um den Krieg führen zu können.“[220] Besondere Skepsis ist angezeigt bei angeblichen „Vermittlungen“ und „Friedensgesprächen“. Ende Juni 1991 beispielsweise fuhr US-Außenminister James Baker nach Belgrad, angeblich um zu „vermitteln“. Danach eskalierte der bis dahin nur schwelende Konflikt.[221]

Terrorismus und Berichterstattung

Terrorismus ist nicht legitimierte Gewalt unterhalb der Schwelle des Krieges. Vielfach wird der Eindruck vermittelt, bei Terrororganisationen handele es sich um weitgehend unabhängige Strukturen. Verbindungen werden allenfalls zu „Schurkenstaaten“ nahegelegt. Dabei erfährt der Terrorismus durch die weltweite Berichterstattung die vielleicht wichtigste Unterstützung.

Terroristen und insbesondere größere Terrororganisationen werden finanziert, ausgebildet, organisiert und mit Nachschub versorgt. Allein deswegen ist Terrorismus ohne eine Einbindung in globale Machtstrukturen kaum vorstellbar. Der Gründer, Identifikations- und Symbolfigur des weltweit operierenden Terrornetzwerks "Al-Qaida", Osama bin Laden, war ein aus einer einflussreichen saudi-arabischen Familie stammender ehemaliger Bauunternehmer. Offiziellen Darstellungen zufolge wurde er viele Jahre lang von der CIA und vom pakistanischen Nachrichtendienst ISI unterstützt. Der Begriff „al-Qaida“ wurde angeblich auch für eine von der CIA geführte Datenbank verwendet, in der alle Dschihad-Kämpfer verzeichnet sein sollen, die Osama bin Ladens Lager passiert hatten.[222]

8. Übung: Verursacher von Kriegshandlungen

Es häufen sich Berichte über „Massaker" und „ethnische Säuberungen". Die Staatsführung des betreffenden Landes wird für die Verbrechen verantwortlich gemacht. Starke Kräfte im Sicherheitsrat drängen auf eine militärische Intervention, um den bedrängten Menschen zu helfen.

a) Für wie verlässlich halten Sie die in den Berichten gegebenen Informationen über die Verursacher? Welche Möglichkeiten hat die Weltöffentlichkeit, die Wahrheit über „die Hintermänner" herauszufinden?

b) Kann man ausschließen, dass Geheimdienste von außen die Situation herbeigeführt haben, um einen Krieg auszulösen?

c) Wie kann die Weltöffentlichkeit sicherstellen, dass bei einem militärischen Eingreifen den betroffenen Menschen geholfen wird? Wie kann sie ausschließen, dass bei Kriegshandlungen die Opferzahlen unter den betroffenen Menschen nicht noch sehr viel größer werden?

Erstaunlich sind auch so manche Randbedingungen des so genannten „Islamischen Staats (IS, ISIS)". Der IS konnte bis Mitte 2014 ohne größere Probleme ein riesiges zusammenhängendes Gebiet im Nordwesten des Irak und im Osten Syriens militärisch erobern. Unbehelligt von Luftangriffen konnte im Juni 2014 ein großer IS-Konvoi mit zahlreichen neuen Toyota-Pritschenwagen rund 200 Kilometer durch die offene Wüste fahren, obwohl man doch angeblich den weiteren Vormarsch dieser Terroristen verhindern wollte. Die Organisation wurde u. a. von den USA und von Großbritannien als terroristische Vereinigung eingestuft und als Feind angeblich bekämpft. Diese „Feinde", die viele Jahre eng mit der Terrororganisation al-Qaida verbunden waren, wurden allerdings kräftig protegiert: Der US-amerikanische General a.D., Wesley Clark, behauptete in einem Fernseh-Interview Anfang 2015, dass der Islamische Staat von Anfang an von den Freunden und Alliierten der USA finanziert worden sei („ISIS got started through funding from our friends and allies").[223]

Schon zuvor wurde aufgrund verschiedener Informationen und Hinweise allgemein davon ausgegangen, dass der Islamische Staat „vermutlich durch Spenden aus Katar, Kuwait, Saudi-Arabien und den Vereinigten Arabischen Emiraten“ finanziert wird. Der Wirtschaftswissenschaftler und Globalisierungskritiker Michel Chossudovsky sprach 2015 von einem „fake war“ gegen den IS. Dieser werde nicht bekämpft, sondern vielmehr unterstützt und beschützt. Bei der Bombardierung angeblicher IS-Gebäude habe es sich in Wirklichkeit um zivile Einrichtungen in Syrien und im Irak gehandelt. Auch Chossudovsky fragt, warum sich IS-Konvois 2014 ohne effektive Luftabwehrsysteme über offenes Gelände bewegen konnten. Der ehemalige Hochschullehrer und Politiker Norman Paech sagte im Oktober 2014 in einer Rede, der Kampf gegen den Islamischen Staat sei ein Lehrstück zynischer Geopolitik. „Ihre verwundeten Krieger werden nicht nur in türkischen, sondern auch in israelischen Krankenhäusern versorgt, wie jüngst Sumaya Farhat-Naser berichtete. Die Türkei hat den Islamischen Staat bis zu seinem Krieg gegen Kobane aktiv unterstützt und seinen Kämpfern die Grenze geöffnet.“[224]

Es sei dahingestellt, ob alle diese Aussagen zutreffen und ob die Unterstützung freiwillig oder auf Druck erfolgt. Jedenfalls ist es völlig undenkbar, dass eine terroristische Miliz große ressourcenreiche Gebiete im Irak und in Syrien und kleinere Gebiete in Libyen unter Kontrolle bringt und beherrscht, ohne dass dies – von wem auch immer – zugelassen und aktiv unterstützt wird.

Unterstützung erfährt der internationale Terrorismus auch durch die Medien. Der Erfolg eines terroristischen Anschlags bemisst sich vor allem „an der Intensität und Dauer der Berichterstattung über den Anschlag“, so Münkler. Er macht deutlich, wie essentiell Terrorismus von Medien abhängig ist, mehr noch, dass er ohne Medien praktisch nicht funktionieren kann: „Fehlt eine entsprechende Mediendichte oder unterliegt die Berichterstattung einer politischen Zensur, haben terroristische Strategien nur geringe Erfolgsaussichten.“ Das aber bedeutet, dass die Berichterstattung über Terrorismus selbst Kern des Problems ist. Medien könnten die Wirkung relativ bedeutungsloser Anschläge vielfach verstärken. Sie seien „der Garant dafür", dass inzwischen „Prämien auf die radikal asymmetrische Strategie der neuen Terrorkriege gezahlt werden. Im asymmetrischen Krieg sind die Medien selbst zu einem Mittel der Kriegführung geworden", so Münkler. Terrorismus sei eine Form der Kriegführung, „in welcher der Kampf mit Waffen als Antriebsrad für den eigentlichen Kampf mit Bildern fungiert."[225]

Es wird vor diesem Hintergrund eine Debatte zu führen sein, wie erreicht werden kann, dass Medien ihre Berichterstattung über Terroranschläge drastisch einschränken. Ziel muss sein, dass der Terrorismus seine Wirkung auf die Weltöffentlichkeit und somit seinen Zweck verfehlt.

Strohmänner und die Verschleierung der Macht

Es ist in der politischen Diskussion weithin in Vergessenheit geraten, dass Wirtschaftsbosse, die gerne als „Strippenzieher" hinter den Kulissen bzw. als graue Eminenzen dargestellt werden, gar nicht diejenigen sein müssen, die die Fäden tatsächlich in der Hand halten.

In der Ölbranche war und ist es üblich, die tatsächlichen Besitz- und Beteiligungsverhältnisse mit Hilfe von Strohmännern zu verschleiern. So erschien beispielsweise in den 1920er Jahren die Sinclair Oil Company von Harry Sinclair allgemein als unabhängige Firma. In Wirklichkeit sei sie aber nur „Strohmann" für Rockefellers Standard Oil und deren Bankinteressen gewesen. Der einschlägig bekannte Rockefeller wird teilweise als Strohmann der weniger bekannten Rothschilds beschrieben. Zischka wiederum beschreibt die Rothschilds als Strohmänner der privaten Zentralbank Englands: „Die Rothschilds machten bald alle die Geschäfte, die die ehrwürdigere Bank von England nicht gut machen konnte." Bot man die Rothschilds und andere nur an, um die Öffentlichkeit auf eine falsche Fährte („die Juden") zu locken, um ein alt-bewährtes Feindbild zu bedienen?

Engdahl beschreibt, wie schillernde Persönlichkeiten bei Unternehmensaufkäufen „als Strohmänner auftraten und plötzlich auf dem Papier Milliardenwerte besaßen."[226] Das erinnert an die berüchtigten „Oligarchen" Osteuropas, die vor einigen Jahren auf wundersame Weise innerhalb kürzester Zeit zu gigantischen Vermögen gekommen sein sollen.

Gerade auch in den Vereinigten Staaten wurden und werden gerne Geschichten von Menschen aus einfachen Verhältnissen erzählt, die eine Erfindung gemacht oder eine Geschäftsidee entwickelt haben, alles hätte mit einer kleinen Garagenfirma begonnen, innerhalb weniger Jahre waren sie Milliardäre und Eigentümer weltumspannender Großkonzerne. In diesen Geschichten nach dem Stereotyp „vom Tellerwäscher zum Millionär" können Newcomer ohne die maßgebliche Promotion, Finanzierung und Steuerung anderer allein durch eigenes Können mächtige multinationale Unternehmen aufbauen. Man kann diese Geschichten glauben, man kann sich aber auch fragen, in welchen Abhängigkeitsverhältnissen – durch Verträge gebunden – sich die „Eigentümer" solcher Konzerne in Wirklichkeit befinden mögen.

Einen Hinweis darauf, dass so mancher „Tellerwäscher", der recht leichtgängig zum Milliardär wurde, in ein weitreichenderes System eingebunden sein mag, geben die umfangreichen Spendentätigkeiten solcher Personen. David Rockefeller beschreibt, wie sein Großvater John D. Rockefeller unter maßgeblicher Mitwirkung eines Baptistenpredigers mehr als die Hälfte seines Vermögens über Jahrzehnte hinweg an Einzelpersonen und Organisationen spendete. Ein Zehntel seines Einkommens gab Rockefeller „an die Kirche" oder für andere „gute" Zwecke, großteils profitierten Einrichtungen der Baptisten.[227]

Waren das alles „freiwillige" Spenden oder handelte es sich um (vertragliche) „Verpflichtungen", denen Rockefeller unterworfen war? Viele Multimilliardäre stiften oder spenden auch heutzutage einen erheblichen Teil ihres Vermögens für angeblich dem Gemeinwohl dienende Zwecke, die in Wirklichkeit den Interessen der globalen Eliten – unter anderem der Ressourcenkontrolle – dienen dürften. Durch Stiftungen und Spenden fließen so Gelder in Strukturen mit wohltätigem bzw.

humanitärem Deckmäntelchen, die als Instrumente der Ausübung ideologischer Macht bewertet werden können.[228]

Man muss realistischerweise davon ausgehen, dass das System der Strohmänner dazu dient, die tatsächlichen Eliten, die die Geschicke der Welt auf sehr diskrete Weise mitsteuern und an Entscheidungen über Krieg und Frieden mitwirken, im Verborgenen zu halten. Mutmaßungen darüber, welche Personen und Strukturen im Verborgenen wirksam sein mögen, sind legitim. Da hierbei aber meistens auf öffentlich Bekanntes und vielfach Benanntes rekurriert wird (Rockefeller, Rothschilds, Oligarchen etc. etc.), muss bezweifelt werden, ob die daraus abgeleiteten Schlussfolgerungen in allen Fällen hilfreich und zielführend sind.

Insbesondere ist das damit vielfach einhergehende Gefühl der Ohnmacht, man könne gegen die von den Eliten eingefädelten Kriege ohnehin nichts machen, gefährlich und vermutlich nicht zutreffend: Milliarden Menschen, die Kriege konsequent ablehnen und bereit sind, sich auf intelligente Weise zu verweigern, haben die Chance, die Welt friedlicher zu machen. Nicht alle Geschichten über Oligarchen und graue Eminenzen für bare Münze zu nehmen, ist ein wichtiger Einstieg, der Ausübung ideologischer Macht etwas entgegenzusetzen.

„Manipulationskontexte" meiden

Für die Begrenzung der negativen Auswirkungen ideologischer Macht ist es erforderlich, „Manipulationskontexte", die Gewalt und Kriege in einer Weise darstellen, dass moralische Empörung ausbleibt oder in eine falsche Richtung gelenkt wird, zu erkennen und möglichst zu meiden.

Rainer Mausfeld von der Universität Kiel arbeitete 2015 in einem Vortrag heraus, dass es den kriegstreibenden Kräften mit psychologischen Techniken gelingt, selbst millionenfachen Massenmord in Kriegen „kognitiv und moralisch unsichtbar zu machen". Wir sind es gewohnt, alle Informationen durch unsere Filter mit vorgefassten Meinungen, also in einem "Manipulationskontext" in unsere Gehirne vordringen zu lassen. Aufgrund der unterstellten Motive für Handlungen können wir oftmals selbst das, was unsere Augen deutlich sehen, nicht erkennen. Werden Kriegsverbrechen in einen Kontext eingebettet, es gehe um die Verbreitung von Demokratie und Menschenrechten, dann werden selbst schlimmste Gräueltaten von der Bevölkerung nicht so wahrgenommen, dass sie „mit einer angemessenen moralischen Empörung" reagiert. „Es bedarf in der medialen Darstellung dieser Verbrechen einer beträchtlichen Fragmentierung und einer radikalen Re-Kontextualisierung als ‚Kampf für Demokratie und Menschenrechte', damit Verbrechen dieser Größenordnung sowie ihre geschichtliche Kontinuität für die Öffentlichkeit nahezu unsichtbar werden", so Mausfeld. Die Sprache sei, so der Literaturnobelpreisträger Harold Pinter, das wichtigste Medium für die erforderliche „kollektive Hypnose". Wenn etwa abstrakte Strukturen oder Institutionen wie „die neoliberale Wirtschaftsordnung" oder „die Weltbank" für viele Millionen Tote verantwortlich gemacht würden, dann falle es psychologisch schwer, auf Verbrechen mit moralischer Empörung zu reagieren. „Recht mühelos gelingt das moralische Unsichtbarmachen im Falle schwerer Verletzungen moralischer Normen, die durch abstrakte Strukturen verursacht sind", so Mausfeld.

Bei konkreten Vorfällen wie Folter und Massenmorden in Usbekistan, „einer der schlimmsten Diktaturen der Welt", gelinge das Unsichtbarmachen durch „Fragmentierung" und „Dekontextualisierung" entsprechender Informationen. Durch die Fragmentierung eigentlich zusammenhängender Fakten geht der Sinnzusammenhang verloren. Löst man Fakten aus ihrem Zusammenhang, dann erscheinen sie als isolierte Einzelfälle. Bei der Re-Kontextualisierung von Fakten werden diese in einen neuen, mit „positiven Begleitvorstellungen" versehenen Kontext eingebettet. Eine weitere beliebte Manipulationstechnik ist laut Mausfeld, Fakten als bloße „Meinungen" zu deklarieren. In der Haltung, mit Tatsachen so umzugehen, als handele es sich um bloße Meinungen, liege, wie Hannah Arendt bemerkte, einer der erschreckendsten Aspekte totalitärer Denksysteme. Auch hätten psychologische Experimente gezeigt, dass Testpersonen Aussagen, die im Experiment als falsch deklariert werden, selbst dann glauben, wenn sie oft wiederholt werden. Die ständige Wiederholung der immer gleichen Aussagen zählt daher zu den wichtigsten Techniken der Meinungsmanipulation.[229]

Zu den dominierenden, alltäglichen Manipulationstechniken gehört insbesondere auch, moralische Empörung auf Staaten und Politiker als Sündenböcke zu lenken. Obwohl permanent sehr weitreichende strategische Entscheidungen in Konzernzentralen und in den mit diesen verbundenen Strukturen getroffen werden, die mit den politischen Eliten ausgetauscht werden, gibt es über die Inhalte dieser Kontakte keine substanzielle Berichterstattung. Die Weltöffentlichkeit, die als Wähler und mit zahllosen Entscheidungsträgern auf den verschiedensten Ebenen Kriegsentscheidungen mittragen soll, erfährt praktisch nichts von den diskreten Kriegsvorbereitungen und -entscheidungen hinter den Kulissen. Es sind Staats- und Regierungschefs sowie politische Parteien, die täglich in Szene gesetzt werden, so als würden sie alle Entscheidungen selbst treffen. Selbst wenn politisch interessierte Menschen abstrakt gut informiert sind über die massive und zum Teil dominierende Einflussnahme auf die Politik, unterliegt ihr Verstand zwangsläufig dem Manipulationskontext einer täglichen Inszenierung von Politikern, die angeblich dies und jenes entschieden haben. Kampagnen richten sich dabei oftmals wochen-, wenn nicht monatelang in täglicher Dauer-Wiederholung gegen weltweit nur wenige ausgewählte Politiker, denen beständig Negatives angelastet wird. Sogar sehr kritische politische Beobachter unterliegen meistens irgendwann der Auffassung, dass es sich um „Schurken" handele, die gestoppt werden müssten. Für breite Zustimmung zu Kriegseinsätzen wird so eine der Grundlagen gelegt.

Das Perfide an dieser Meinungsmache ist: „Selbst wenn wir wissen, wie diese Manipulationstechniken funktionieren und welche Eigenschaften unseres Geistes sie sich zunutze machen, sind wir" laut Mausfeld „nicht gegen sie gefeit." Auch Wahrnehmungstäuschungen könne man schließlich nicht willentlich korrigieren. Man solle nicht annehmen, man könne als kritischer Zuschauer zwischen Wahrheit und Täuschung unterscheiden. Der Psychologe sieht als Schutz vor Manipulation nur das Bemühen, sich generell dem Manipulationssystem möglichst weitreichend zu entziehen: „Nur wenn wir erkennen, dass wir uns in einem Manipulationskontext befinden, und dann die Medien, über die die gewünschten Manipulationen vermittelt werden, aktiv vermeiden, haben wir in derartigen Situationen eine Chance, uns einen Rest von Autonomie zu bewahren." Der menschliche Verstand sei von Natur aus immerhin relativ gut darin, Manipulationskontexte zu erkennen „und somit aktiv vermeiden zu können". Wir müssten uns nur entschließen, diese Fähigkeit zu nutzen, so die nachdrückliche Empfehlung des Psychologen.[230]

Gutes tun zu wollen, ist nicht gut genug

Die so genannte Weltöffentlichkeit wird auf vielfältige Weise aufgefordert, moralisch Gutes zu tun, ohne immer abschätzen zu können, welche Zwecke mit politischen Kampagnen verfolgt werden.

Menschenrechts-Kampagnen können dazu missbraucht werden, einer Regierung ein negatives Image anzuheften. Die Unterstützung einer „Oppositionsbewegung" kann dazu dienen, einen Regierungschef wegzumobben, der den Konzernen im Weg steht. Bei Impfkampagnen können Geschäftsinteressen von Pharmakonzernen im Spiel sein, manche vermuten sogar Schlimmeres. Streiks können der Produktionsdrosselung dienen, um auf global übersättigten Märkten die Preise zu stabilisieren. Bei Hilfsprogrammen für Flüchtlinge kann es um die Internierung von Flüchtlingen und um die Versorgung von Kriegsparteien gehen. Entwicklungshilfe-Programme können in Wirklichkeit auf die Verhinderung einer wirtschaftlichen Entwicklung von Ländern abzielen. Als Entwicklungshilfe getarnt können Kriegswaffen in ein Land geschmuggelt werden. Fortbildungsprogramme können dazu dienen, das Ausmaß der Arbeitslosigkeit zu verschleiern. Nachhaltigkeits-Zertifikate können den Effekt haben, unliebsame Kleinanbieter aus dem Markt zu drängen. Kampagnen gegen „illegales Fischen" können den Zweck haben, die Binnenfischerei von Ländern zugunsten der global führenden Fangflotten zu zerstören. Aufforstungsprogramme können der Aneignung großer Landflächen dienen, die die einheimische Bevölkerung zum Überleben braucht. Bei Kampagnen zum Schutz gesellschaftlicher Gruppen kann es um die Beschädigung des Zusammenhalts der Gesellschaft und somit zur Zerstörung des sozialen Friedens gehen. Vieles, was anscheinend gut gemeint ist, kann gesellschaftliche und wirtschaftliche Strukturen von Regionen und Staaten weitreichend beschädigen und diese destabilisieren, bis zur Auslösung eines so genannten Bürgerkriegs.

Es ist nicht einfach, zwischen politisch sinnvollen Kampagnen und den vielfältigen Formen des politischen Betrugs zu unterscheiden. Auch führende Politiker großer Staaten haben immer wieder erst im Lauf ihrer Amtszeit oder danach verstanden, dass sie die Hintergründe bestimmter Entscheidungen, die ihnen in jungen Jahren nahegelegt worden sind, nicht wirklich verstanden hatten. Schließlich initiieren auch Unternehmen Kampagnen – selbst dann, wenn diese vermeintlich gegen sie selbst gerichtet sind.

Gutes tun zu wollen, ist in der Politik nicht gut genug. Ein gesundes Maß an Skepsis ist angezeigt. Man muss sehr genau hinschauen, vertieft analysieren und vor allem sollte eine Gesellschaft nie aufhören, immer wieder über die einzuschlagenden Wege nachzudenken. Je globaler eine Kampagne ist und je massiver sie als unausweichlich für die „Weltrettung" dargestellt wird, desto schwieriger ist vielfach die Folgenabschätzung. Ein Maßstab, an dem man sich teilweise orientieren kann, ist der Grundsatz der Nicht-Einmischung. Wenn schon im eigenen Land politische Entscheidungen vielfach als „zu komplex" erscheinen, dann sollte man anderen Ländern und Völkern nicht zu viele Vorschriften machen wollen. Transnationale Konzerne wünschen sich ein „globales Dorf", eine Welt, in der bis in den letzten Winkel des Regenwaldes hinein die Menschen globalen Regeln unterworfen und bei Bedarf vor fragwürdigen „Schiedsgerichten" verklagt werden. Es erscheint sinnvoll, solche Tendenzen nicht durch wohlmeinende Kampagnen unbeabsichtigt zu unterstützen. Vorschläge für globale Regelungen sollten grundsätzlich mit großer Zurückhaltung bewertet werden, denn in Zukunft könnte die tatsächliche oder auch nur behauptete Nicht-Beachtung solcher Regelungen mit Kriegen sanktioniert werden.

Nur das Original ist originell

Es ist üblich geworden, Berichte *über* Personen und Institutionen und deren Auffassungen zu lesen. Es fällt kaum auf, dass nur relativ selten Originaltexte gelesen werden.

Das ist bemerkenswert, lernt man doch schon in der Schule in erster Linie die intensive Befassung mit „Primärliteratur" und historischen

„Quellen". „Sekundärliteratur" dient lediglich als mögliche Unterstützung bei der Interpretation der Primärliteratur, ohne diese jemals ersetzen zu können. In der politischen Debatte wirft man diese grundlegenden Methoden vernünftiger Erkenntnisprozesse vollkommen über den Haufen. Es wird fast ausschließlich Sekundärliteratur konsumiert.

Man sollte sich in der Politik, gerade wenn es um existenzielle Fragen von Krieg und Frieden geht, auf die an Schulen und Hochschulen vermittelten methodischen Grundlagen besinnen: In erster Linie liest man Primärliteratur (aller relevanten Akteure!), für die man Sekundärliteratur hinzuzieht, wohl wissend, dass die Interpreten von Primärliteratur stets mit subjektivem Blick und nicht „ohne Interessen" ihre Sicht der Dinge zu vermitteln versuchen und das Denken der Leser zu lenken.

Ehrliche, integre Versuche der „Einordnung", des Verständlich-Machens durch Sekundärliteratur sind ohne Zweifel von hohem Wert. Jegliche Formen der willentlichen Fehlinterpretation, des bewussten Auslassens relevanter Begründungszusammenhänge („Fragmentierung") und der mutwilligen bis hin zu bösartigen Missdeutung und Falschdarstellung unterminieren hingegen die freiheitlich-demokratische Grundordnung.

EINEN UND STABILISIEREN SIE

Das uralte Herrschaftsprinzip „Teile und herrsche" wird in seiner Aktualität und Tragweite weithin verkannt. Man hat die Menschheit erfolgreich darauf konditioniert, Gesellschaften zu entzweien, zu spalten, sich abzugrenzen, abzuheben, politische, ideologische bzw. religiöse Gegner zu beschimpfen, zu verunglimpfen und abgrundtief zu verachten. Mit perfiden psychologischen Techniken werden weltweit beständig Gesellschaften entzweit, destabilisiert und in massive Konflikte getrieben. Im äußersten Fall ist das die Grundlage dafür, Menschen in Kriege zu führen. Der menschlichen Natur sind aber Abgrenzungen ebenso vertraut wie der Sinn dafür, Gemeinsamkeiten wahrzunehmen, zu pflegen und gesellschaftliche Systeme zu stabilisieren. Die eigene Gesellschaft zu einen, zu stabilisieren und politisch-ideologische Gräben zu überwinden, ist vermutlich die größte Herausforderung, die wir auf dem Weg zu mehr Frieden bewältigen müssen.

Ethnien, Ideologien, Religionen und Konfessionen – nützliche Brandbeschleuniger

Rassenhass, nationaler, ethnischer und religiöser Hass wird weltweit tagtäglich geschürt. Selbst Appelle an die Toleranz betonen das Unterschiedlich-sein anhand solcher Kategorien und können Spaltungsprozesse ihrerseits begünstigen. Kommt es zu Gewalthandlungen, dann werden diese oftmals als ethnische bzw. religiöse Konflikte charakterisiert. Kriege erscheinen auf diese Weise als von intoleranten Menschen verursacht und als praktisch unvermeidbar. Es stellt sich die Frage, ob Ethnien und Religionen tatsächlich Ursachen von Kriegen sind oder ob sie von den Eliten als Brandbeschleuniger benutzt werden.

Der Dreißigjährige Krieg, eine der größten Katastrophen Europas, gilt gemeinhin als Glaubenskrieg. Dieser Krieg begann allerdings mit einem zunächst begrenzten, nicht-religiösen Konflikt, der erst in zweiter Linie mit den konfessionellen Gegensätzen verknüpft wurde und die Grenzen Böhmens überschritt. Man werde der Komplexität der Kriegsgenese nicht gerecht, „wenn man den Dreißigjährigen Krieg ausschließlich als Konfessionskrieg begreift", so Münkler, und auch in den vorangegangenen „so genannten Religionskriegen" sei es keineswegs (nur) um religiöse Differenzen gegangen. Konfessionelle Bindungen und Werte hätten allerdings zur „Beschleunigung" des Krieges beigetragen und seine Beendigung erschwert.[231] Der Historiker Udo Sautter schreibt in vergleichbarer Weise über den Englisch-Spanischen Krieg (1585–1604), dieser sei nur „vordergründig religiös motiviert" gewesen, während der Kampf von politischen Aspekten geprägt gewesen sei.[232] So scheint es, dass konfessionelle Gegensätze auch im Englisch-Spanischen Krieg nur als „Brandbeschleuniger" dienten.

Münkler sieht ethnische und religiöse Gegensätze grundsätzlich nicht als die eigentlichen Ursachen für Kriege, sondern lediglich als Faktoren, die einen Konflikt verstärken: „Selbst wo das Zusammenleben in multikulturellen, multiethnischen Gemeinschaften über Jahrzehnte reibungslos funktioniert hat, wie etwa in Bosnien, werden ethnische und religiöse Trennlinien mit Ausbruch offener Gewaltanwendung zu Bruchstellen der Freund-Feind-Erklärung. Kurz, ethnische wie religiöse Gegensätze sind meist nicht die Ursachen eines Konflikts, sondern sie verstärken ihn nur." Lange Zeit hätten in der politischen Publizistik die ideologischen, ethnischen und religiösen Dimensionen der neuen Kriege erheblich größere Beachtung gefunden als deren ökonomische Grundlagen, kritisiert Münkler. Diese Dimensionen seien zwar nicht bedeutungslos, aber in der Regel würden sie „stark überzeichnet", was zur Folge habe, „dass der Blick auf die ökonomischen Handlungslogiken der Kriegsakteure verstellt bleibt."

Auch vermutet Münkler in vielem nur idealisierende, sozialromantische Geschichten, die man dem Volk erzählt: „Das Bedürfnis nach einer gewissen Romantisierung der Gewaltlandschaften scheint viel zu einer solchen Überzeichnung beigetragen zu haben: Solange man Guerilleros und Putschgenerälen, Milizen und Untergrundorganisationen politische Ideale unterstellen konnte, ließen sich die Kriege als Befreiungskriege begreifen". In diesen Kriegen seien von fast allen beteiligten Parteien „ideologische Fassaden" errichtet worden. Diese befriedigten – etwa mit einer „Selbstpositionierung der Kriegsparteien in die Konfliktlinien des Ost-West-Gegensatzes" – zugleich „das Bedürfnis nach Übersichtlichkeit und Klarheit". Mit dem Ende des Ost-West-Konflikts seien die alten ideologischen Orientierungsmuster dann eilends durch ethnische oder religiös-kulturelle Konfliktlinien ersetzt worden, „die aufs Neue Orientierung und Durchblick gewährleisten sollten." Diesen habe man so viel Aufmerksamkeit geschenkt, dass man darüber die „ökonomischen Dimensionen und Handlungsantriebe" übersehen habe. Dass die ethnischen und religiösen Erklärungen der neuen Kriege „so attraktiv sind, dürfte vor allem daran liegen, dass die Kriege damit, zumindest implizit, für irrational erklärt werden können", so Münkler.[233]

Die Neue Zürcher Zeitung skizziert in einem Bericht über „Die verhinderte Erdöl-Supermacht" Irak, wie ethnische und religiöse Streitigkeiten der Verhinderung ökonomischer Entwicklungen im Energiebereich und somit der Ressourcenkontrolle dienen: „Ohne eine Versöhnung zwischen den verschiedenen Ethnien und Konfessionen ist eine Diversifizierung der Exportwege aber kaum möglich. Wegen des Bürgerkriegs in Syrien kann die 2003 durch amerikanische Luftangriffe zerstörte Pipeline zur Mittelmeerküste nicht erneuert werden. Deshalb gibt es Pläne für den Bau einer Pipeline nach Jordanien in die Hafenstadt Akaba am Roten Meer. Die 1700 Kilometer lange Röhre würde allerdings durch die sunnitische Wüstenprovinz Anbar führen, von wo aus Al-Qaida-nahe Extremisten ihren Kampf gegen den schiitischen

Regierungschef Nuri al-Maliki führen. Zu den Zielen der Extremisten gehört auch die nördliche Pipeline von Kirkuk in die Türkei. Sie wurde in der Vergangenheit durch Anschläge immer wieder unterbrochen. Auch jetzt ist sie wegen konstanter Angriffe unbrauchbar."[234]

Die konfessionellen Differenzen zwischen Schiiten und Sunniten haben demnach in ökonomischer Hinsicht eine vergleichbare Wirkung wie die Luftangriffe, die 2003 eine Pipeline zerstörten. Werden religiöse bzw. konfessionelle Differenzen im Nahen Osten geschürt, weil sie ein hoch-effektives Instrument der Ressourcenkontrolle sind?

Auch der sozialrevolutionäre Kampf muss in Wirklichkeit nicht immer so sein, wie er dargestellt wird. Nach einer – hier nicht überprüften – Darstellung von Zischka soll beispielsweise in Nicaragua der Freiheitskämpfer Augusto César Sandino vom Großkapital selbst zum Revolutionär hochstilisiert worden sein, nachdem ein Landsmann Öl gefunden hatte: „Von diesem Prospektor, Felipe Miramontes, hörte man sehr bald nichts mehr, desto mehr dafür von Sandino, dessen großes Abenteuer damals begonnen hatte. Aus dem hatten nämlich Deterdings Propagandaleute [d.h. der Shell-Konzern, d. Verf.] rasch einen Nationalhelden gemacht, ein Symbol für ganz Südamerika, einen Vorkämpfer der Freiheit gegen das amerikanische Großkapital." Sandino wurde später ermordet und konnte so laut Zischka erst recht in ganz Südamerika als Märtyrer im Kampf gegen den fremden Imperialismus dargestellt werden.[235]

Die „politische Nutzung" ethnischer, ideologischer, religiöser bzw. konfessioneller Differenzen durch kriegstreibende Kräfte scheint für diese demnach eine Reihe von Funktionen zu erfüllen: Der Ressourcenkontrolle dienende, langandauernd-schwelende Konflikte werden ermöglicht, Gesellschaften werden gespalten und destabilisiert, Menschen gegeneinander aufgehetzt, Kriege werden eskaliert und die ökonomischen Motive verschleiert.

Die Mechanismen, Gesellschaften zu entzweien, sind dabei immer wieder dieselben: Der einen gesellschaftlichen Gruppe überlässt man alle staatlichen Ämter und sonstigen lukrativen Positionen in Wirtschaft und Gesellschaft, die andere hingegen wird von diesen Privilegien systematisch ferngehalten und diskriminiert. Es werden tatsächliche oder auch nur angeblich typische Wesensmerkmale beider Gruppen (Urteile, Vorurteile) permanent betont und „gepflegt". Die behauptete fundamentale Unterschiedlichkeit der gesellschaftlichen Gruppen wird beständig zum Thema gemacht. Positionen zu beliebigen Themen werden kausal mit den verfeindeten Gruppen in Verbindung gebracht, so dass praktisch jedes gesellschaftspolitische Thema die Spaltung der Gesellschaft verstärkt.

Selbst das Predigen von mehr Toleranz kann dazu dienen, die Spannungen zwischen den angeblich unversöhnlichen Gruppen beständig am Köcheln zu halten!

Vielfach werden zudem Minderheiten ermutigt, sich gegen die Regierung aufzulehnen. Kontinuierlich wird die Bevölkerung darauf konditioniert, die Trennlinien zwischen Ethnien, Ideologien bzw. Religionen und Konfessionen als Primärkategorien einer Spaltung der Gesellschaft in einen – subjektiv betrachtet – jeweils guten und einen bösen Teil wahrzunehmen.

Das ist nichts anderes als systematische Gehirnwäsche mit dem Ergebnis tief gespaltener Gesellschaften. Kommen Gewaltakte hinzu, die mal der einen, mal der anderen Gruppe zur Last gelegt werden, können Gesellschaften massiv destabilisiert und im Extremfall an einen Krieg herangeführt werden.

Zu unterschiedlichen Zeiten und in verschiedenen Gesellschaften werden mit solchen Methoden Protestanten gegen Katholiken ausgespielt, Christen gegen Muslime, Schiiten gegen Sunniten, Juden gegen Palästinenser, Schwarze gegen Weiße, Hutu gegen Tutsi, Flamen gegen Wallonen, Kurden gegen Türken, Konservative gegen Linke, Männer gegen Frauen, Jung gegen Alt, Beamte gegen Nicht-Beamte, Beschäftigte gegen Arbeitslose etc. Der Völkermord in Ruanda 1994 ist eines der grausamen Ergebnisse derartiger „von oben" kultivierter Spaltungsprozesse, der aktuelle Krieg in Syrien ein anderes.

9. Übung: Feindschaft überwinden

Ihre Gesellschaft wird immer stärker polarisiert. Politische Gewaltakte häufen sich. Sie sehen die Gefahr einer weiteren Destabilisierung bis hin zum Krieg. Sie zählen zu einem Teil der Gesellschaft, der mit dem anderen Teil immer mehr verfeindet ist. Sie empfinden immer mehr Hass gegenüber „den anderen". Eine Rückkehr zu mehr wechselseitiger Toleranz und zu einer weniger aufgeheizten Stimmung erscheint ausgeschlossen.

a) Woran liegt es, dass Deutsche und Franzosen Ihre Feindschaft weitgehend beenden konnten?

b) Warum erscheint es ungleich schwerer, den „anderen Teil" der eigenen Gesellschaft zu tolerieren und so zu nehmen, wie er ist?

c) Würden Sie Ihre Feindschaft gegenüber dem anderen Teil der Gesellschaft bis zum bitteren Ende beibehalten, selbst wenn das zu einem Krieg führen könnte, „schließlich sind die an allem schuld"?

Versöhnung vor statt nach dem Krieg

Regelmäßig erwartet die so genannte Weltgemeinschaft von Bevölkerungen und Bevölkerungsgruppen nach einem Krieg, sie sollten sich versöhnen. Man kennt diese Erwartung und hält sie für völlig normal, insbesondere wenn es um andere Länder geht: Sollen „die" sich doch endlich mal befrieden. Ein Versöhnungsprozess sei alternativlos, die wechselseitig erlebte Gewalt sei zwar schlimm, aber: Schwamm drüber. Was wäre, wenn sich Menschen nicht wenigstens nach einem Krieg versöhnen könnten?

Für ebenso normal wird empfunden, dass sich Bevölkerungen und Bevölkerungsgruppen im Vorfeld von Kriegen immer mehr und letztendlich abgrundtief hassen. „Das Böse" müsse bekämpft werden, lautet wie selbstverständlich die Botschaft im Vorfeld von Kriegen. Polarisierungen zwischen gesellschaftlichen Lagern können zusätzlich durch extremistische Äußerungen und Handlungen von Geheimdienst-

Mitarbeitern verstärkt werden. Extremistische Verlautbarungen von V-Leuten, die eine gesellschaftliche Gruppe unterwandert haben und für diese öffentlich in Erscheinung treten, können Prozesse der Abgrenzung und Spaltung rasant beschleunigen. Ein innergesellschaftlicher bzw. internationaler Konflikt kann in einer derart aufgeheizten Stimmung als Ventil dienen. Ist es erst einmal so weit, dann kann eine gewaltsame Auseinandersetzung, ein Krieg psychologisch für manche als das geringere, jedenfalls als ein notwendiges Übel erscheinen, um „das Böse zu stoppen". In einer derart zugespitzten Situation ist es für die am Krieg interessierten Kräfte ein Leichtes, einer Gesellschaft einen Krieg als angebliche „Druckentlastung" nahezulegen, nach dem Motto: „Die Luft muss raus." Erst nach dem Waffengang merkt man, worauf man in dieser hochgepeitschten Stimmung zuvor hereingefallen ist.

Von den nach Kriegen als selbstverständlich verlangten „Versöhnungsprozessen" ist in Vorkriegszeiten nur selten die Rede. Unmittelbar nach fast jedem barbarischen Gewaltakt aber soll die Bevölkerung urplötzlich in der Lage sein, „unüberwindbare" Gräben zu überwinden, obwohl gesellschaftliche oder sogar individuelle extreme Leiderfahrungen hinzugekommen sind. Diese Paradoxie völlig unterschiedlicher Erwartungen vor und nach einem Krieg, die aufgrund einer perfiden Ausübung ideologischer Macht nicht als Widerspruch empfunden wird, in einem ersten Schritt zu erkennen und in einem zweiten Schritt zu durchkreuzen, ist ein wesentlicher Schlüssel zum Frieden. Einmal durchschaut, ist es eigentlich banal: Die Versöhnung muss vor einem drohenden Krieg erfolgen mit dem Ziel, den Krieg von vornherein zu verhindern. Die Versöhnung muss mit solchem Nachdruck aktiv betrieben werden, dass zumindest die Zerstrittenheit der Bevölkerung nicht mehr als unterstützendes bzw. legitimierendes Mittel zur Einleitung eines Krieges herangezogen werden kann.

Es könnte generell erwogen werden, in tief gespaltenen Gesellschaften unabhängig von einer akuten Kriegsgefahr „innergesellschaftliche Friedensverhandlungen", Verständigungs- und Versöhnungsprozesse durchzuführen. Es wäre ein grundsätzlich angelegter präventiver Ansatz mit dem Ziel einer Sicherung des inneren Friedens und der Stabili-

sierung auf lange Sicht. Es wäre eine Maßnahme zur Steigerung der strukturellen Verteidigungsfähigkeit. Zur Bewahrung des Friedens in einem akut „gefährdeten" Land kämen letzte Rettungsversuche in Betracht.

Zunächst wäre es dabei wichtig zu untersuchen, auf welche Weise von innen und von außen die Spaltung und Destabilisierung betrieben wird. Eine gründliche Analyse der öffentlichen Kommunikation in allen Facetten in der betreffenden Gesellschaft zeigt, wie die Spaltungsprozesse „befeuert" werden. Damit lassen sich verhältnismäßig leicht und treffsicher die wichtigsten Ansatzpunkte identifizieren, um das Problem anzugehen. Ein erster Schritt, vor weiterer Destabilisierung zu schützen, ist eine Debatte über die Formen der öffentlichen Kommunikation, die zu den Spaltungsprozessen beitragen. Diese spalterische Kommunikation als zentrales Problem zu definieren, statt sich weiterhin auf die eine oder andere Seite einer geteilten Gesellschaft zu schlagen, ist ein potenziell machtvolles Mittel zur Stabilisierung einer Gesellschaft. Geraten die täglichen Maßnahmen des Entzweiens ins Kreuzfeuer der Kritik anstelle des innerstaatlichen – oder außerstaatlichen – „Feindes", dann versagen die Destabilisierungsversuche. Die Initiative für die Umsetzung einer solchen Strategie, das System des Teilens und Herrschens zu durchbrechen, könnte von geeigneten politischen Leitfiguren oder auch von Basisgruppen der Friedensbewegung ausgehen.

10. Übung: Spaltungen überwinden

Notieren Sie einige gesellschaftspolitische Themen, bei denen Sie die Auffassung einer anderen gesellschaftlichen Gruppe abgrundtief ablehnen.

a) Bei welchen Themen lösen die Ansichten „der anderen" bei Ihnen nur rationale Ablehnung aus und bei welchen Ansichten empfinden Sie darüber hinaus so etwas wie Abscheu, Hass, Verachtung, Feindschaft oder dergleichen?

b) Sind die Auffassungen, bei denen Sie Abscheu, Hass, Verachtung oder Feindschaft empfinden, Ihrer Ansicht nach von der Meinungsfreiheit gedeckt? Halten Sie es für möglich, dass extreme, polarisierende Äußerungen und Handlungen von interessierter Seite aus begünstigt bzw. provoziert werden, um die Spaltung der Gesellschaft voranzutreiben?

c) Über welche Informationsquellen beziehen Sie „das Wissen" über die Ansichten „der anderen" und deren Gründe? Erhalten Sie Ihre Informationen in einer Häufigkeit und in einer Weise, die emotionale Reaktionen wie Abscheu, Hass oder Feindschaft nahelegt? Wie denkt und handelt die breite Bevölkerung?

Kriegsbefürwortung durch „internationalistischen" Blickwinkel?

Eine internationalistische Orientierung, ein Interesse an „größeren Zusammenhängen" dient erwartungsgemäß der Völkerverständigung und der Ablehnung von Kriegen. „Internationalisten" scheinen andererseits vergleichsweise leicht verführbar zu sein, wenn Kriegseinsätze mit humanitären Gründen legitimiert werden. „Während Isolationisten eine starke Involvierung prinzipiell ablehnen, befürworten Internationalisten eine aktive Herangehensweise an internationale Probleme", heißt es in einer Studie der Universität Bamberg. „Personen, die eine aktive deutsche Außen- und Sicherheitspolitik präferieren" können der Untersuchung zufolge „stärker als ihre isolationistischeren Mitbürger durch den Verweis auf die humanitären Ziele" zu einer Unterstützung eines möglichen Militäreinsatzes bewogen werden.[236]

Das zeigt, wie schmal der Grat zwischen positivem Bemühen um Völkerverständigung und Verführbarkeit zum Krieg sein kann. In vergleichbarer Weise kann eine egoistischere Sicht auf den Vorteil der eigenen Gesellschaft entweder Kriege zum eigenen Vorteil begünstigen oder andererseits Kriegs-Befürwortung ausschließen, wenn die (begründete) Auffassung vorherrscht, dass es in Kriegen nur Verlierer gibt. Keine Seite, weder die „Internationalisten" noch die „Egoisten" können folglich die Moral für sich alleine beanspruchen. Dies wechselseitig anzuerkennen, könnte eine Grundlage für mehr Toleranz und vielleicht sogar für sinnvolle politische Verständigungsprozesse sein.

Eine Friedensbewegung in den Apparaten?

Unter der Friedensbewegung stellt man sich in erster Linie Demonstrationen, Mahnwachen, Appelle und dergleichen, also öffentlich sichtbare Ereignisse vor. In Wirklichkeit umfasst die Friedensbewegung weit mehr: Zu ihr gehören auch all die Menschen in den Regierungsapparaten, Parlamenten, Kommunen, Streitkräften und Konzernen, die hinter den Kulissen teilweise sehr wirkungsvoll mit dafür sorgen, den Frieden zu bewahren.

Wie sonst wäre es zu erklären, dass sich Staaten immer wieder auch dann dem Krieg verweigern, wenn es weniger kraftvolle Demonstrationen gibt und wenn keine Wahl unmittelbar bevorsteht. Die Friedensbewegung ist ein globales informelles Bündnis zwischen Menschen, die sich großteils nicht kennen und auch nicht miteinander vernetzt sind; die allein der Wille eint, die kriegstreibenden Kräfte so weit wie möglich in Schach zu halten. Die „Vernetzung“ besteht allein darin, zu wissen, dass es weltweit Milliarden sind, die das Zeitalter der Kriege am liebsten hinter sich lassen würden, die unter einer zivilisierten Welt positive Entwicklung statt Gewalt und Zerstörung verstehen.

Für die aktiven Menschen auf der Straße kann es von Bedeutung sein zu wissen, dass sie auch mit kleineren Demonstrationen dem Willen von Milliarden eine öffentlich wahrnehmbare Stimme verleihen.

Den kriegstreibenden Kräften ist sehr wohl bewusst, dass ein Großteil der Menschheit das Geschäft mit dem Tod rundweg ablehnt. Sie wissen, welche „Friedensmacht“ ihnen in den Regierungsbürokratien und Parlamenten und selbst unter den Mitarbeitern von Konzernen und Streitkräften gegenübersteht. Der kanadische Ökonom Michel Chossudovsky spricht in diesem Zusammenhang von einer „bürokratischen Blockade“.[237]

Es ist von großer Bedeutung zu wissen, dass es Widerstände in den Apparaten gibt. Mit diesem Bewusstsein könnte öffentliche Kritik differenzierter erfolgen, um insbesondere die um Frieden bemühten Kräfte in der Regierungsbürokratie, in den Parlamenten und in den Streitkräften zu unterstützen. Besonders schwierig könnte die Situation künftig unter anderem in Deutschland werden, weil wie dargestellt massive „internationale Erwartungen“ an dieses Land bestehen, eine „führende“ Außenpolitik zu betreiben, die Rüstungsausgaben deutlich zu erhöhen und sich verstärkt an Kriegseinsätzen zu beteiligen (vgl. S. 123).

Es wäre vor diesem Hintergrund zu überlegen, ob Kritik an „kriegstreibenden Kräften in Deutschland und an internationalen Erwartungen an Deutschland“ zielführender sein könnte als Kritik an der deutschen Regierung. Auch könnte darüber nachgedacht werden, ob es beispielsweise nicht sinnvoll und wichtig gewesen wäre, den Staaten ausdrücklich zu danken, die sich 2003 nicht am Irakkrieg und 2011 nicht an der Bombardierung Libyens beteiligt haben.

MACHEN SIE FRIEDENSPOLITIK

Die politischen Möglichkeiten für die Bewahrung des Friedens beruhen auf einer öffentlichen Kommunikation zur Delegitimierung von Kriegen, auf politischen Strukturentscheidungen zur Beseitigung undemokratischer Einflussnahmen, auf der Respektierung staatlicher Souveränität in Fragen der Energie- und Wirtschaftspolitik sowie auf Regelungen des internationalen Rechts.

Der Wunsch nach dauerhaftem Frieden könnte Realität werden, wenn in der Konfliktanalyse anderes als nur widerstreitende Staaten gesehen, die tatsächlichen Geschehnisse in Kriegen sichtbar gemacht und aus einer grundlegenden Debatte über „internationale Erwartungen" an Staaten die notwendigen Konsequenzen gezogen werden. Politiker, Kommunen und die Friedensbewegung haben vielfältige Möglichkeiten, eine „Schutzverantwortung" für bedrohte oder im Krieg befindliche Länder zu übernehmen.

Ist dauerhafter Frieden möglich?

„Nie wieder Krieg!", hieß die Parole nach dem Ersten Weltkrieg. Es ist die zentrale Aussage der deutschen Friedensbewegung. Viele Jahrzehnte des Friedens in Europa nach dem Zweiten Weltkrieg ließen auf diesem Kontinent die Hoffnung keimen, dauerhafter Frieden sei realisierbar. Global betrachtet lebt die Menschheit kontinuierlich in einer barbarischen Welt des Wechsels zwischen Krieg und Frieden, wobei Frieden meist nur die Phase zwischen Kriegen, aber kein dauerhafter oder gar ewiger Zustand ist. Ist also das Ziel einer Welt, in der es dauerhaften Frieden gibt – und Kriege die Ausnahme bleiben –, einfach nur naiv?

Vermutlich gehen aber auch all die pessimistischen Erklärungsversuche, die Kriege als quasi naturgegeben darstellen, am tatsächlichen Charakter von Kriegen vorbei. Beweisen die vielen Nachbarschaftsstreitigkeiten, wie viele meinen, tatsächlich, dass es Kriege zwangsläufig geben muss? Versteht man Außenpolitik und Kriegsentscheidungen als Konsequenz von beleidigten, provozierten oder „bösen" Staatspräsidenten, dann erscheint das logisch. In Wirklichkeit basieren derart weitreichende Entscheidungen aber natürlich nicht auf Befindlichkeiten von Spitzenpolitikern!

Beweisen verfeindete Völker, verfeindete Ethnien und verfeindete Religionen, dass Menschen alles Fremde mit Krieg beantworten oder vielmehr, dass Menschen mit ideologischer Macht in „Schubladen" gesteckt werden, um Kriege herbeiführen zu können? – Beweisen all die kleinen Kriegsprofiteure in den Kriegsgebieten, dass sie die Entscheidungen über Krieg und Frieden treffen? Oder handelt es sich bei den angeblichen Kriegsgewinnlern vielfach um ehemalige Bauern und Händler, die ihr wirtschaftliches Agieren unter den Bedingungen einer Kriegswirtschaft zwangsläufig auf die Kriegsökonomie umstellen müssen, wenn sie und ihre Familien unter diesen Bedingungen überleben wollen?

Beweisen politisch beschlossene Kriegseinsätze, dass die Politiker der betreffenden Länder diese Kriege tatsächlich herbeiführen wollten, oder kommen solche Entscheidungen vielfach unter Bedingungen der Lügen, der Korruption und der politischen Erpressung zustande? Entscheidungen über Krieg und Frieden werden ohne Zweifel „weit oben" getroffen, der Rest der Welt, „wir Menschen und Politiker", werden mit ideologischer Macht gehirnwäsche-artig und mit Mitteln der Nötigung und Erpressung zur aktiven oder mindestens passiven Mitwirkung gebracht.

Die katastrophalen humanitären und wirtschaftlichen Folgen von Kriegen sind derart massiv und generationsübergreifend ins kollektive

Gedächtnis der Menschheit gebrannt, dass in gut organisierten kollektiven Systemen der „Checks and Balances“ Entscheidungen für den Beginn oder die Beteiligung an Kriegen eigentlich extrem unwahrscheinlich wären. Alle wissen, dass es unter den Bedingungen und Folgen von Kriegen praktisch nur Verlierer gibt und nur extrem wenige wirklich gewinnen. Man muss also vernünftigerweise unterstellen, dass es nur die großen, einflussreichen Kriegsprofiteure und die globalen Eliten sein können, die Staaten und Politiker dazu bringen, Kriege formal zu beschließen und durchzuführen.

Das Schlimme ist: Selbst wenn Politiker und Staaten versuchen, alles irgendwie „richtig“ zu machen, sich irgendwie „durchzumogeln“ mit einer Mischung aus militärischem Mitmachen und Verweigerung, wird beispielsweise der deutschen Politik unmissverständlich erklärt, allein wegen der Größe des Landes und seiner Wirtschaftskraft bleibe keine Wahl, kein Spielraum für eine demokratische Entscheidung, sich der „führenden“ Beteiligung am globalen Krieg zu verweigern. Die schiere Größe Deutschlands verpflichte zum Krieg (vgl. S. 123).

Es sind offenkundig die – hoch-offiziell kryptisch formulierten – „internationalen Erwartungen“, die das globale System ständiger Kriege erzwingen, die von mehr oder weniger langen Friedensphasen unterbrochen werden, oder, wie im Nahen Osten, durch dauerhaft schwelende Konflikte charakterisiert sind. Wer dauerhaften Frieden anstrebt, muss sich daher mit den Hintergründen auseinandersetzen, die in der Sprache der Diplomatie als „internationale Erwartungen“ bezeichnet werden. Wer dauerhaften Frieden anstrebt, muss also neue Strukturen etablieren, die diesen extrem destruktiven internationalen Erwartungen den Boden entziehen. Es müssen offenkundig weitaus bessere Strukturen der „Checks and Balances“ entwickelt werden.

Die erste Voraussetzung für einen dauerhaften Frieden ist daher, das System der „internationalen Erwartungen“ zum Hauptgegenstand der friedenspolitischen Debatte zu machen und diesem System strukturell den Boden zu entziehen. Wenn das gelänge, gäbe es vermutlich eine Grundlage für lang andauernden Frieden.

Die „internationalen Erwartungen“ bestehen unter anderem darin, das globale System eines von multinationalen Großkonzernen beherrschten Energie-Fernhandels aufrechtzuerhalten. Dieses Energie-Fernhandelssystem ist eines der Kernprobleme, weil es demokratisch nicht kontrollierbare Konzerne alimentiert, die erheblichen Einfluss auf staatliche Entscheidungen ausüben können und weil zur Ressourcenkontrolle kontinuierlich militärische Gewalt bis hin zum Krieg eingesetzt wird (vgl. S. 39).

Möchte man in ein Zeitalter des dauerhaften Friedens übergehen, dann bedarf es einer Politik, die dieses Energie-Fernhandelssystem in Konzernhand auflöst. Eine solche Politik müsste auf dem Grundkonsens basieren, dass es die souveräne Entscheidung aller Staaten, Regionen, Kommunen, Betriebe und privaten Haushalte ist, wie sie sich mit Energie versorgen möchten. Der Zwang zur Unterwerfung unter das globale Versorgungssystem der Konzerne müsste entfallen.

Dem EU-Recht ist zu entnehmen, wie wichtig es den europäischen Staaten ganz in diesem Sinne war und bis heute ist, „die Bedingungen für die Nutzung seiner Energieressourcen, seine Wahl zwischen verschiedenen Energiequellen und die allgemeine Struktur seiner Energieversorgung“ selbst bestimmen zu können (Art. 194 AEU-Vertrag).

Welche Bedeutung diese Bestimmung zumindest theoretisch hat, demonstrieren eindrucksvoll die Geschehnisse in einem europäischen Nicht-EU-Land: Die Ukraine hatte wie bereits dargestellt vor Jahren die überteuerten Erdgasimporte von Gazprom drastisch reduziert und griff immer mehr auf eigene Erdgas-Ressourcen zurück. Es kam zum Regime-Change, zur Krim-Krise und zum Ostukraine-Krieg. Die angestrebte Strategie der Energie-Autonomie war damit zunichte gemacht. Ganz offensichtlich wurde also nicht akzeptiert, dass dieses Land über die „Nutzung seiner Energieressourcen“ selbst entscheiden wollte. Der Staat wurde mit militärischer Gewalt daran gehindert, die von ihm beschlossene Energiepolitik verwirklichen zu können (vgl. S. 50).

Dieser Fall macht deutlich, worum es geht: Es müsste auf internationaler Ebene ein Konsens angestrebt werden, wonach – nicht zuletzt auch im Geiste des EU-Rechts – Staaten nicht länger militärische Gewalt angedroht wird, wenn sie ihre eigenen energiepolitischen Entscheidungen treffen, wenn sie sich beispielsweise überwiegend selbst mit Energie versorgen wollen, statt überteuerte Energie von Großkonzernen zu beziehen. Es geht um die fundamentale Frage, ob die Menschheit weiterhin in einer Welt mit Großkonzernen und Krieg, oder ob sie in einer Welt mit souveränen Staaten und dauerhaftem Frieden leben möchte. Die Herausforderung besteht darin, dass die Konzerne und ihre Eigentümer einen solchen Weg hinnehmen müssten, der ihre Macht begrenzen und perspektivisch beenden würde. Es müssten friedliche Wege des Übergangs gefunden werden, die auf Einsicht und Vernunft beruhen. Eine öffentliche Debatte über die Notwendigkeit, die undemokratische Macht von Konzernen und Eliten zu beenden, könnte ein erster Schritt in diese Richtung sein.

Als weiterer Schritt käme die allmähliche „Konversion der Energiekonzerne“ in Frage: die Entflechtung in einzelne Unternehmensteile, die in landeseigene und kommunale Energie-Unternehmen oder beispielsweise auch in Energiegenossenschaften überführt werden. Diese Unternehmen könnten verstärkt erneuerbare Energien nutzen und auf eigene Energie-Ressourcen zurückgreifen – nur der verbleibende Bedarf müsste importiert werden. Eine kommunale und regionale Energiewirtschaft ist nicht zuletzt auch ein Stützpfeiler für stabile kommunale und regionale Ökonomien. Von starken Energieunternehmen vor Ort profitieren Regionen und Kommunen, während aus den transnationalen Großkonzernen nur wenige Superreiche ihren Vorteil ziehen. Solide wirtschaftliche Verhältnisse wiederum tragen zum inneren und äußeren Frieden bei. Das potenzielle Ergebnis einer solchen Entwicklung wäre eine Welt, in der der Energie-Ferntransport eine geringere Rolle spielen würde als heute. Der verbleibende Energie-Fernhandel könnte zu transparenten Konditionen über staatliche Unternehmen abgewickelt werden. Eine internationale Ressourcenkontrolle durch militärische Überwachungsmaßnahmen und Krieg wäre obsolet, wenn es den Staaten gelänge, sich für den verbleibenden Energiefernhandel auf ein faires Quotensystem zu einigen, so dass alle Anbieter angemessen profitieren. Ein solcher Weg nach dem Motto „Local Power for Peace“ würde eine der zentralen Ursachen für den Einsatz militärischer Gewalt beseitigen.

Man kann die hier entwickelte Vorstellung als naiv kritisieren. Warum sollten die Konzerneliten es zulassen, dass ihr Geschäftsmodell zerstört wird, ihre Unternehmen zerschlagen und in öffentliches Eigentum überführt, sie faktisch entmachtet und enteignet werden? Der Einwand ist berechtigt. Es ist selbstverständlich mit gewaltigen Widerständen zu rechnen. Allerdings wäre es vorläufig ausreichend, über die aufgezeigte Perspektive und die Gründe dafür zu diskutieren. Es bedarf einer langfristig angelegten öffentlichen Kommunikation darüber, dass der Weg in ein Zeitalter dauerhaften Friedens bestimmte Voraussetzungen hat. Sobald ein Teil der Menschheit und der Entscheidungsträger weltweit davon überzeugt wäre, dass die barbarische Zeit permanenter Kriege beendet werden kann, wenn entsprechende Voraussetzungen erfüllt werden, dann könnten Wege eröffnet und beschritten werden, um diese Voraussetzungen zu schaffen.

Schutzverantwortung für bedrohte Länder

Neben dieser langfristigen Perspektive stellt sich kurzfristig die Frage, ob Ländern geholfen werden kann, die von Krieg bedroht sind oder sich bereits im Krieg befinden. Die übliche politische Befassung mit aktuellen Konflikten bzw. Kriegen kreist primär um die Frage, wer gut und wer böse ist. Das ist mit der Hoffnung verbunden, die Fortsetzung des Krieges beenden oder künftige Kriege verhindern zu können, wenn man den Schuldigen öffentlich an den Pranger stellt. In der Praxis führt dieser Ansatz allerdings dazu, dass darüber gestritten wird, wer an dem Konflikt die Schuld trägt, wobei lediglich Staaten bzw. Staatschefs als potenziell Schuldige diskutiert werden. Das Bemühen, die Kriegstreiber öffentlich bloßzustellen, versagt, der Streit um die richtige Sichtweise prägt die öffentliche Debatte. Den vom Krieg betroffenen Ländern ist in der Regel so nicht wirklich geholfen. Ein anderer Ansatz wäre, auf systematische Weise öffentlich zu machen, *was* in dem aktuellen Krieg geschieht, somit die verbreiteten Lügen über die Kriegsziele zu demaskieren und den Krieg zu delegitimieren.

11. Übung: Kriegstagebuch

Es ist wichtig, relevante Dinge festzuhalten, die in Kriegen geschehen. Solche Dokumentationen sind eine Grundlage für gründliche Analysen, um künftige Kriege unwahrscheinlicher zu machen. In einem solchen Kriegstagebuch sollte der Fokus allerdings nicht darauf gerichtet werden, wer etwas gemacht hat, sondern darauf, was geschehen ist. Es ist wichtig, sich zu Beginn Listen anzufertigen, welchen Aspekten in einem Kriegstagebuch besondere Beachtung geschenkt werden sollte. Ein solches Tagebuch kann auf Papier oder auch elektronisch angefertigt werden.

a) Welche Arten von Energieanlagen fallen Ihnen ein, die das Ziel von Angriffen sein können, und die Sie in Ihrem Kriegstagebuch erfassen würden?

b) Was gehört zur zivilen Infrastruktur? Welche Einrichtungen dieser Art wurden in anderen Kriegen bereits gezielt angegriffen?

c) Wie würden Sie es angehen, in einem Kriegstagebuch die Zerstörung von Dörfern, Stadtteilen und Städten so zu dokumentieren, dass man jederzeit das Fortschreiten des Zerstörungswerks öffentlich machen und anprangern könnte?

Droht ein Krieg, dann geht es um die mögliche Fortsetzung der Politik mit anderen Mitteln. Es ist daher sinnvoll, unter anderem die aktuellen energiepolitischen Streitpunkte zu ermitteln. Welches sind die „internationalen Erwartungen“ an das betreffende Land? An welchen Punkten verhält sich das Land nicht so, wie möglicherweise Konzerne es erwarten? Wurde die Ölproduktion „unzulässig“ gesteigert? Treibt das Land die Exploration nach Öl oder Gas kräftig voran? Möchte das Land eine Pipeline für den Export von Energie bauen? Möchte sich das Land weitgehend selbst mit Energie versorgen? In manchen Fällen würde schon die Beantwortung dieser Fragen genügen, um ein Primärziel des angedrohten Krieges zu identifizieren. Eine öffentliche Debatte darüber, ob es legitim ist, ein Land mit Krieg zu bedrohen, weil es den internationalen energiewirtschaftlichen „Erwartungen“ nicht entspricht, könnte die Chancen erhöhen, dass ein bedrohtes Land dann doch nicht militärisch angegriffen werden kann, weil der Kriegseinsatz erfolgreich delegitimiert wurde.

Wenn ein Krieg bereits begonnen hat, geht es darum, dessen schnellstmögliche Beendigung zu begünstigen und die Legitimation künftiger Kriege „moralisch zu erschweren“. Es ist daher sinnvoll, zu ermitteln, was in dem Krieg geschieht. Es wäre wichtig, systematisch öffentlich zu dokumentieren, wie Teile der Energieinfrastruktur zerstört werden (Ölquellen, Raffinerien, Kraftwerke, Pipelines, Kohlebergwerke etc.) und welche Schäden an der sonstigen zivilen Infrastruktur angerichtet werden (Industrieanlagen, Verkehrswege, Wasserversorgung, Krankenhäuser etc.). Darüber hinaus wäre es wichtig, die Bombardierung von Wohngebieten zu dokumentieren. Die beliebte Begründung für die Bombardierung von Zivilisten, in den Wohngebieten hätten sich die feindlichen Kämpfer verschanzt und würden die Bevölkerung als lebendige Schutzschilde missbrauchen, wäre als mutmaßliche Kriegslüge zu entlarven. Eine öffentliche Debatte darüber, dass in dem Krieg wie so oft vielleicht weniger der militärische Gegner als vielmehr die Energieinfrastruktur und sonstige zivile Infrastruktur zerstört und Zivilisten getötet werden, könnte den Krieg in der Weltöffentlichkeit delegitimieren. Das hätte zur Folge, dass er zügig beendet werden muss und künftige Kriege unwahrscheinlicher werden.

Wichtig wäre insbesondere, in dem mit Krieg drangsalierten Land gerade auch diejenigen Städte und Regionen zum Thema zu machen, die noch nicht unmittelbar vom Krieg betroffen sind. Von besonderem Interesse sind bedeutende Einrichtungen der Energieinfrastruktur, wichtige Industrieanlagen, Versorgungseinrichtungen etc., die noch nicht bombardiert wurden. Eine öffentliche Diskussion darüber, ob Raffinerie XY und Stahlwerk Z ebenfalls zerstört werden sollen, könnte die Agenda des Krieges in einer Weise bloßstellen, dass eine tatsächliche Zerstörung dieser Einrichtungen in Frage gestellt wird. Die internationale Friedensbewegung könnte symbolische Patenschaften für noch nicht bombardierte Raffinerien übernehmen, symbolische Arbeitsniederlegungen für noch nicht zerstörte Industrieanlagen durchführen und Benefizkonzerte für noch nicht dem Erdboden gleich gemachte Großstädte organisieren. Überall auf der Welt könnten Kommunen darüber nachdenken, in einem solchen Fall unmittelbar bedrohten Städten im Kriegsgebiet – zumindest symbolisch – Städtepartnerschaften anzubieten, als Zeichen des öffentlichen Protests gegen die auf Städte und Gemeinden zielende globale Kriegsmaschinerie. Mit wöchentlichen Mahnwachen könnte die Friedensbewegung zudem der unbekannten Soldaten, Kämpfer, Kindersoldaten und Selbstmordattentäter gedenken, die an diesem und in den nächsten Tagen Befehle erhalten, erneut Zivilisten zu töten und zivile Infrastruktur zu zerstören. Auf diese Weise könnte für die unmittelbar bedrohten nächsten Kriegsziele Öffentlichkeit geschaffen werden, noch bevor das weitere Zerstörungswerk angerichtet ist.

Es ist also vorstellbar, vielfältige Methoden zu entwickeln und damit zu testen, ob Ländern, die von Krieg bedroht sind oder sich im Krieg befinden, auf diese Weise geholfen werden kann. Wesentliches Mittel ist die nüchterne Analyse dessen, was in Kriegen geschieht, und die Demaskierung der tatsächlichen Kriegsziele mit der Folge einer grundlegenden Delegitimierung des betreffenden Krieges. Es erscheint geboten, solche Wege zu erproben und weiterzuentwickeln, um der „Schutzverantwortung" gegenüber den betroffenen Ländern gerecht zu werden.

12. Übung: Schutzverantwortung

Ein Land versinkt im Krieg und niemand scheint zu wissen, wie geholfen werden kann. Die Lage erscheint komplex, Sie wissen nicht, wer gegen wen kämpft und wie es sein kann, dass eine Stadt nach der anderen in Ruinen liegt. Sie verstehen nicht, warum die „internationale Staatengemeinschaft" nicht dazu in der Lage ist, dieses Geschehen zu beenden. Sie fühlen sich machtlos.

a) Mit welchen Fragestellungen könnte systematisch ermittelt werden, was in diesem Krieg geschieht?

b) Wen könnten Sie ansprechen, um Unterstützung bei einer seriösen Analyse des Krieges zu bekommen?

c) Welche Ideen haben Sie für öffentlichkeits-wirksame Aktionsformen, um die noch nicht bombardierten Städte am Rande des Kriegsgebietes und die noch nicht zerstörte zivile Infrastruktur in den Fokus der öffentlichen Wahrnehmung zu rücken?

Völkerrechtlicher Vertrag zur Bewahrung des Friedens

Unter der Bezeichnung „Weiterentwicklung des Völkerrechts" wird seit langem versucht, Kriege als „humanitäre Interventionen" zu legitimieren. Eine Weiterentwicklung des Völkerrechts ist aber auch in ganz anderer Weise vorstellbar. So könnte man über einen „Völkerrechtlichen Vertrag zur Bewahrung des Friedens" nachdenken, welcher die Chance birgt, die Wahrscheinlichkeit von Kriegen strukturell zu vermindern. Im Anhang findet sich ein erster Versuch für mögliche Grundzüge eines solchen Vertrags (S. 207). Es wäre erforderlich, dass sich Völkerrechtler, Politikwissenschaftler, Wirtschaftswissenschaftler, Beamte, Politiker und andere Fachleute mit der Frage befassen, wie ein solcher Vertrag gestaltet werden könnte. Ferner ist dieser Versuch als Denkanstoß für eine Diskussion in der Bevölkerung gedacht.

Es geht um die Überlegung einer friedens-orientierten Weiterentwicklung des Völkerrechts, bei dem auf kollektive Sanktionen wirtschaftlicher und militärischer Art verzichtet wird, unter denen ungezählte unschuldige Menschen, nicht aber die tatsächlich Verantwortlichen leiden. Es geht um die Entwicklung einer internationalen Friedensarchitektur, die bei schlanker Organisation im Wesentlichen aus staatlichen Selbstverpflichtungen besteht und eventuelle Lücken im Völkerrecht schließt.

Mit dem Briand-Kellogg-Pakt vom 27. August 1928 wurde der „aus nationalen Interessen" geführte Angriffskrieg für völkerrechtswidrig erklärt. Was aber ist, wenn Staaten Kriege nicht aus nationalen Gründen, sondern zur Durchsetzung der „Interessen transnationaler nichtstaatlicher Akteure" (Konzerne etc.) führen? Was ist, wenn Staaten von nicht-staatlichen Akteuren genötigt werden, Kriege zu führen und dann – auf der Grundlage des Völkerrechts – dafür abgestraft werden?

Werden mit den „friedenserzwingenden Maßnahmen" gemäß Kapitel VII der Charta der Vereinten Nationen zum Teil Staaten und deren Bevölkerung für Geschehnisse mit vernichtenden Kriegen bestraft, an denen sie – bei realistischer Betrachtung – nicht das Geringste ändern konnten?

Anstelle der Bemühungen, den „gerechten Krieg" mit so genannten humanitären Interventionen zu reaktivieren, sollten alle Anstrengungen darauf gerichtet werden, ein umfassendes „Kriegs-Präventionsrecht" zu entwickeln, welches dem Krieg keinerlei Raum lässt.

Anmerkungen

[1] Katharina Garvert-Huijnen: Out-of-area-Einsätze unter Leitung der NATO. Juni 2008. Aktualisiert: Februar 2010. http://www.uni-muenster.de/NiederlandeNet/nl-wissen/politik/vertiefung/aussenpolitik/nato.html#eins.
[2] Zitiert nach: Clemens Ronnefeldt: Gelassenheit. Vom Umgang mit Angst und Krisen. Vortrag Ende Oktober 2003 bei der Internationalen Gesellschaft für Tiefenpsychologie in Lindau (Bodensee).
[3] Bundesakademie für Sicherheitspolitik: Unter neuen Vorzeichen: Deutschamerikanische Sicherheitsbeziehungen. Arbeitspapier Sicherheitspolitik 2/2015. Von Karl-Heinz Kamp. S. 2.
[4] SWP, GMF: Neue Macht, Neue Verantwortung – Elemente einer deutschen Außen- und Sicherheitspolitik für eine Welt im Umbruch. Ein Papier der Stiftung Wissenschaft und Politik (SWP) und des German Marshall Fund of the United States (GMF). 2013. S. 42.
[5] Matthias Mader, Harald Schoen: Alles eine Frage des Blickwinkels? Framing-Effekte und Bevölkerungsurteile über einen möglichen Bundeswehreinsatz in Libyen. Zeitschrift für Internationale Beziehungen. 20. Jg. (2013). Heft 1. S. 5.
[6] Matthias Mader, Harald Schoen: Alles eine Frage des Blickwinkels? Framing-Effekte und Bevölkerungsurteile über einen möglichen Bundeswehreinsatz in Libyen. Zeitschrift für Internationale Beziehungen. 20. Jg. (2013). Heft 1. S. 5.
[7] Matthias Mader, Harald Schoen: Alles eine Frage des Blickwinkels? Framing-Effekte und Bevölkerungsurteile über einen möglichen Bundeswehreinsatz in Libyen. Zeitschrift für Internationale Beziehungen. 20. Jg. (2013). Heft 1. S. 5f.
[8] Matthias Mader, Harald Schoen: Alles eine Frage des Blickwinkels? Framing-Effekte und Bevölkerungsurteile über einen möglichen Bundeswehreinsatz in Libyen. Zeitschrift für Internationale Beziehungen. 20. Jg. (2013). Heft 1. S. 7.
[9] Matthias Mader, Harald Schoen: Alles eine Frage des Blickwinkels? Framing-Effekte und Bevölkerungsurteile über einen möglichen Bundeswehreinsatz in Libyen. Zeitschrift für Internationale Beziehungen. 20. Jg. (2013). Heft 1. S. 8.
[10] Historisches Vorbild von Teilaspekten dieser „friedenspolitischen Übung" ist die humanitär begründete Herbeiführung des Krieges gegen Jugoslawien 1998/1999 und dessen Folgen.
[11] ICISS: The Reponsibility to Protect. Report of the International Commission on Intervention and State Sovereignty. December 2001. S. IV u. 85.
[12] Ulrich Beck: Über den postnationalen Krieg. In: Blätter für deutsche und internationale Politik. 8/99. S. 984f.

[13] Herfried Münkler: Die neuen Kriege. Rowohlt. 2002. S. 57.
[14] Vgl. Niklas Schörnig: Die "neue westliche Kriegsführung" wirft mehr Probleme auf als sie löst. In: Friedensgutachten 2014. Lit Verlag. Berlin. 2014. S. 224 ff. – Herfried Münkler: Die neuen Kriege. Rowohlt. 2002.
[15] David Butter: Syria's Economy. Picking up the Pieces. Chatham House – The Royal Institute of International Affairs. June 2015. S. 3.
[16] Frank-Walter Steinmeier: Rede bei der Veranstaltung: "150 Jahre BASF". 02. Juli 2015.
[17] Dennoch wird die außenpolitische Debatte in aller Regel so geführt, als gäbe es keine wirtschaftlichen Hintergründe, keine ökonomischen Interessen.
[18] SIPRI: Global arms industry. West still dominant despite decline; sales surge in rest of the world, says SIPRI. Presse Release. 14 December 2015.
[19] Helmith Carl Englebrecht, Frank Hanighen: Merchants of Death. A Study of the International Armament. 1934.
[20] Wikipedia: Nye Committee. https://de.wikipedia.org/wiki/Nye_Committee (19.06.2016).
[21] Udo Sautter: Geschichte der Vereinigten Staaten von Amerika. Kröner. Stuttgart. 1976. S. 401 u. 445.
[22] F. William Engdahl: Mit der Ölwaffe zur Weltmacht. Der Weg zur neuen Weltordnung. Böttiger-Verlag. 1992. S. 177 ff.
[23] Den Energiemärkten wird eine große „Nachfrageinelastizität" attestiert, was bedeutet, dass Preissenkungen zu vergleichsweise geringen Nachfragesteigerungen führen.
[24] David Rockefeller: Erinnerungen eines Weltbankiers. FinanzBuch Verlag. München. 2008. S. 16.
[25] Anton Mohr: The Oil War. New York. 1926. Harcourt Brace. S. 222 f. Zitiert nach: William Engdahl: Mit der Ölwaffe zur Weltmacht. Der Weg zur neuen Weltordnung. Böttiger-Verlag. 1992. S. 102.
[26] Anton Zischka: Ölkrieg. Wandlung der Weltmacht Öl. Goldmann Verlag. Leipzig. 1939. S. 119.
[27] Andreas Beyer: Theoretische und methodische Grundlagen zur Analyse von Energie und Energiesicherheitspolitik. Kieler Analysen zur Sicherheitspolitik Nr. 27. Institut für Sicherheitspolitik an der Universität zu Kiel (ISPK). Februar 2010. S. 12 f.
[28] Royal Dutch Shell, Anglo-Persian Oil (heute BP/British Petroleum) und Standard Oil of New Yersey (heute Exxon Mobil) handelten das Kartell aus. Dann folgten fünfzehn weitere Ölunternehmen, darunter Gulf, Socal, Texaco und Mobil.
[29] Anthony Sampson: Die Sieben Schwestern. Rowohlt. 1976. S. 83.
[30] J. Peter Gerling, Hilmar Rempel, Thomas Thielemann, Volker Thoste: Energie hat ihren Preis. Commodity Top News No. 22. Bundesanstalt für Geowissenschaften und Rohstoffe (BGR). Hannover. 2005. S. 2 f.
[31] Jürgen Doetsch: Rohölförderung kostet durchschnittlich 7,70 Dollar pro Barrel. 05/2009. Erich Doetsch Mineralölhandels KG. Andernach. http://www.ed-info.de/edplus/ArtikelAnsichtArc.php?newsId=159 (28.06.2015). – Da die Deutsche Bank eng mit den transnationalen Konzernen verflochten ist, muss man damit rechnen, dass sie die tatsächlichen Förderkosten nicht unbedingt öffentlich preisgibt. In Wirk-

lichkeit könnten die durchschnittlichen Rohöl-Förderkosten daher deutlich unterhalb der genannten 7,70 Dollar liegen.

[32] Jürgen Doetsch: Rohölförderung kostet durchschnittlich 7,70 Dollar pro Barrel. Erich Doetsch Mineralölhandels KG. 05/2009. http://www.ed-info.de/edplus/ArtikelAnsichtArc.php?newsId=159 (11.06.2016).

[33] Hilmar Rempel: Erdöl und Erdgas im Irak. Bundesanstalt für Geowissenschaften und Rohstoffe. Hannover. 04.02.2003. S. 4.

[34] Andreas Beyer: Theoretische und methodische Grundlagen zur Analyse von Energie und Energiesicherheitspolitik. Kieler Analysen zur Sicherheitspolitik Nr. 27. Institut für Sicherheitspolitik an der Universität zu Kiel (ISPK). Februar 2010. S. 37.

[35] Anton Zischka: Ölkrieg. Wandlung der Weltmacht Öl. Goldmann Verlag. Leipzig. 1939. S. 12 u. 59ff. – Hinweis: Zischka veröffentlichte sein Buch „Ölkrieg" 1939 in einem deutschen Verlag. Das Buch enthält daher diverse Aussagen und Darstellungen, die nicht der Auffassung des Autors des vorliegenden Buches entsprechen. Bei Wikipedia heißt es über Zischka, er sei „ein österreichischer Journalist und in der Weimarer Republik, im Dritten Reich wie auch der Bundesrepublik Deutschland einer der erfolgreichsten Sachbuchautoren" gewesen.

[36] Club of Rome: Die Grenzen des Wachstums. 1972. – Die Welt: Club of Rome. Nach dem Erdöl-Aus kommt die große Hungersnot. 13.05.12. http://www.welt.de/wirtschaft/article106301127/Nach-dem-Erdoel-Aus-kommt-die-grosse-Hungersnot.html (05.03.2016).

[37] Global 2000. Der Bericht an den Präsidenten. Zweitausendeins. 1980. S. 434 f.

[38] François Heisbourg: The Geostrategic Implications oft he Competition for Natural Resources. The Transatlantik Dimension. Transatlantic Academy Paper Series. 2012. S. 8.

[39] Anton Zischka: Ölkrieg. Wandlung der Weltmacht Öl. Goldmann Verlag. Leipzig. 1939. S. 109 u. 128.

[40] F. William Engdahl: Mit der Ölwaffe zur Weltmacht. Der Weg zur neuen Weltordnung. Böttiger-Verlag. 1992. S. 147.

[41] F. William Engdahl: Mit der Ölwaffe zur Weltmacht. Der Weg zur neuen Weltordnung. Böttiger-Verlag. 1992. S. 155.

[42] Anton Zischka: Ölkrieg. Wandlung der Weltmacht Öl. Goldmann Verlag. Leipzig. 1939. S. 11.

[43] EIA: Iraq. Country Analysis Brief. January 30, 2015. Figure 1. S. 4. – EIA: Iraq. Country Analysis Briefs. June 2015. Figure. S. 3.

[44] Wikipedia: Zweiter Golfkrieg. http://de.wikipedia.org/wiki/Zweiter_Golfkrieg (08.03.2015).

[45] EIA: Kuwait. International energy data and analysis. October 24, 2014. Figure. S. 7.

[46] Sohbet Karbuz: Military Oil Consumption in Afghanistan and Iraq.10.06.2006. http://www.karbuz.blogspot.de/2006/06/military-oil-consumption-in.html.

[47] Anton Zischka: Ölkrieg. Wandlung der Weltmacht Öl. Goldmann Verlag. Leipzig. 1939. S. 66 u. 196.

[48] Benjamin Augé: The African Hydrocarbons Boom. Its Impact on Atlantic Basin Energy and Energy Relations with the Non-Atlantic World. Chapter 3. The Future of

energy in the Atlantic Basin Working Paper Series. Center for Transatlantic Relations. Johns Hopkins University. Washington DC. October 2014. S 1.
[49] J. Peter Gerling, Hilmar Rempel, Thomas Thielemann, Volker Thoste: Energie hat ihren Preis. Commodity Top News No. 22. Bundesanstalt für Geowissenschaften und Rohstoffe (BGR). Hannover. 2005. S. 3.
[50] Badische Zeitung: Libyens Ölindustrie ruht. 4. Juni 2011.
[51] Lunapark 21: Entwicklung des Ölpreises. Durchschnittlicher monatlicher Preis der Sorte Light Sweet Crude (New York) in Dollar pro Barrel. Heft 3. Herbst 2008. S. 38f.
[52] Deutsche Rohstoffagentur (DERA) in der Bundesanstalt für Geowissenschaften und Rohstoffe (BGR): Der Einfluss des Wirtschaftswachstums aufstrebender Industrienationen auf die Märkte mineralischer Rohstoffe. Berlin. April 2012. S. 36 ff. u. S. 106 ff.
[53] EIA: Iraq. Country Analysis Brief. January 30, 2015. S. 7. – EIA: Iraq. Country Analysis Briefs. April 28, 2016.
[54] EIA: Iraq. Country Analysis Brief. 2002. Wiedergegeben nach: Hilmar Rempel: Erdöl und Erdgas im Irak. Bundesanstalt für Geowissenschaften und Rohstoffe. Hannover. 04.02.2003. S. 2. – EIA: Iraq. Country Analysis Briefs. June 2015. S. 5.
[55] Neue Zürcher Zeitung: Irak. Die verhinderte Erdöl-Supermacht. Von Christian Weisflog. 11.06.2014.
[56] Wikipedia: Gazprom. https://de.wikipedia.org/wiki/Gazprom (23.11.2014).
[57] Natalie Jaresko: Opening Remarks. Event "Transforming Ukraine's Economy". The Royal Institute of International Affairs (Chatham House). London. March 24, 2015. S. 5.
[58] Henrik Paulitz: Kriegstreiber Energiekonzerne? Energiewirtschaftliche Weichenstellungen im Ukraine-Krieg. Lunapark21. 30/2015. S. 58-61.
[59] NATO Defense College: Energy as a Tool of Hybrid Warfare. Research Paper. No. 113. April 2015. Rome. S. 2 f. – NATO BRIEF magazin: The energy dimensions of Russia's annexation of Crimea. Dr. Frank Umbach. 2015. http://www.nato.int/docu/review/2014/NATO-Energy-security-running-on-empty/Ukraine-energy-independence-gas-dependence-on-Russia/DE/index.htm (25.06.2016).
[60] Henrik Paulitz: Syrien - Die verhinderte Erdgas-Macht. Lunapark21. 32/2015. S. 10-13.
[61] Henrik Paulitz: Reichtum und Fluch der Energievorkommen - Griechenland und die Ressourcenkontrolle im östlichen Mittelmeer. Lunapark21. 31/2015. S. 8-11.
[62] Adriana Erthal Abdenur, Danilo Marcondes de Souza Neto: Brasiliens Maritime Strategie im Südatlantik. Die Verbindung von Sicherheit und Ressourcen. Konrad-Adenauer-Stiftung. Auslandsinformationen. 12/2013.
[63] German Marshall Fund of the United States: Gas Discoveries in the Eastern Mediterranean. Implications for Regional Maritime Security. By Sarah Vogler and Eric V. Thompson. Policy Brief. March 2015. S. 1.
[64] Wikipedia: Liste der maritimen Waffensysteme der Griechischen Marine. https://de.wikipedia.org/wiki/Liste_der_maritimen_Waffensysteme_der_Griechischen_Marine (04.06.2016). – Wikipedia: Liste von Kriegsschiffen und Luftfahrzeugen der türkischen Marine.

https://de.wikipedia.org/wiki/Liste_von_Kriegsschiffen_und_Luftfahrzeugen_der_t%C3%BCrkischen_Marine (04.06.2016).

[65] Jürgen Wagner: Die Geostrategie Europäischer Macht: "Grand Area". Ein imperiales Raumkonzept als Rezept fürs Desaster. Informationsstelle Militarisierung (IMI). Ausdruck. Oktober 5/2011.

[66] James Rogers: James: A New Geography of European Power?, Egmont Paper Nr. 42, Januar 2011, S. 23

[67] 3sat: Wirtschaftsmotor Krieg. Über das lukrative Geschäft mit Gewalt. T. Skalski. September 2012. http://www.3sat.de/page/?source=/scobel/164776/index.html (19.06.2016).

[68] Hans von Sponeck, Andreas Zumach: Irak. Chronik eines gewollten Krieges. Kiepenheuer & Witsch. 2003. S. 23f.

[69] Der Bundesministerium der Verteidigung: Verteidigungspolitische Richtlinien. Bonn, 26. November 1992. Nr. 8(8). – Bundesministerium der Verteidigung: Verteidigungspolitische Richtlinien. Berlin, den 27. Mai 2011. S. 3 f.

[70] Der Bundesministerium der Verteidigung: Verteidigungspolitische Richtlinien. Bonn, 26. November 1992. Nr. 8(8).

[71] Bundesministerium der Verteidigung: Verteidigungspolitische Richtlinien. Berlin, den 27. Mai 2011. S. 3f u. 5.

[72] Bundesministerium der Verteidigung: Weißbuch 2006 zur Sicherheitspolitik Deutschlands und zur Zukunft der Bundeswehr. S. 19. – Bundesministerium der Verteidigung: Weißbuch zur Sicherheitspolitik und zur Zukunft der Bundeswehr. 2016. S. 25.

[73] SWP/GMF: Neue Macht, Neue Verantwortung – Elemente einer deutschen Außen- und Sicherheitspolitik für eine Welt im Umbruch. Ein Papier der Stiftung Wissenschaft und Politik (SWP) und des German Marshall Fund of the United States (GMF). 2013. S. 13f. u. 17.

[74] Udo Sautter: Geschichte der Vereinigten Staaten von Amerika. Kröner. 1976. S. 24, 34ff u. 131.

[75] Werner Rügemer: Freihandel und Krieg. Lunapark21. 30/2015. S. 14.

[76] F. William Engdahl: Mit der Ölwaffe zur Weltmacht. Der Weg zur neuen Weltordnung. Böttiger-Verlag. 1992. S. 12 ff u. 24.

[77] Udo Sautter: Geschichte der Vereinigten Staaten von Amerika. Kröner. Stuttgart. 1976. S. 111.

[78] Anton Zischka: Ölkrieg. Wandlung der Weltmacht Öl. Goldmann Verlag. Leipzig. 1939. S. 82, 85 u. 141.

[79] Karin Leukefeld: Profitabler Krieg. Junge Welt. 13.07.2016.

[80] Peter Englund: Die Verwüstung Deutschlands. Eine Geschichte des Dreißigjährigen Krieges. Stuttgart 1998. S. 590. Zitiert nach Herfried Münkler: Die neuen Kriege. Rowohlt. 2002. S. 256. Fußnote 28.

[81] Herfried Münkler: Die neuen Kriege. Rowohlt. 2002. S. 209f.

[82] Andreas Nielen: Die Besetzung Belgiens und Frankreichs (1940–1944). http://www.ihtp.cnrs.fr/prefets/belgien_frank_nielen.html (03.07.2016). – Junge Welt: Vernichtungskrieg. 21.06.2016. – Herfried Münkler: Die neuen Kriege. Rowohlt. 2002.

S. 217. – Wikipedia: Luftkrieg im Zweiten Weltkrieg (03.07.2016). – Wikipedia: Luftangriffe auf Japan (03.07.2016).
[83] Wikipedia: Koreakrieg (03.07.2016).
[84] Vgl. Herfried Münkler: Die neuen Kriege. Rowohlt. 2002. S. 165.
[85] Wikipedia: Erster Golfkrieg. https://de.wikipedia.org/wiki/Erster_Golfkrieg (03.07.2016).
[86] Hans von Sponeck, Andreas Zumach: Irak. Chronik eines gewollten Krieges. Kiepenheuer & Witsch. 2003. S. 110. – F. William Engdahl: Mit der Ölwaffe zur Weltmacht. Der Weg zur neuen Weltordnung. Böttiger-Verlag. 1992. S. 341.
[87] Winfried Wolf: Bombengeschäfte. Zur politischen Ökonomie des Kosovo-Krieges. Konkret Literatur Verlag. Hamburg. 1999. S. 105 f. – Herfried Münkler: Die neuen Kriege. Rowohlt. 2002. S. 217. – Wikipedia: Kosovokrieg. https://de.wikipedia.org/wiki/Kosovokrieg (01.07.2016).
[88] Spiegel Online: Stillstand und Schattenökonomie. Wie der Krieg Syriens Wirtschaft zerstört. Von Ulrike Putz. 27.08.2013.
[89] Ukraine-Nachrichten: Die Industrie des Donbass. Kriegsschäden. 1. August 2014. https://ukraine-nachrichten.de/industrie-donbass-kriegssch%C3%A4den_4056 (03.07.2016).
[90] Herfried Münkler: Die neuen Kriege. Rowohlt. 2002. S. 191 f. u. 204
[91] New York Times: Bad Weather Hampers Bombers' Effectiveness, U.S. Says. 31. März 1999. – Jane's Defance News: Kosovo: War of extremes. 7. Juli 1999.
[92] Udo Sautter: Geschichte der Vereinigten Staaten von Amerika. Kröner. 1976. S. 75. U. 109.
[93] F. William Engdahl: Mit der Ölwaffe zur Weltmacht. Der Weg zur neuen Weltordnung. Böttiger-Verlag. 1992. S. 242 ff.
[94] Deutscher Bundestag: Marktbereinigung im Zusammenhang mit der Privatisierung von Treuhandunternehmen. Drucksache 12/6185. 22.11.1993. S. 2. – Wikipedia: Kombinat Kali (03.07.2016).
[95] Joachim Guilliard: NATO-Bomben als "exzellente Investition". Ossietzky 1/2012. http://www.sopos.org/aufsaetze/4f097d8e0488c/1.phtml (03.07.2016).
[96] Catherine Lutz: Reconstructing Iraq. The Last Year and the Last Decade. Watson Institute for International Studies, Brown University. March 8, 2013. S. 1.
[97] Ein Beispiel hierfür: Jakob Augstein: Im Zweifel links. Zehn tote Kinder. Eine Kolumne. http://www.spiegel.de/politik/ausland/augstein-kolumne-afghanistan-krieg-ist-sinnlos-und-nicht-zu-gewinnen-a-893044.html (10.07.2016).
[98] FAZ: Türkei. Erdogans Krieg gegen die Kurden. 30.07.2015. http://www.faz.net/aktuell/politik/ausland/europa/tuerkei/kommentar-erdogans-krieg-gegen-die-kurden-13725921.html.
[99] Herfried Münkler: Die neuen Kriege. Rowohlt. 2002. S. 11, 94 f. u. 146.
[100] Herfried Münkler: Die neuen Kriege. Rowohlt. 2002. S. 26 u. 249. Fußnote 26.
[101] F. William Engdahl: Mit der Ölwaffe zur Weltmacht. Der Weg zur neuen Weltordnung. Böttiger-Verlag. 1992. S. 178.
[102] Herfried Münkler: Die neuen Kriege. Rowohlt. 2002. S. 236 f.

[103] Martin van Greveld: Die Zukunft des Krieges. München.1998. S. 42 ff. Wiedergegeben nach: Herfried Münkler: Die neuen Kriege. Rowohlt. 2002. S. 26.
[104] EU-Verordnungen 36/2012 u. 267/2012.
[105] U.S. Executive Order 13590: Authorizing the Imposition of Certain Sanctions With Respect to the Provision of Goods, Services, Technology, or Support for Iran's Energy and Petrochemical Sectors. November 20, 2011.
[106] The Wall Street Journal: Iraq, Iran, Syria Sign $10 Billion Gas-Pipeline Deal. July 25, 2011.
http://www.wsj.com/articles/SB10001424053111903591104576467631289250392.
[107] Deutsche Welle: Terrorismus. Wer finanziert ISIS? 20.06.2014.
http://www.dw.com/de/wer-finanziert-isis/a-17718504 (16.07.2016).
[108] EU-Verordnungen 833/2014 u. 1290/2014. – U.S. Department of the Treasury: Ukraine/Russia-Related Sanctions Program. Office of Foreign Assets Control (OFAC). Updated June 16, 2016. – Directive 4 Under Executive Order 13662. September 12, 2014.
[109] EU-Verordnung 1351/2014.
[110] Bundesamt für Wirtschaft und Ausfuhrkontrolle: Übersicht über die länderbezogenen Embargos. Stand: 01.02.2016.
http://www.ausfuhrkontrolle.info/ausfuhrkontrolle/de/embargos/uebersicht/uebersicht_laender_bezogene_embargos.pdf (17.07.2016).
[111] Hans von Sponeck, Andreas Zumach: Irak. Chronik eines gewollten Krieges. Kiepenheuer & Witsch. 2003. S. 17, 41 f., 50, 72 u. 112.
[112] Die Welt: Sanktionen. Der vergessene Krieg gegen Iraks Zivilbevölkerung. Meinung. Von Michael Holmes. 22.09.2010.
[113] Junge Welt: Sanktionen bleiben. 13.06.2016. – Deutsche Wirtschafts Nachrichten: Sanktionen. Fluchtursache: Bevölkerung in Syrien leidet unter Sanktionen des Westens. 15.05.16.
[114] UNICEF: Letzte Chance für die Zukunft. UNICEF-Report 2016 zu Kindern im Krieg und auf der Flucht. Presseinformation. 05.07.2016.
[115] Telepolis: Fiktionen humaner Kriegführung. Von Goedart Palm. 11.01.2002.
http://www.heise.de/tp/artikel/11/11531/1.html (18.07.2016).
[116] Vgl. z.B. Focus Online: 1917. Stellungskrieg. Das Blutbad von Verdun - Die Schlacht ohne Gewinner. 18.01.2016. – Rhein-Zeitung: Als Menschen Kanonenfutter wurden. 29.05.2016. – Spencer Tucker (Hrsg.): The Encyclopedia of World War I. A Political, Social and Military History. Verlag ABC-Clio. Santa Barbara 2005. S. 273.
[117] Herfried Münkler: Die neuen Kriege. Rowohlt. 2002. S. 124 u. 217. – Frankfurter Allgemeine Zeitung: Dokumentation über Nagasaki. Erinnerungen lassen sich nicht auslöschen. Von Oliver Jungen. 03.08.2015.
[118] Dieter Philipp: Vier Stunden Vientiane nach 57 Jahren. Neues Deutschland. 11.08.2012. – Herfried Münkler: Die neuen Kriege. Rowohlt. 2002. S. 217.
[119] IPPNW: Body Count. Opferzahlen nach 10 Jahren. "Krieg gegen den Terror". Irak, Afghanistan, Pakistan. 1. internationale Auflage. Sept. 2015. S. 17, 19 u. 42.
[120] Amnesty International: Death everywhere. War Crimes and Human Rights abuses in Aleppo, Syria. Report. 2015. S. 6 ff. – Amnesty: Gezielte Angriffe auf die Bevölkerung

von allen Konfliktparteien. 04.05.2015.
https://www.amnesty.at/de/fassbomben_aleppo/ (18.07.2016).
[121] Spiegel Online: Stillstand und Schattenökonomie. Wie der Krieg Syriens Wirtschaft zerstört. Von Ulrike Putz. 27.08.2013.
[122] Physicians for Human Rights: 2015 Marks Worst Year for Attacks on Hospitals in Syria. Press Release. 12/18/2015.
[123] Rotes Kreuz: Nahost. 100 absichtliche Angriffe auf Krankenhäuser im Jemen seit Beginn der Saudi-Offensive. 13.11.2015.
[124] Focus: Sudan. USA zerstörten Pharmafirma. 31.08.1998. – Werner Daum: An Agenda for Understanding. The Future of War. Vol. 23 (2). The Harvard International Review. 2001. – Wikipedia: asch-Schifa-Arzneimittelfabrik.
https://de.wikipedia.org/wiki/Asch-Schifa-Arzneimittelfabrik#cite_ref-1 (18.07.2016).
[125] Winfrid Eisenberg: Redebeitrag zur Lebenslaute-Aktion 2016 "Schlussakkord dem Drohnenmord". AFRICOM. Stuttgart.
[126] Herfried Münkler: Die neuen Kriege. Rowohlt. 2002. S. 30 f., 36 ff, 42 u. 72 f.
[127] Herfried Münkler: Die neuen Kriege. Rowohlt. 2002. S. 33 f.
[128] Herfried Münkler: Die neuen Kriege. Rowohlt. 2002. S. 28 ff., 64 ff., 75 f., 132 u. 144 f.
[129] Herfried Münkler: Imperien. Rowohlt. 2005. S. 88.
[130] Che Qun Cao Shuji;Lineage Populations and Socio-economic Changes since the Middle Qing Dynasty: A Case Study of Non-Malthusian Fertility Patter. Chinese Journal of Population Science. 2011-03. – Wikipedia: Taiping-Aufstand.
https://de.wikipedia.org/wiki/Taiping-Aufstand (18.07.2016).
[131] Joseph Barter: Global war and the human population problem. The Journal of Social, Political, and Economic Studies 25.2 (Summer 2000). 241-250.
http://search.proquest.com/openview/b79d7a406b2b8c7385493048ccab3717/1?pq-origsite=gscholar (18.07.2016).
[132] Daniel Stroux: Rohstoffe, Ressentiments und staatsfreie Räume. Die Strukturen des Krieges in Afrikas Mitte. Internationale Politik und Gesellschaft. 2/2003.
http://www.fes.de/ipg/IPG2_2003/ARTSTROUX.HTM.
[133] Friedrich Thießen: Die Apokalypse der Überbevölkerung. Schriften am Lehrstuhl für Finanzwirtschaft und Bankbetriebslehre der Technischen Universität Chemnitz. 3/2015. Oktober 2015.
[134] Spencer Ackerman, "NATO-Caused Civilian Casualties Increasing in Afghanistan," The Washington Independent, April 16, 2010. („I believe the perception caused by civilian casualties is one of the most dangerous enemies we face.").
[135] Die Zeit: IS-Terror. Franziskus will kein Pazifist sein. 19. August 2014. – Die Welt: Papst Franziskus. "Eine Art dritter Weltkrieg ist im Gang". 06.06.15.
[136] EU-Verordnung 2016/44.
[137] Adriana Erthal Abdenur, Danilo Marcondes de Souza Neto: Brasiliens Maritime Strategie im Südatlantik. Die Verbindung von Sicherheit und Ressourcen. Konrad-Adenauer-Stiftung. Auslandsinformationen. 12/2013. – Näheres dazu hier: Adjoa Anyimadu, Maritime Security in the Gulf of Guinea: Lessons Learned from the Indian Ocean, Chatham House, London, 2013.

138 SaveOurSeafarers.com: Oil industry loses $1bn due to piracy attacks. Press Office. http://www.saveourseafarers.com/oil-industry-loses-$1bn-due-to-piracy-attacks.html. Siehe auch: http://business.myjoyonline.com/pages/news/201208/91752.php.
139 Diese Erdölfraktionen dient der Herstellung von leichtflüssigem Heizöl und Dieselkraftstoff.
140 International Business Times: Pirates Off West Africa's Coast Threatening African Oil, Focus Of Anti-Piracy Concerns Shifting From Horn Of Africa To West Africa. By Meagan Clark. 21.11.2013.
141 Deutsche Marine: Über den Einsatz- und Ausbildungsverband 2014. Stand: 08.04.2014. http://www.marine.de. – naval-technology.com: Obangame Express 2014 exercise plans finalized. 12 February 2014. http://www.naval-technology.com/news/newsobangame-express-2014-exercise-plans-finalised-4175833.
142 Elias Konofagos/Konstantinos Karageorgis: East Mediterranean Gas Discoveries - Offshore Security Challenges and "The Greek Case". Hellenic Naval Academy. 2014. S. D-9 u. D-14 ff.
143 Zeit Online: Irak. Die Sponsoren der IS-Gotteskrieger. Von Martin Gehlen. 25. Juli 2014. – Wikipedia: Saudi-Arabien (21.07.2016). – Clemens Ronnefeldt: Persönliche Mitteilung vom 23.02.2017.
144 Michael Mann: Geschichte der Macht. Bd. 1. Campus. 1998.
145 Henry A. Kissinger: Memoiren. 1968-1973. C. Bertelsmann Verlag. München. 1979. S. 86ff., 106, 112 u. 123.
146 Rainer Mausfeld: Warum schweigen die Lämmer. Vortrag an der Christian-Albrechts-Universität zu Kiel am 22. Juni 2015. Free21. 04.08.2015.
147 Udo Sautter: Geschichte der Vereinigten Staaten von Amerika. Kröner. Stuttgart. 1976. S. 465f.
148 Deutsche Übersetzung. Vgl. John F. Kennedy Presidential Library and Museum. John F. Kennedy Speeches. The President and the Press: Address before the American Newspaper Publishers Association, April 27, 1961. http://www.jfklibrary.org/Research/Research-Aids/JFK-Speeches/American-Newspaper-Publishers-Association_19610427.aspx.
149 Lothar Späth: Wende in die Zukunft. Die Bundesrepublik auf dem Weg in die Informationsgesellschaft. Reinbek bei Hamburg. 1985. S. 9 f.
150 Vitali S, Glattfelder JB, Battiston S (2011) The Network of Global Corporate Control. PLoS ONE 6(10): e25995. doi:10.1371/journal.pone.0025995. Ebd. Supporting Information. – Frankfurter Rundschau (FR-Online): Mächtige Konzerne. 147 Unternehmen kontrollieren die Welt. Von Daniel Baumann und Jakob Schlandt. 24.10.2011. – Die Welt: Die globale Macht der Großkonzerne. 26.10.2011. Von Florian Hassel.
151 Wikipedia: Sinopec. http://en.wikipedia.org/wiki/Sinopec. – Wikipedia: https://en.wikipedia.org/wiki/China_Petrochemical_Corporation.
152 Wikipedia: Rosneft. https://de.wikipedia.org/wiki/Rosneft. – Wikipedia: Gazprom. https://de.wikipedia.org/wiki/Gazprom.
153 Wikipedia: Gazprom (2015).
154 David Rockefeller: Erinnerungen eines Weltbankiers. FinanzBuch Verlag. München. 2008. S. 560, 564, 569 f., 573 f.

[155] Anton Zischka: Ölkrieg. Wandlung der Weltmacht Öl. Goldmann Verlag. Leipzig. 1939. S. 36.
[156] BBC News: US election 2016: Who's funding Trump, Sanders and the rest? By Zoe Thomas. 17 March 2016.
[157] Vgl. u.a.: Die Grünen im Bundestag: Banken – Fürstenhäuser unserer Zeit. 1988. – Hans Otto Eglau: Wie Gott in Frankfurt – Die Deutsche Bank und die deutsche Industrie. 1989. – Kritische Aktionäre der Deutschen Bank (Hg.): Macht ohne Kontrolle. 1990. – Hermannus Pfeiffer: Die Macht der Banken. 1993. – Henrik Paulitz: Manager der Klimakatastrophe – Die Deutsche Bank und ihre Energie- und Verkehrspolitik. 1994.
[158] Süddeutsche Zeitung: Ex-Mitarbeiter haben Top-Jobs in Politik und Wirtschaft. Eliteschmiede Goldman Sachs. 16. März 2012.
[159] Deutscher Bundestag: Beziehungen von Geschäftsbanken und Investmentbanken zur Bundesregierung. Antwort der Bundesregierung auf die Kleine Anfrage der Fraktion die Linke. Drucksache 17/12332. 14.02.2013. S. 8 ff.
[160] Deutscher Bundestag. Drucksache 16/3395. 13.11.2006.
[161] Spenden von Rüstungskonzernen wie Rheinmetall, Henschel Wehrtechnik, Daimler und EADS, vom Verband Südwestmetall wie auch von den mit Konzernen umfassend verflochtenen Finanzhäusern Deutsche Bank, Commerzbank und Allianz an politische Parteien in Deutschland sind ein nur allzu offenkundiges und öffentlich wahrnehmbares Indiz für eine Einflussnahme auf die Politik.
[162] Martin Jänicke: Staatsversagen. Die Ohnmacht der Politik in der Industriegesellschaft. Piper. 2. Auflage. 1987. S. 24 ff. u. 46.
[163] Florian Rötzer: "Wir müssen klar machen, dass wir bereit sind, in den Krieg zu ziehen". Telepolis vom 24.04.2015. http://www.heise.de/tp/artikel/44/44744/1.html. Zugriff 2015.
[164] Herfried Münkler: Die neuen Kriege. Rowohlt. 2002. S. 171.
[165] Herfried Münkler: Die neuen Kriege. Rowohlt. 2002. S. 19.
[166] Bernhard Schmid: Verstrickung Frankreichs. Militärinterventionen in Zentral- und Westafrika. In: Wissenschaft und Frieden. 1/2015. S. 21.
[167] Anton Zischka: Ölkrieg. Wandlung der Weltmacht Öl. Goldmann Verlag. Leipzig. 1939. S. 18.
[168] Herfried Münkler: Die neuen Kriege. Rowohlt. 2002. S. 19.
[169] Matthias Mader, Harald Schoen: Alles eine Frage des Blickwinkels? Framing-Effekte und Bevölkerungsurteile über einen möglichen Bundeswehreinsatz in Libyen. Zeitschrift für Internationale Beziehungen. 20. Jg. (2013). Heft 1. S. 1 u. 6. – Bundesakademie für Sicherheitspolitik: Unter neuen Vorzeichen: Deutschamerikanische Sicherheitsbeziehungen. Arbeitspapier Sicherheitspolitik 2/2015. Von Karl-Heinz Kamp. S. 2.
[170] F. William Engdahl: Mit der Ölwaffe zur Weltmacht. Der Weg zur neuen Weltordnung. Böttiger-Verlag. 1992. S. 208f.
[171] Frankfurter Rundschau. 4. April 1999.
[172] Gerhard Schröder: Das Nein zum Irak-Krieg. http://gerhard-schroeder.de/frieden/irak-krieg/ (26.07.2016).

[173] Spiegel Online: Frankreichs Afrika-Einsätze. Europas einzige Streitmacht. Ein Kommentar von Gregor Peter Schmitz, Brüssel. 21.01.2014. – Deutsch-türkisches Journal: Deutschland zu mehr internationaler Verantwortung bereit. Jochen Thies. 02.02.2014. http://dtj-online.de/deutschland-muenchner-sicherheitskonferenz-19409 (26.07.2016).
[174] Spiegel Online: Regierung. Die Einsatzhelfer. 27.01.2014.
[175] Auswärtiges Amt: Rede von Außenminister Frank-Walter Steinmeier beim Unternehmertag Ostwestfalen in Bielefeld. 02.11.2015. – Auswärtiges Amt: Außenminister Steinmeier zur Lage im Konfliktgebiet um die Region Berg-Karabach. Pressemitteilung. 02.04.2016. – Auswärtiges Amt: Rede von Außenminister Frank-Walter Steinmeier beim Deutsch-Russischen Forum/Potsdamer Begegnungen. 30.05.2016.
[176] Robin Niblett (Royal Institute of International Affairs/Chatham House): Internationale Erwartungen an Deutschland. Vortrag bei der Auftaktveranstaltung des Weißbuchprozesses 2016. Berlin. 17.02.2015.
[177] Andreas Buro: Deutschlands Verantwortung für den Frieden. Zukunftsszenarien für Strategien. Vortrag auf der IPPNW-Konferenz "Unser Rezept für Frieden. Prävention". Franfurt. 02.10.2015. Thesenpapier. – Mitschrift von Henrik Paulitz.
[178] Stephan Bierling: Vormacht wider Willen. Deutsche Außenpolitik von der Wiedervereinigung bis zur Gegenwart. München. 2014. S. 267 ff.
[179] SWP/GMF: Neue Macht Neue Verantwortung. Stiftung Wissenschaft und Politik. Berlin. The German Marshall Fund of the United States. Washington. 2013. S. 3, 6, 9, 20, 38 f. u. 42.
[180] Deutschlands Zukunft gestalten. Koalitionsvertrag zwischen CDU, CSU und SPD. Berlin. 16.12.2013. S. 12, 14, 117 u. 119.
[181] Vgl. z.B. Jürgen Wagner: Deutschlands (neue) Großmachtambitionen. Von der „Kultur der (militärischen) Zurückhaltung“ zur „Kultur der Kriegsfähigkeit“. Undatiert. http://imi-online.de/download/JW-Grossmacht.pdf (30.07.2016).
[182] Robin Niblett (Royal Institute of International Affairs/Chatham House): Internationale Erwartungen an Deutschland. Vortrag bei der Auftaktveranstaltung des Weißbuchprozesses 2016. Berlin. 17.02.2015.
[183] Volker Perthes (SWP): Wissenschaft und Weißbuch. Vortrag bei der Auftaktveranstaltung des Weißbuchprozesses 2016. Berlin. 17.02.2015.
[184] James Baker: The Politics of Diplomacy. Washington D.C. 1995. Zitiert nach: Hans von Sponeck, Andreas Zumach: Irak. Chronik eines gewollten Krieges. Kiepenheuer & Witsch. 2003. S. 42.
[185] Phyllis Bennis: Calling The Shots – How Wasington Dmoninates Today's UN. New York. 1996. Zitiert nach: Hans von Sponeck, Andreas Zumach: Irak. Chronik eines gewollten Krieges. Kiepenheuer & Witsch. 2003. S. 42f..
[186] Hans von Sponeck, Andreas Zumach: Irak. Chronik eines gewollten Krieges. Kiepenheuer & Witsch. 2003. S. 33 f., 42 f. u. 87 f..
[187] Handelsblatt: Afghanistan. Merkel vertagt Debatte über Truppenaufstockung. Von Andreas Rinke. 26.11.2009. – Stern: Westerwelle droht mit Boykott der Londoner Afghanistan-Konferenz - "Reine Truppenstellerkonferenz" macht für Außenminister

keinen Sinn. 28.12.2009. – Deutsche Welle: Politik. Bitte keine "Truppenstellerkonferenz". 28.12.2009.

[188] David Keen: Useful Enemies. When waging wars is more important than winning them. Yale University Press. 2012. S. 7 f.

[189] Birgit Laubach: Verfassung und internationales Recht in einer globalisierten Welt. 26.11.2009. Heinrich-Böll-Stiftung. https://www.boell.de/de/navigation/europa-nordamerika-7868.html (12.03.2016).

[190] Willy Wimmer: Hände weg von Syrien. Cashkurs. 30.11.2015. http://www.cashkurs.com/kategorie/wirtschaftsfacts/beitrag/haende-weg-von-syrien/

[191] François Jean, Jean Christophe Rufin (Hrsg.): Ökonomie der Bürgerkriege. Verlag Hamburger Ed.. 1999.

[192] Herfried Münkler: Die neuen Kriege. Rowohlt. 2002. S. 22 f, 35 f., 146, 153 f. u. 156.

[193] Petra Becker: Hilfe für Syriens Zivilgesellschaft – ineffektiv und fehlgeleitet. SWP-Aktuell 64. Oktober 2014. S. 3.

[194] Auswärtiges Amt: Auswärtiges Amt zur Belagerung von Aleppo. Pressemitteilung vom 13.07.2016.

[195] Nadine Alff-Pereira: Ethische Dilemmata der humanitären Hilfe in innerstaatlichen Konflikten. Lehrstuhl Internationale Politik. Universität zu Köln. AIPA 2/2010. S. 79 ff.

[196] Vgl. Herfried Münkler: Die neuen Kriege. Rowohlt. 2002. S. 17 u. 22.

[197] Herfried Münkler: Die neuen Kriege. Rowohlt. 2002. S. 21 u. 81.

[198] Stephan Bierling, Die Außenpolitik der Bundesrepublik Deutschland, München 1999, S. 279.

[199] Vgl. z.B. Südwestpresse: Riad. Golfstaaten finanzieren den syrischen Bürgerkrieg, nehmen aber keine Flüchtlinge auf. 10.09.2015.

[200] Udo Sautter: Geschichte der Vereinigten Staaten von Amerika. Kröner. 1976. S. 75, 90 u. 431 f.

[201] Winfried Wolf: Bombengeschäfte. Zur politischen Ökonomie des Kosovo-Krieges. Konkret Literatur Verlag. Hamburg. 1999. S. 59. – Wikipedia: Mefo-Wechsel. https://de.wikipedia.org/wiki/Mefo-Wechsel (06.08.2016).

[202] Marco Maier: Finanzieller Kollaps: Die USA können sich keine Kriege mehr leisten. Contra Magazin. https://www.contra-magazin.com/2014/09/finanzieller-kollaps-die-usa-koennen-sich-keine-kriege-mehr-leisten/ (06.08.2016).

[203] Herfried Münkler: Die neuen Kriege. Rowohlt. 2002. S. 109 f.

[204] Die Welt: Steuersünder. Selbstanzeigen bringen dem Staat 4,3 Milliarden. 12.05.2014.

[205] FAZ (Online): IWF denkt über Vermögensabgabe nach. 04.11.2013. – Deutsche Wirtschafts Nachrichten: Die große Enteignung: Zehn Prozent „Schulden-Steuer" auf alle Spar-Guthaben. 17.10.2013.

[206] Deutsche Wirtschafts Nachrichten: Institut für Weltwirtschaft - Inflation kehrt nach Deutschland zurück. 09.03.2017. – www.inflation-deutschland.de: Aktuelle Preisentwicklungen im Überblick. Höchste Inflationsrate seit viereinhalb Jahren im Februar 2017.

[207] RP Online: Milliarden für die Rüstung. Trotz der Krise investiert Griechenland in Waffen. 16.06.2015. – Deutschlandradio Kultur: Geldwäsche und Panzerkäufe. Erst Rüstung, dann Rettung. Deutschlands Waffengeschäfte mit Griechenland. 16.09.2014. – Süddeutsche Zeitung: Schuldenkrise. So will Griechenland beim Militär sparen. 15.06.2015. – Spiegel Online: Waffenwahn trotz Fast-Pleite: Griechenland rüstet und rüstet und rüstet. 20.05.2010.
[208] Wikipedia: Verteidigungsetat (16.08.2016). – Wikipedia: Gruppe der zwanzig wichtigsten Industrie- und Schwellenländer (16.08.2016). – Flächengrößte Länder der Erde. http://www.pdwb.de/nd18.htm (16.08.2016).
[209] Die Konzern WPP plc mit Sitz auf den Kanalinseln (Vereinigtes Königreich) gilt als weltweit größte Werbeholding (2011). Hill & Knowlton Strategies zählt zum Bereich Regierungslobby- und Öffentlichkeitsarbeit der WPP Group.
[210] Wikipedia: Brutkastenlüge. http://de.wikipedia.org/wiki/Brutkastenl%C3%BCge (2015).
[211] Zeit Online: Mangelnde Beweise. Von Michael Schwelien. 30.03.2000. http://www.zeit.de/2000/14/Mangelnde_Beweise (2015).
[212] Hamburger Abendblatt: Scharping gibt zu - Hufeisenplan liegt nicht schriftlich vor. Nr. 82. 06.04.2000. http://www.webcitation.org/6EmBD4OXY. Zugriff 2015.
[213] Wikipedia: Massaker von Račak. http://de.wikipedia.org/wiki/Massaker_von_Ra%C4%8Dak. Zugriff 2015.
[214] Richard von Weizsäcker: Schreiben an Prof. Dr. Ulrich Gottstein, Ehrenvorsitzender der Friedensorganisation IPPNW, vom 6. Juli 2007. Zitiert nach: Schreiben von Ulrich Gottstein an Marianne von Weizsäcker vom 2. Januar 2015.
[215] FAZ: Irak-Krieg Powell: „Schandfleck meiner Karriere". 09.09.2005. http://www.faz.net/aktuell/politik/europaeische-union/irak-krieg-powell-schandfleck-meiner-karriere-1255325.html. Zugriff 2015.
[216] FAZ: Irak-Krieg Powell: „Schandfleck meiner Karriere". 09.09.2005. http://www.faz.net/aktuell/politik/europaeische-union/irak-krieg-powell-schandfleck-meiner-karriere-1255325.html. Zugriff 2015. – Deutschlandradio Kultur: Auf Lügen gebaut. 05.02.2013. – Wikipedia: Irakkrieg. http://de.wikipedia.org/wiki/Irakkrieg (2015).
[217] Zitiert nach: Jürgen Wagner: Libyen - Clintons Kriegslügen. IMI-Standpunkt 2015/003 (Update, 4.2.2015). http://www.imi-online.de/2015/02/03/libyen-clintons-kriegsluegen. Zugriff 2015.
[218] Herfried Münkler: Die neuen Kriege. Rowohlt. 2002. S. 229f.
[219] Udo Sautter: Geschichte der Vereinigten Staaten von Amerika. Kröner. Stuttgart. 1976. S. 336f.
[220] Bertolt Brecht: Schriften zur Politik und Gesellschaft 1919-1956. Suhrkamp Verlag. 1967. S. 324.
[221] F. William Engdahl: Mit der Ölwaffe zur Weltmacht. Der Weg zur neuen Weltordnung. Böttiger-Verlag. 1992. S. 351.
[222] Wikipedia: Al-Qaida (26.08.2016).
[223] CNN: Newsroom. Vermutlich im Januar 2015. https://www.youtube.com/watch?v=QHLqaSZPe98. Zugriff 2015.

[224] Norman Paech: Zum Frieden und zur internationalen Lage. Rede auf dem Landesparteitag der LINKE. Hamburg. 31.10.2014. – Michel Chossudovsky: Obama's "Fake War" against the Islamic State (ISIS). The Islamic State is Protected by the US and its Allies. February 2015. Update August 22, 2015. http://www.globalresearch.ca/obamas-fake-war-against-the-islamic-state-isis-the-islamic-state-is-protected-by-the-us-and-its-allies/5432163 (26.08.2016). – Wikipedia: Islamischer Staat (Organisation). Finanzierung.
http://de.wikipedia.org/wiki/Islamischer_Staat_%28Organisation%29#Finanzierung. Zugriff 2015.
[225] Herfried Münkler: Die neuen Kriege. Rowohlt. 2002. S. 187 ff. u. 196 f.
[226] William Engdahl: Mit der Ölwaffe zur Weltmacht. Der Weg zur neuen Weltordnung. Böttiger-Verlag. 1992. S. 107 u. 316. – Anton Zischka: Englands Bündnisse. Sechs Jahrhunderte britischer Kriege mit fremden Waffen. Goldmann Verlag. Leipzig. 1940. S. 191.
[227] David Rockefeller: Erinnerungen eines Weltbankiers. FinanzBuch Verlag. München. 2008. S. 22 ff.
[228] Dies genauer darzulegen, würde den Rahmen dieses Buches sprengen.
[229] Rainer Mausfeld: Warum schweigen die Lämmer. Vortrag an der Christian-Albrechts-Universität zu Kiel am 22. Juni 2015. Free21. 04.08.2015.
[230] Rainer Mausfeld: Warum schweigen die Lämmer. Vortrag an der Christian-Albrechts-Universität zu Kiel am 22. Juni 2015. Free21. 04.08.2015.
[231] Herfried Münkler: Die neuen Kriege. Rowohlt. 2002. S. 85f.
[232] Udo Sautter: Geschichte der Vereinigten Staaten von Amerika. Kröner. Stuttgart. 1976. S. 23.
[233] Herfried Münkler: Die neuen Kriege. Rowohlt. 2002. S. 15 f, 159 f. u. 283.
[234] Neue Zürcher Zeitung: Irak. Die verhinderte Erdöl-Supermacht. Von Christian Weisflog. 11.06.2014.
[235] Anton Zischka: Ölkrieg. Wandlung der Weltmacht Öl. Goldmann Verlag. Leipzig. 1939. S. 118f.
[236] Matthias Mader, Harald Schoen: Alles eine Frage des Blickwinkels? Framing-Effekte und Bevölkerungsurteile über einen möglichen Bundeswehreinsatz in Libyen. Zeitschrift für Internationale Beziehungen. 20. Jg. (2013). Heft 1. S. 9 u. 21 f.
[237] Michel Chossudovsky: Das Szenario eines Dritten Weltkriegs. 2012.

Vertrag zur Bewahrung des Friedens

Präambel

Die unterzeichnenden Vertragsstaaten schließen diesen Vertrag mit dem Ziel eines umfassenden Gewaltverzichts und einer dauerhaften Bewahrung des Friedens. Das Handeln mächtiger nicht-staatlicher Strukturen und wirtschaftliches Interesse am Krieg zählen zu den wesentlichen Ursachen für Konflikte und Kriege. Dieser Vertrag zur Bewahrung des Friedens zielt darauf ab, die Macht nicht-staatlicher Strukturen zu begrenzen und verbindliche Grundsätze zu vereinbaren, die strukturell einer langfristigen Friedenssicherung dienen. Die Vertragsstaaten verzichten auf Zwangsmaßnahmen zur Durchsetzung der Bestimmungen dieses Vertrags, da unter solchen Maßnahmen in der Regel die Völker leiden, während die tatsächlich Verantwortlichen geschont werden. Dieser Vertrag bezweckt nicht die Gründung einer globalen Ordnungsmacht oder eines Teils einer solchen. Die unterzeichnenden Vertragsstaaten schließen diesen Vertrag vielmehr mit dem Ziel einer dem dauerhaften Frieden dienenden Übereinkunft souveräner Staaten.

Organe und Verfahren

Artikel 1

Als Organe zur Umsetzung dieses „Vertrags zur Bewahrung des Friedens“ werden eine Generalversammlung, ein Friedensrat und ein Sekretariat eingesetzt.

Artikel 2

Die Generalversammlung besteht aus allen Vertragsstaaten dieses Vertrags. Jeder Vertragsstaat hat höchstens fünf Vertreter in der Generalversammlung. Jeder Vertragsstaat hat eine Stimme. Beschlüsse der Generalversammlung über wichtige Fragen bedürfen einer Zweidrittelmehrheit der anwesenden und abstimmenden Vertragsstaaten. Minderheitenvoten bedürfen eines Fünftels der Stimmen der anwesenden und abstimmenden Vertragsstaaten. Die Generalversammlung tritt zu ordentlichen Jahrestagungen und, wenn die Umstände es erfordern, zu außerordentlichen Tagungen zusammen.

Artikel 3

Der Friedensrat besteht aus einundzwanzig nicht-ständigen Vertragsstaaten oder aus neun nicht-ständigen Mitgliedern, so lange dem Vertrag weniger als 50 Vertragsstaaten beigetreten sind, die für eine Amtszeit von zwölf Jahren von der Generalsversammlung zu Mitgliedern des Friedensrats gewählt werden. Nach jeweils vier Jahren wird ein Drittel der Mitglieder neu gewählt. Kein Mitglied darf nach einer Amtszeit direkt wiedergewählt werden. Jedes Mitglied des Friedensrats hat eine Stimme. Beschlüsse des Friedensrats über wichtige Fragen bedürfen einer Zweidrittelmehrheit seiner Mitglieder. Minderheitenvoten bedürfen der Stimmen von mindestens drei Mitgliedern. Der Friedensrat wird so organisiert, dass er seine Aufgaben ständig wahrnehmen kann.

Artikel 4

Generalversammlung und Friedensrat können sich mit allen Angelegenheiten der internationalen Sicherheit befassen und auf der Grundlage dieses Vertrags Empfehlungen abgeben. Tagt die Generalversammlung, dann gibt sie Empfehlungen ab. Zwischen den Tagungen der Generalversammlung wird bei Bedarf der Friedensrat tätig.

Artikel 5

Empfehlungen sollen dem Wortlaut und Geist dieses Vertrags nach nur im Falle einer Gefährdung der internationalen Sicherheit abgegeben und nicht für unverhältnismäßige Einmischungen missbraucht werden.

Artikel 6

Empfehlungen bestehen a) aus einer Handlungsaufforderung und b) aus einer Begründung, c) eventuell ergänzt durch Minderheitenvoten.

Artikel 7

Empfehlungen werden mit unzweideutigem Inhalt in allgemeinverständlicher Sprache abgefasst. Bei den Formulierungen ist erkennbar zu machen, ob es sich um belegte bzw. bewiesene Tatsachenaussagen, Vermutungen, Auffassungen oder Willensbekundungen handelt. Eventuell vorhandene Beweise bzw. Belege werden in der Begründung in nachvollziehbarer Weise benannt.

Artikel 8

Die Vertragsstaaten legen in eigener Verantwortung fest, ob und in welcher Weise sie ihre Parlamente in die Erarbeitung von Empfehlungen der Generalversammlung bzw. des Friedensrats einbeziehen.

Artikel 9

Die Vertragsstaaten machen Entwürfe für Empfehlungen und Empfehlungen in ihrem Staat im Wortlaut öffentlich zugänglich. Über Entwürfe und Empfehlungen, die den eigenen Staat oder benachbarte Staaten unmittelbar betreffen, wird die Bevölkerung aktiv und umfassend informiert.

Artikel 10

Die Generalversammlung und der Friedensrat werden vom Sekretariat unterstützt. Das Sekretariat wird mit Abteilungen in verschiedenen Vertragsstaaten dezentral organisiert. Die Vertragsstaaten entsenden fachlich geeignete Staatsbedienstete für längstens fünfzehn Jahre in das Sekretariat. Aktive oder ehemalige Geheimdienstangehörige und von Geheimdiensten bezahlte Personen dürfen nicht entsendet werden. Führende Positionen aller Leitungsebenen werden in fairer Weise mit Personen aller Vertragsstaaten besetzt.

Artikel 11

Ständige Mitglieder der Vereinten Nationen dürfen kein Personal in die oberen Führungspositionen des Sekretariats und seiner Abteilungen entsenden.

Dasselbe gilt für ehemals ständige Mitglieder der Vereinten Nationen für eine Übergangsfrist von 20 Jahren.

Allgemeine Grundsätze

Artikel 12

Die Vertragsstaaten respektieren den Grundsatz der souveränen Gleichheit aller Staaten.

Artikel 13

Die Vertragsstaaten erfüllen nach Treu und Glauben die Verpflichtungen, die sie mit diesem Vertrag übernehmen.

Artikel 14

Die Vertragsstaaten verzichten auf militärische Mittel, Sanktionen und sonstige Zwangsmaßnahmen zur Durchsetzung der Bestimmungen dieses Vertrags oder zur Durchsetzung der auf der Grundlage dieses Vertrags beschlossenen Empfehlungen.

Artikel 15

Die Vertragsstaaten unterlassen jegliche Handlungen, die geeignet sind und in der Absicht vorgenommen werden, das friedliche Zusammenleben der Völker zu stören, insbesondere einen Angriffskrieg vorzubereiten, zu führen oder sich daran zu beteiligen.

Artikel 16

Die Vertragsstaaten unterlassen jegliche Handlungen, die die Regierungen oder die Parlamente anderer Staaten bedrohen oder die darauf abzielen, die Regierung eines anderen Staates abzulösen.

Artikel 17

Die Vertragsstaaten gestalten Friedensverträge nach Möglichkeit so, dass diese erwartungsgemäß nicht als Grundlage für neue Konflikte oder Kriege dienen.

Artikel 18

Die Vertragsstaaten legen ihre internationalen Streitigkeiten durch friedliche Mittel so bei, dass der Weltfriede, die internationale Sicherheit und die Gerechtigkeit nicht gefährdet werden.

Artikel 19

Die Vertragsstaaten hindern nicht-staatliche Strukturen daran, ihre Ziele und Interessen mit nicht friedlichen Mitteln oder unter Gefährdung des Weltfriedens, der internationalen Sicherheit bzw. der Gerechtigkeit durchzusetzen. Diese Verpflichtung besteht nur im Rahmen der tatsächlichen Möglichkeiten der Vertragsstaaten und soweit es ihnen ohne Selbst- oder Fremdgefährdung zuzumuten ist.

Artikel 20

Die Vertragsstaaten hindern nicht-staatliche Personen bzw. Institutionen daran, nicht-staatliche bewaffnete Kräfte im eigenen Land mit Kriegswaffen, militärischen Dienstleistungen oder mit sonstigen Gütern und Dienstleistungen zu unterstützen.

Artikel 21

Kein Vertragsstaat soll fremden Streitkräften oder nicht-staatlichen bewaffneten Kräften erlauben, sich auf dem eigenen Staatsgebiet aufzuhalten, außer wenn es für eine zeitlich begrenzte Verteidigungssituation für erforderlich gehalten wird.

Artikel 22

Die Vertragsstaaten unterlassen die Begünstigung oder Unterstützung nicht-staatlicher bewaffneter Kräfte innerhalb wie auch außerhalb des eigenen Staatsgebietes.

Wirtschaftliche Aspekte

Artikel 23

Die Vertragsstaaten respektieren die souveränen Entscheidungen anderer Staaten über ihre Wirtschaftspolitik, darunter die Energie-, Rohstoff-, Landwirtschafts-, Industrie- und Handelspolitik.

Artikel 24

Die Vertragsstaaten unterlassen jegliche Androhung, Durchführung oder Unterstützung militärischer Gewalt zur Durchsetzung wirtschaftlicher Interessen.

Artikel 25

Die Vertragsstaaten unterbinden, dass nicht-staatliche Strukturen wirtschaftliche Interessen direkt oder indirekt mit Nutzung von Kriegswaffen durchzusetzen versuchen.

Artikel 26

Die Vertragsstaaten verpflichten sich, Zentralbanken mit der Befugnis zur Geldschöpfung in staatlicher Hand zu halten und zu führen. Kein Vertragsstaat soll versuchen, den Welthandel mit seiner Zentralbank oder seiner Währung zu dominieren.

Artikel 27

Die Vertragsstaaten finanzieren sich in aller Regel über laufende Einnahmen.

Artikel 28

Sollte sich ein Vertragsstaat tief verschuldet oder sogar überschuldet haben, werden die übrigen Vertragsstaaten geeignete Maßnahmen für eine zügige Entschuldung unternehmen, ohne sich dabei selbst zu verschulden.

Artikel 29

Die Vertragsstaaten verhindern die Entstehung nicht-staatlicher Oligopole oder Monopole. Bestehende Oligopole und Monopole sind eigentumsmäßig vollständig zu entflechten.

Artikel 30

An nicht-staatlichen Unternehmen sollen sich nur Personen und Institutionen aus dem jeweiligen Staat beteiligen dürfen, in dem das Unternehmen seinen Sitz hat.

Artikel 31

Die Vertragsstaaten erlauben Grundbesitz nur eigenen Staatsbürgern (natürliche Personen), nicht aber Institutionen und Personen anderer Staaten. Indirekt gehaltener Grundbesitz über andere Personen oder Institutionen ist zu untersagen. Der individuelle Grundbesitz ist eng zu begrenzen.

Artikel 32

Die Vertragsstaaten unterbinden nach Möglichkeit alle sonstigen Formen der Kontrolle durch nicht-staatliche Strukturen über nennenswerte Teile ihres Staatsgebietes.

Artikel 33

Die Vertragsstaaten grenzen die Möglichkeiten für die Bevölkerung, ihre Landesfläche und die natürlichen Ressourcen nutzen zu können, nicht so weit ein, dass das wirtschaftliche Überleben unverhältnismäßig eingeschränkt wird.

Artikel 34

Die Vertragsstaaten übernehmen keine Aufgaben der militärischen Kontrolle natürlicher Ressourcen im eigenen Staatsgebiet oder in anderen Räumen der Erde.

Artikel 35

Die Vertragsstaaten stellen sicher, dass alle Informationen über natürliche Ressourcen und Lizenzen in ihrem Staatsgebiet in öffentlicher Hand liegen und öffentlich frei zugänglich gemacht werden.

Artikel 36

Die Vertragsstaaten respektieren, dass andere Staaten über Art und Umfang ihres Außenhandels selbst entscheiden. Sie unterlassen es, andere Staaten, die nicht-tarifäre oder tarifäre Handelshemmnisse errichten, zu bedrohen oder militärisch gegen diese Staaten vorzugehen.

Beeinflussung der öffentlichen Meinung

Artikel 37

Die Vertragsstaaten unterlassen es, die öffentliche Meinung offen, subtil oder verdeckt propagandistisch zu beeinflussen, um die Gewalt- bzw. Kriegsbereitschaft zu erhöhen.

Artikel 38

Die Vertragsstaaten verbreiten selbst keine Falschinformationen über tatsächliche oder behauptete Geschehnisse oder Umstände, die einen Krieg legitimieren sollen. Sie stellen Sachverhalte öffentlich richtig, wenn andere Staaten oder nicht-staatliche Strukturen nachweislich entsprechende Falschinformationen verbreiten.

Artikel 39

Die Vertragsstaaten bemühen sich darum, Staatsmedien und öffentlich-rechtliche Medien vor personellen, institutionellen oder finanziellen Einflüssen durch nicht-staatliche Akteure und durch Geheimdienste zu schützen. Sie gewähren diesen Medien insgesamt und den einzelnen Journalisten die Freiheit wie auch die materiellen Bedingungen, um ausschließlich der Wahrheit verpflichtet sachlich berichten zu können. Die Alimentierung oder Begünstigung der genannten Medien und der in ihnen tätigen Journalisten durch nicht-staatliche und Geheimdienst-Strukturen ist zu untersagen.

Artikel 40

Die Vertragsstaaten unterlassen es, Vorwände zur Legitimierung für den Einsatz militärischer Gewalt selbst herbeizuführen, öffentlich zu inszenieren oder zu nutzen. Sie ergreifen geeignete Maßnahmen, um auch nicht-staatliche Strukturen daran zu hindern.

Maßnahmen mit Wirkung auf andere Staaten

Artikel 41

Kein Vertragsstaat darf andere Staaten nötigen, den Aufenthalt fremder Streitkräfte auf seinem Staatsgebiet zu erlauben.

Artikel 42

Kein Vertragsstaat darf andere Staaten nötigen, einen Krieg in einem Drittland zu finanzieren.

Artikel 43

Kein Vertragsstaat darf Streitkräften eines anderen Landes erlauben, militärische Infrastrukturen, Transportmittel, Verkehrswege, den Luftraum oder Küstengewässer des eigenen Staatsgebietes zu nutzen, um in einem Drittstaat Krieg zu führen, außer der Vertragsstaat würde sich durch ein solches Verbot selbst gefährden.

Artikel 44

Die Vertragsstaaten unterlassen Maßnahmen, die der Destabilisierung anderer Staaten dienen. Sie begünstigen keine nicht-staatlichen Strukturen, die versuchen, andere Staaten zu destabilisieren.

Artikel 45

Die Vertragsstaaten unterhalten keine Geheimdienste und verbieten vergleichbare nicht-staatliche Strukturen, die direkt oder indirekt Aktivitäten auf den Territorien anderer Staaten oder in internationalen Gewässern durchführen, um Kriege in anderen Ländern zu begünstigen, vorzubereiten oder führen zu können.

Artikel 46

Die Vertragsstaaten hindern nicht-staatliche Personen bzw. Institutionen daran, nicht-staatliche bewaffnete Kräfte in anderen Ländern mit Kriegswaffen, militärischen Dienstleistungen oder mit sonstigen Gütern und Dienstleistungen zu unterstützen.

Artikel 47

Die Vertragsstaaten stellen sicher, dass die Unterstützung von Kriegsflüchtlingen auf dem eigenen Territorium nicht für die Versorgung von Kriegsparteien in einem anderen Staat missbraucht wird.

Artikel 48

Die Vertragsstaaten unterbinden jeglichen nicht-staatlichen Handel mit Kriegswaffen und Lieferungen von Kriegswaffen an nicht-staatliche bewaffnete Kräfte.

Artikel 49

Die Vertragsstaaten unterbinden die direkte oder indirekte, grenzüberschreitende Belieferung nicht-staatlicher bewaffneter Kräfte mit Zahlungsmitteln, Treibstoffen und sonstigen Gütern und Dienstleistungen, die dazu dienen, Krieg in einem anderen Staat zu führen.

Angriffe auf Zivilisten und zivile Einrichtungen

Artikel 50

Die Vertragsstaaten töten keine Zivilisten und beachten auch sonst das Kriegsrecht.

Artikel 51

Die Vertragsstaaten verzichten auf die gewaltsame Zerstörung bewohnter Gebiete sowie von Arbeitsstätten auch dann, wenn sich dort bewaffnete Kräfte befinden sollten.

Artikel 52

Die Vertragsstaaten beteiligen sich nicht an der gewaltsamen Zerstörung von ziviler bzw. wirtschaftlicher Infrastruktur im eigenen Land oder in anderen Ländern. Rüstungsbetriebe dürfen nicht zur Legitimierung großflächiger Zerstörungen wirtschaftlicher Einrichtungen genutzt werden.

Verzeichnis der Handlungs-Empfehlungen

(1) Zum Krieg konsequent Nein sagen 15
(2) Menschenrechte und „Schutzverantwortung“ als vorgeschobene Kriegsgründe entlarven 27
(3) Analysieren, was geschieht 32
(4) Energiewirtschaftliche Trends analysieren“ 34
(5) „Freihandels-Analysen“ erstellen 34
(6) „Produktionsstätten-Analysen“ erstellen 34
(7) „Cui bono“ fragen 35
(8) „Mosaik-Beweis“ als Mittel der Konfliktanalyse nutzen 36
(9) Arbeitsplätze in Rüstungsindustrie reduzieren 38
(10) Verstaatlichung der Rüstungsindustrie einfordern 38
(11) Kriege delegitimieren 57
(12) Über Kosten der „Raumbeherrschung“ diskutieren 57
(13) „Ressourcenkontrolle“ als zentrale Frage in Konfliktanalysen bearbeiten 57
(14) Bei drohendem Krieg die richtigen Fragen stellen 58
(15) Schädliche Aspekte der Weltwirtschaftsordnung entlarven 63
(16) Das Recht auf eine souveräne Wirtschafts- und Energiepolitik proklamieren 64
(17) Demonstrationen für das Recht auf Energieautonomie organisieren 64
(18) Die Beseitigung von Überkapazitäten als Kriegsmotiv demaskieren 70

(19) Verwüstungen als Kriegsziel erörtern 71
(20) Sanktionen als Mittel der Außenpolitik in Frage stellen 79
(21) Kollateralschaden oder Absicht? – Das gezielte Töten von Zivilisten neu bewerten 93
(22) Die Funktion staatlicher Öleinnahmen untersuchen 98
(23) Den „Exklusivhandel der Konzerne" in Frage stellen 99
(24) Kriegs-Profiteure in den Fokus nehmen 113
(25) Politiker aus Sündenbockrolle entlassen 113
(26) Öffentlichkeit gegen die Nötigung von Staaten herstellen 132
(27) Nötigung von Staaten wissenschaftlich untersuchen 134
(28) Hetzkampagnen gegen Staaten und Politiker nicht mitmachen 135
(29) Zwangslagen von Staaten an den Pranger stellen 136
(30) „Humanitäre Hilfe" skeptisch überprüfen 141
(31) Zusammenhänge von Steuerpolitik, Rüstung und Krieg diskutieren 147
(32) Wirtschaftliche Prosperität und Wehretat – Zusammenhang untersuchen 149
(33) 15 Staaten von Rüstunglasten befreien 149
(34) Berichten vor, während und nach Kriegen mit großer Skepsis begegnen 156
(35) Absichten von „Vermittlungen" und „Friedensgesprächen" genau unter die Lupe nehmen 157
(36) Terrorismus-Berichterstattung einschränken 160
(37) „Geschichten" über graue Eminenzen nicht für bare Münze nehmen 163
(38) Manipulationssysteme meiden 165
(39) „Gutes tun" hinterfragen 167
(40) Vorschläge für globale Regelungen zurückhaltend bewerten 167
(41) Primärliteratur lesen 168
(42) Versöhnung vor einem Krieg herbeiführen 175

(43) „Innergesellschaftliche Friedensverhandlungen“ und Versöhnungsprozesse in Gang bringen 175
(44) Spaltende öffentliche Kommunikation erkennen und beenden 176
(45) Verständigungsprozesse zwischen „Internationalisten“ und „Isolationisten“ herbeiführen 178
(46) Widerstände in Apparaten bewusst machen 179
(47) „Internationale Erwartungen“ für militärisches Engagement statt Regierungen an den Pranger stellen 179
(48) Für zurückhaltendes Regierungshandeln danken 179
(49) „Local Power for Peace“ zum Ziel machen 184
(50) Grundsatz der Souveränität in energiewirtschaftlichen Fragen proklamieren 184
(51) Debatte über Beendigung der Macht globaler Eliten führen 185
(52) Wege zur Konversion der Energiekonzerne aufzeigen 185
(53) Faires Quotensystem für Energie-Fernhandel einführen 186
(54) Kriegstagebuch führen 187
(55) Nach Kriegsbeginn auf die Zerstörung ziviler (Energie-)Infrastruktur hinweisen 188
(56) Mit Patenschaften, Arbeitsniederlegungen und Benefizkonzerten bevorstehende Zerstörungen anprangern 189
(57) Symbolische Städtepartnerschaften für bedrohte Städte und Gemeinden organisieren 189
(58) Mahnwachen gegen das Töten von Zivilisten und die Zerstörung ziviler Infrastruktur durchführen 189
(59) Internationales Kriegs-Präventionsrecht schaffen 191

Register

11. September 2001 24, 153
Abdenur, Adriana 54, 96
Abnutzungskrieg 82
Absatzmärkte 68
Abscheu 15, 18, 177
Abschreckung 96
Absicht 77
Abwasserentsorgung 70
Achnacarry-Übereinkommen 41
Ächtung von Kriegen 94
AEU-Vertrag 184
Afghanistan 66, 80, 83, 92, 117, 118, 123, 129, 153
Afghanistankrieg 46, 48, 129
Afrika 15, 56, 73, 91, 96, 115, 127
Ägäisches Meer 53, 97
Aggressoren 136
Agrarstaat 60
Ägypten 40, 67
Airbus 147
Akaba 171
Aktien 70
Aktienkurse 43
Al-Adnan-Krankenhaus 152
al-Ashaar 70
al-Ashtal, Abdallah Saleh 128
Alaska 42
al-Assad, Baschar 113
Albaner 153
Alenia Aermacchi 147
Aleppo 67, 84, 140
Alff-Pereira, Nadine 140
al-Gaddafi, Muammar 24, 70, 154
Algerien 42
Al-Kindi-Krankenhaus 84
Allianz 106
al-Maliki, Nuri 172
Al-Qaida 85, 98, 157, 171
Alte 85, 139, 173
Altertum 102
Altstädte 65
Amerikanischer Unabhängigkeitskrieg 143, 145
Amnesty International 84
Ämter 172
Anbar 171
Angebot 40, 49
Angebotsverknappung 36, 42, 49
Angola 42
Angriffskrieg 15, 22, 153, 191, 210
Ängste 18, 47, 67, 88, 94, 128, 138
Angstmanagement 88
Anleger 70
Anleihen 143
Annexion der Krim 52, 76
Anschläge 159, 172
Antibiotika 85
Antimilitarismus 19, 116
Anwälte 103
Apokalypse 91
Appelle 169, 178
Arbeiterquartiere 65
Arbeitslosigkeit 79, 86, 166, 173
Arbeitsmarktpolitische Maßnahmen 38
Arbeitsniederlegungen 189
Arbeitsplätze 38
Arbeitsteilung 62, 63, 142
Arendt, Hannah 164
Arktis 56
Arme 103
Armee im Einsatz 16, 116
Armengesetz 90
Armut 95

Artillerie 84, 87, 89
Aruba 61
Arzneimittel 79
Arzneimittelfabrik 84
Asien 15, 106, 121, 125, 127
As-Is-Agreement 41
Assyrer 89
Assyrisches Reich 89
asymmetrisch 26
Asymmetrische Krieg 160
Athen 147
Äthiopien 115
Atlantik 54
Atlantikküste 54
Atompolitik 74
Atom-U-Boote 54
Atomwaffen 82
Attentate 67
Aufklärung 32
Aufständische 95
Aufstandsbekämpfung 98
Augé, Benjamin 47
Ausblutungsstrategie 82
Ausgabenkürzungen 146
Auslandseinsätze 19, 21, 116, 119, 129
Ausplünderungskrieg 82
Ausrottung 90
Ausschließliche Wirtschaftszonen 53, 55
Außenhandel 34, 58, 61, 99
Außenhandelsbilanz 39
Außenhandelspolitik 61, 212
Außenminister 34, 85, 109, 117, 128, 129, 153, 154, 157
Außenpolitik 21, 22, 108, 110, 115, 116, 117, 119, 122, 179, 182
Außenpolitisches Paradoxon 119, 122
Australien 44, 148
Automobilindustrie 103
AXA 106
B-52-Bomber 83
BAE Systems 113, 147
Bagdad 77, 78, 155
Bağiş, Egemen 53
Baker, James 128, 157
Balkan 82
Ballungszentren 66
Bank of America 106, 107, 110
Bank of New York Mellon 50, 75, 106, 107
Bank von England 160
Banken 37, 69, 105, 108, 109, 110, 123, 141, 144, 145
Bankgeheimnis 146
Bankiers 103
Baptisten 161
Barclays 106, 110, 113
Bargeld 146
Bargeldloser Zahlungsverkehr 146
Barter, Joseph 91
BASF 34
Basra 70
Bauern 88, 139, 182
Beamte 173
Bechtel 70
Beck, Ulrich 26
Becker, Petra 139
Befindlichkeiten 182
Befreiungskriege 171
Beiträge 122
Belagerer 138
Belagerte 138
Belgien 65
Belgrad 157
Benefizkonzerte 189
Bengasi 154
Berater 110
Berg-Karabach 118
Berichterstattung 37, 89, 155, 157, 159, 160, 164
Besatzungsregime 65
Bestrafung 25, 64, 75, 77, 89, 126, 191
Bestrafungsaktionen 89, 93
Betrug 70
Beute 89, 92
Bevölkerung 17, 18, 19, 21, 38, 39, 51, 52, 77, 83, 84, 89, 92, 93, 95, 99, 103, 107, 111, 112, 116, 119, 124, 126, 129, 138, 139, 145, 147, 148, 155, 163, 166, 173, 175, 188, 190, 191, 209, 213
Bevölkerungsdichte 66
Bevölkerungskontrolle 93, 94, 109
Bevölkerungspolitik 91

Bevölkerungstheorie 90
Bevölkerungsüberschuss 60
Bewässerungssysteme 66
Beweise 20, 153, 154, 209
Beyer, Andreas 43
Bierling, Stephan 118, 119
Big Oil 107, 110
Bilderberg 108
Billiges Öl 42
Billiglohnländer 38
bin Laden, Osama 157
Biosphäre 91
Blackwater (Academi/Constellis) 87
Blitzkriege 82
Blockfreie Staaten 68
BNP 106
Bodenschätze 56, 63, 114
Body Count 83
Boeing 113
Böhmen 170
Bohrlöcher 49
Bolivien 44, 115
Bombardierungen 66, 68, 73, 83, 159
Bomben 31, 80, 83
Bonn 117
Borneo 47
Börsen 43
Bosnien 170
Botschaften 110
BP 42, 70, 107, 109, 110
Brandbeschleuniger 169, 170
Brandschatzungen 65
Brandt, Willy 117
Brasilien 44, 54, 96, 124, 148, 149
Brecht, Bertolt 157
Brennstoffzellenantrieb 148
Brent 43, 47
Briand-Kellogg-Pakt 191
British Controlled Oilfields 40
British-Indien 90
Brücken 66, 144
Brüssel 102
Brutkastenlüge 152
Bruttoinlandsprodukt 147, 148
Buckingham-Palast 102
Bundesakademie für Sicherheitspolitik 17, 116
Bundesanstalt für Geowissenschaften und Rohstoffe (BGR) 42, 47, 48
Bundeskanzler 110, 117
Bundeskanzleramt 110
Bundeswehr 16, 19, 21, 56, 58, 116, 117, 119, 123, 127, 129
Bündnis 22, 122
Bürger 21, 109
Bürgerkriege 52, 75, 84, 91, 94, 95, 115, 127, 137, 166, 171
Burghardt, Jutta 77
Buro, Andreas 118, 119
Bürokratische Blockade 179
Bürokratisch-industrieller Komplex 112
Bush, George H. W. 152
Bush, George W. 153
Capital Group 106
Carter, Jimmy 43, 103, 109
CETA 125
Charta der Vereinten Nationen 191
Chase Manhattan Bank 40, 108
Chatham House 34, 123, 125
Checks and Balances 183
Chemieindustrie 67
Chemiewerke 66
Chemische Fabrik 85
Chemische Waffen 85, 115
Chilcot-Bericht 63
China 40, 42, 54, 60, 91, 106, 124, 134, 148, 149
Chossudovsky, Michel 159, 179
Christen 173
Christianisierung 26
CIA 154, 157
Cicero 26
Clark, Wesley 158
Clinton 113
Club of Rome 43, 90
Colombo 68
Commerzbank 110
Committee on Public Information (CPI) 156
Condottieri 71
Costa Rica 115
Council on Foreign Relations 108
Crane, Conrad 66

Credit Suisse 106, 110
Creel, George 156
Cui bono 35
Curaçao 61
DaimlerChrysler 110
Damaskus 139
Dämonisierung der Politik 112
Dauerhafter Frieden 181
Daum, Werner 85
Defense Logistic Agency (DLA) 46
Deindustrialisierung 68
Deinvestition 66
Delegitimierung 57, 63, 181, 189
Demagogie 151
Demokratie 25, 103, 104, 123, 124, 126, 134, 163, 168, 183, 184, 240, 241
Demonstrationen 19, 178, 179
Demoralisierung 138
Demoskopie 18
Destabilisierung 172, 174, 176, 215
Deterding, Henri 172
Deutsche Bank 42, 106, 107, 110
Deutsche Interessen 116
Deutsche Rohstoffagentur 48
Deutsche Wehrmacht 82
Deutscher Bundestag 21, 116
Deutschland 16, 17, 19, 23, 49, 58, 59, 60, 64, 65, 77, 82, 107, 110, 116, 117, 118, 120, 121, 122, 123, 125, 126, 128, 129, 131, 134, 141, 142, 145, 146, 147, 148, 179, 183
Diamanten 76, 114
Diamantenhändler 113
Die Apokalypse der Überbevölkerung 91
Die Schlacht der Lügen 155
Die unheimlichen Ökologen 90
Dienstleistungen 62, 74, 76, 211, 216
Diktator 77, 78, 112, 115
Diktaturen 164
Diplomatie 109, 123, 183
Diversifizierungsstrategie 52
Donaumonarchie 65
Donbass 51
Doppelte Standards 123
Dreißigjähriger Krieg 64, 88, 141, 170
Dritter Golfkrieg 45, 46, 153
Drogen 109
Drogenhändler 72
Drohnen 31, 89
Drohnenkrieg 85
Drohungen 53, 131
Druck 41, 50, 101, 120, 122, 126, 128, 134, 135, 141, 159
Dschihad-Kämpfer 157
du Pont, Pierre S. 37
Düngemittelbranche 69
Durchfall 85
Dynastie der Saud 98
DynCorp 70
E.On 110
EADS 110
ECAT 108
Edelmetalle 114
Egoisten 178
Ehrlich, Paul R. 90
Eidgenössische Technische Hochschule (ETH) Zürich 105, 106, 107
Eigenverbrauch 46
Einäscherung 89
Einkommenssteuer 143
Einschüchterung 88
Eisenbahn Berlin-Bagdad 66
Eisenbahngleise 65
Eisenbahnnetz 66
Eisenberg, Winfrid 85
Eisenhower, Dwight D. 104
Ekel 18
Elektrizitätsversorgung 66
Elektrizitätswerke 73
Elektrizitätswirtschaft 46
Elendslager 86
Elisabeth II. 24, 102, 123
Elite der Elite 106, 107
Eliten 15, 18, 23, 25, 26, 34, 98, 103, 104, 111, 130, 161, 162, 164, 170, 183, 185
Embargopolitik 78
Embargos 74, 75, 76, 78, 79
Emigrantengemeinden 141
Empörung 80, 81, 163, 164
Energieautonomie 39, 58, 63, 64
Energie-Autonomie 184

Energie-Fernhandel 40, 184
Energieinfrastruktur 33, 188
Energiekonzerne 39, 111, 185
Energiepolitik 50, 51, 63, 184
Energiepolitische Entscheidungen 185
Energiepolitische Streitpunkte 187
Energiepreise 52, 57
Energieproduktion 58
Energiequellen 39, 56, 184
Energiesicherheit 125, 126
Energieträger 39
Energie-Unabhängigkeit 52
Energieversorgung 184
Energiewirtschaftliche Trendanalyse 34
Energiewirtschaftspolitik 61
Engdahl, F. William 37, 38, 60, 72, 161
Engelbrecht, H. C. 37
Englische Revolution 145
Englisch-Spanischer Krieg 170
Englund, Peter 64
Eni 45, 48, 53
Enteignung 145
Entscheidungen 17, 58, 89, 103, 104, 105, 108, 111, 113, 118, 125, 130, 131, 134, 162, 164, 167, 182, 183, 184, 212
Entscheidungsschlachten 86
Entscheidungsträger 17, 21, 105, 186
Entstaatlichung des Krieges 87
Entwicklung 26, 29, 48, 52, 57, 60, 61, 64, 68, 75, 85, 114, 132, 166, 179, 185
Entwicklungshilfe 154, 166
Entwicklungsländer 68, 109, 115, 134
Epidemien 85
Erdgas 39, 44, 45, 50, 52, 54, 55, 56, 63, 75, 76, 95
Erdgasferntransport 74
Erdgasförderung 51, 52, 76
Erdgasimporte 50, 184
Erdgaspipelines 75
Erdgaspreis 51
Erdgasprojekte 51
Erdgas-Transit 52
Erdoğan, Recep Tayyip 113
Erdöl 39, 42, 44, 45, 52, 54, 55, 63, 74, 76, 95, 97, 114
Erdöleinnahmen 97
Erdölerzeugnisse 74
Erdölförderländer 47
Erdölproduktion 44, 46
Erdölvorkommen 53
Erkenntnisprozesse 168
Erkenntnisse 20, 30, 31, 36
Erneuerbare Energien 185
Erpressung 132, 133, 134, 135, 136, 182
Ersparnisse 146
Erster Golfkrieg 45, 48, 50, 66
Erster Opiumkrieg 91
Erster Weltkrieg 37, 40, 47, 49, 61, 65, 81, 82, 155, 156, 181
Erze 114
Erziehung 70
Essay on the Principle of Population 90
Establishment 109
Ethnien 169, 170, 171, 173, 182
Ethnische Konflikte 169
Ethnische Säuberungen 88, 158
Eugeniker 90
EU-Recht 184, 185
Eurofighter 147
Europa 15, 42, 45, 52, 56, 60, 63, 64, 70, 75, 85, 90, 102, 107, 120, 124, 125, 126, 127, 134, 147, 155, 170, 181
Europäische Union (EU) 23, 51, 53, 55, 74, 75, 76, 95, 118, 119, 121, 126, 131, 147
Exklusivhandel der Konzerne 99
Exploration 75, 96, 188
Explorationsrechte 54
Exportchancen 126
Exportquoten 50
ExxonMobil 51, 109, 110, 113
Fabriken 65, 67
Fähigkeiten 55, 127, 132
Failed States 130
Fake war 159
Farhat-Naser, Sumaya 159
Fassade 132
Feindbilder 34, 160

Feinde 71, 73, 78, 89, 93, 158
Felder 45, 83
Fernhandel 62, 68, 185
Fernsehbilder 87
Fernsehen 20, 31, 104, 139, 155
Fernsehsender 56, 73
Festlandsockel 54
Finanzhäuser 106, 107, 108, 110
Finanzierungsperiode 143
Finanzkapital 144
Finanzkonzerne 87
Finanzkrise 147
Finanzmärkte 87
Finanztransaktionen 96
Flächenbombardements 82
Flächenstaaten 148
Flamen 173
Flammenwerfer 82
Flüchtlinge 86
Flüchtlingslager 23, 85, 137, 138
Flüchtlingsströme 137
Flugabwehrkanone (Flak) 89
Flugverbotszonen 128
Flugzeugträger 89
Flüssiggas 52
Folter 164
Förderkosten 42
Förderländer 42
Fördermaximum 44
Fördermenge 42, 44, 57
Fördermengen 48, 76
Formate 126, 130
Frachtkosten 42
Fracking 76
Fragmentierung 163, 164, 168
Framing 21, 22
Frankreich 65, 82, 104, 134, 141, 147, 148
Französische Revolution 145
Frauen 85, 88, 139, 155, 173
Fregatten 55
Freie Marktwirtschaft 108
Freie Transportwege 59
Freier Handel 99
Freier Welthandel 58
Freihandel 34, 35, 59, 60, 61, 109, 121, 122, 217
Freihandels-Analyse 34, 35
Freiheit 172, 214
Freiheitskämpfer 172
Freund-Feind-Erklärung 170
Friedensarchitektur 191
Friedensbewegung 135, 177, 178, 181, 189
Friedenserzwingende Maßnahmen 191
Friedensgespräche 157
Friedensmacht 179
Friedenspolitik 101, 181
Friedenspolitische Strategie 132
Friedenssicherung 29, 36, 207
Friedensverträge 142
Frühneuzeitliche Kriege 88
Führungspersonal 115
Funktionsträger 19
G20 148
Garagenfirma 161
Gasfelder 75
Gaslieferverträge 50
Gasöl 96
Gassektor 50, 74
Gazprom 50, 75, 107, 113, 184
Gefangenenlager 20
Gefechte 72, 86, 87
Geheimdienste 139, 153, 154, 158, 174, 209
Gehirnwäsche 18, 182
Geld 30, 48, 51, 109, 141, 240
Geld-Elite 110
Geldgeber 137, 142, 143
Geldhäuser 50
Generationen 65, 156
Genfer Konvention 86
Genozid 91
Geologen 43
Geopolitik 75, 159
Gerechter Krieg 25, 26, 191
German Marshall Fund of the United States 17, 52, 55, 59, 120
Gesandtschaften 45
Geschäftsmodell 39, 62, 186
Geschichten 151, 161, 163, 171
Geschütze 87, 89
Gesundheitssystem 79, 84, 144

Gesundheitszentren 79
Gewaltausbrüche 47
Gewaltvideos 86
Gewerkschaftsbund CGT 115
Gewinne 48, 62
Gewinneinbußen 50
Gewinner 82, 123
Gezielte Angriffe 84
Giftgas 82
Gilens, Martin 103
Glättli, Balthasar 90
Glaubenskriege 170
Gläubiger 55
Gleisknotenpunkte 66
Global 2000 43
Global War and the Human Population Problem 91
Globale Ordnung 122
Globale Regeln 167
Globalisierung 114, 120, 123
Gold 76, 94, 142
Goldman Sachs 106, 110, 113
Golf von Guinea 96, 97
Golf von Mexiko 42
Golfkriege 50
Golfstaaten 142
Goodbody 43
Grand Area 55, 131, 149
Graue Eminenzen 160
Gräuelpropaganda 155
Gräueltaten 163
Grenzen des Wachstums 43, 90
Griechenland 53, 55, 63, 97, 144, 147
Großbritannien 65
Großbritannien (Vereinigtes Königreich) 23, 45, 49, 54, 60, 90, 104, 106, 123, 124, 134, 141, 143, 147, 148, 152, 154, 158
Große Seen 91
Großkonzerne 35, 63, 109, 123, 126, 185
Großmächte 59, 118, 125
Großstädte 67, 189
Grundhaltung 19, 22, 116
Guerilla 72
Guerilleros 171
Guilliard, Joachim 69
Gute Regierungsführung 59
Gutehoffnungshütte 144
Güter 35, 68, 74, 76, 211, 216
Haager Landkriegsordnung 86
Häfen 46
Hakluyt, Richard 60
Halliburton 70
Halliday, Denis 77
Hamilton, Alexander 61
Hammond, Philip 69
Handel 109
Handelsbeziehungen 60, 61, 64, 74
Handelsdiskriminierungen 59
Handelshemmnisse 35, 61, 214
Handelspolitik 61
Handelswege 56, 58, 121
Handfeuerwaffen 86
Händler 139, 182
Handwerker 139
Hanighen, F. C. 37
Harding, Warren G. 109
Haubitzen 31
Heiliger Krieg 26
Heisbourg, François 44
Herausforderungen 38, 59, 122, 132, 152
Hetzkampagnen 135
Hierarchie 18
High-Tech 39
Hilfskonvois 138
Hilfslieferungen 137, 138
Hilfsmaßnahmen 90
Hilfsprogramme 128
Hill & Knowlton (WPP Group) 152
Hinrichtungen 92
Hiroshima 82
Hochschulen 168
Holländisch-Ostindien 40
Holzkohle 76
Holzprodukte 76
Homs 84, 139
Horn von Afrika 96
Hospitäler 84
Htay, Than 76
Hubbert, Marion King 44
Hubschrauber 55
Hufeisenplan 153

Hughes, Charles Evans 109
Human Rights Watch 153
Humanitäre Folgen 77, 133
Humanitäre Gründe 177
Humanitäre Hilfe 137, 141
Humanitäre Interventionen 20, 24, 25
Humanitärer Einsatz 21
Humanitäres Deckmäntelchen 162
Humanitäres Leid 137
Hunger 85, 86, 139
Hungersnöte 90
Huntington, Samuel 103
Hurricane Katrina 47
Hussein, Saddam 78, 153
Hutu 173
Hygienische Verhältnisse 85
Idee 16, 30, 31, 104, 116
Ideologie 151
Ideologische Fassaden 171
Ideologische Macht 101
Ideologische Orientierungsmuster 171
Illegaler Handel 95, 97, 99
Illegaler Ölhandel 95
Illusionen 103, 105
Immobilien 94, 146
Imperialismus 118, 172
Imperium 17, 56, 134, 144
Import 39, 51, 61, 63
Importe 122
Indien 40, 44, 124, 134, 148, 149
Indischer Ozean 56
Industrie 60, 65, 66, 67, 91, 144, 212
Industriebetriebe 23, 33
Industrieland 60
Industrieländer 68, 128, 148
Industrielle Produktion 65, 68
Inflation 146
Informationsquellen 177
Informationsstelle Militarisierung (IMI) 55
Infrastruktur 33, 34, 49, 52, 64, 65, 66, 67, 69, 71, 73, 77, 84, 89, 144, 187, 188, 189, 190, 216
Innergesellschaftliche Friedensverhandlungen 175
Instabilität 47, 73
Institut des relations internationales et stratégiques 137
Interessen 16, 51, 59, 64, 79, 109, 111, 113, 116, 133, 140, 161, 168, 211, 212
International Executive Corps (IESC) 108
International Institute for Strategic Studies (IISS) 44
International Maritime Organization (IMO) 96
International Security Assistance Force (ISAF) 93
Internationale Ärzte für die Verhütung des Atomkriegs (IPPNW) 83
Internationale Erwartungen 123, 145, 147, 179, 183, 184, 187
Internationale Gemeinschaft 20, 21, 22, 24
Internationale Hilfe 137
Internationale Hilfsorganisationen 138
Internationale Kriegsunternehmer 86
Internationale Ordnung 59
Internationale Probleme 178
Internationaler Gerichtshof (IGH) 153
Internationaler Währungsfonds (IWF) 50, 146, 147
Internationales Rotes Kreuz 84
Internationalisten 177, 178
Internet 20
Interventionen 20, 22, 117, 118, 190
Interventionsländer 155
Irak 16, 42, 46, 49, 56, 66, 70, 75, 76, 78, 80, 83, 90, 113, 117, 118, 123, 128, 152, 153, 154, 155, 158, 159, 171
Irakkrieg 45, 46, 47, 48, 56, 118, 154
Iran 45, 47, 48, 50, 52, 66, 74, 75, 113
Iran (Persien) 42
IS-Konvoi 158
Islamischer Staat 32, 71, 75, 98, 144, 158, 159
Isolationisten 177
Israel 53, 117, 159
Israelisch-Arabischer Krieg 48
Italien 45, 48, 65, 102, 148

Jänicke, Martin 112, 113
Japan 49, 65, 82, 109, 148
Jemen 83, 84, 98, 128
Johns Hopkins University, Washington DC 47
Joint Ventures 74
Jom-Kippur-Krieg 48
Jordanien 171
JP Morgan Chase 106, 108, 110, 113
Juden 160, 173
Jugendliche 86, 92
Jugoslawien 16, 117, 153
Junge 173
Kali und Salz (K+S) 69
Kali-Markt 69
Kambodscha (Indochina) 83
Kamerateams 138
Kamp, Karl-Heinz 17
Kampf mit Bildern 160
Kampfeinsätze 19, 119
Kämpfer 31, 81, 89, 92, 139, 188, 189
Kampfflugzeuge 31, 55, 70, 87, 89, 147
Kampfhandlungen 73, 143
Kampfjet 31
Kanada 42, 148
Kanonenfutter 82
Kapital 60
Kapitalbesitzer 103
Kapitalisten 157
Kapuściński, Ryszard 86, 115
Kariotis, Theodore 53
Kartelle 49
Kaspischer Raum 56
Katar 75, 142, 159
Katholiken 173
Kaukasus 56, 73
Keen, David 130
Kennedy, John F. 104
Khartum 84
Kinder 71, 77, 80, 85, 86, 88, 139, 152, 155
Kinderhilfswerk UNICEF 77, 80, 81
Kindersoldaten 86, 189
Kinkel, Klaus 85
Kirche 161
Kirkuk 172
Kissinger, Henry 102
Kleidung 60, 79
Knappheit 44
Kobane 159
Kohle 51, 63, 76
Kohlebergwerke 51, 67
Kohlekraftwerke 50
Kohlelieferant 51
Kollateralschäden 77, 81
Kollektive Hypnose 163
Kolonialherren 115
Kolonialwaren 60
Kolonialzeit 68
Kolonien 60, 115
Kolumbien 44, 72
Kommunale Energiewirtschaft 185
Kommunen 178, 181, 184, 185, 189
Kommunikationsstrategien 19, 21
Kommunisten 38
Komplexität 30
Konditionierung 132, 169, 173
Konfessionskrieg 170
Konfliktanalysen 31, 33, 35, 113, 134, 181
Konfliktforschung 29, 30, 32, 36, 91
Konfliktparteien 84
Konflikttheorie 30
Kongo, Demokratische Republik 92
Konjunkturzyklen 49
Konkurrenz 39, 61, 68, 99, 103
Konsens 185
Konservative 173
Konsulate 45
Kontributionen 65
Kontrolle 25, 40, 45, 52, 54, 55, 56, 78, 96, 97, 131, 159, 213
Konzerneliten 186
Konzernverflechtung 108
Konzernzentralen 113, 164
Konzessionen 44, 45, 53
Koreakrieg 37, 49, 66
Korruption 50, 182
Korvetten 55
Kosovo 66, 153
Kosovo-Albaner 153
Kosovo-Krieg 66, 67, 117

Kosten 29, 38, 43, 55, 57, 98, 124, 133, 142, 143, 144, 155
Kraftwerke 51, 188
Krankenhäuser 79, 80, 84, 89, 159, 188
Kredite 52, 60, 65, 96, 145
Kreditfähigkeit 145
Krieg gegen den Terror 83, 144
Kriegsberichterstattung 87
Kriegsdividenden 94
Kriegseinsätze 16, 17, 18, 19, 21, 22, 23, 93, 94, 121, 127, 165, 177, 179, 182
Kriegsentscheidungen 113, 128, 164, 182
Kriegsermächtigungsresolution 678 128
Kriegsfinanzierung 143, 147
Kriegsgegner 21, 71
Kriegslügen 156
Kriegsmarine 53, 55
Kriegsmaschinerie 18, 189
Kriegsökonomie 72, 137, 139, 140, 182
Kriegsparteien 71, 72, 73, 138, 166, 171, 216
Kriegs-Präventionsrecht 191
Kriegsprofiteure 182, 183
Kriegspropaganda 18, 155
Kriegsrhetorik 117
Kriegsschiffe 55, 89
Kriegsschuldfrage 37
Kriegstagebuch 187
Kriegstote 82, 124
Kriegstreiber 115, 186
Kriegsverbrechen 24, 81, 82, 163
Kriegswaffen 81, 94, 115, 147, 166, 211, 212, 216
Kriegsziele 35, 36, 68, 71, 79, 93, 130, 132, 187, 189
Krim 50, 63, 76
Kriminalität 72, 109
Kriminelle Netzwerke 95
Krim-Krise 50, 51, 63, 184
Krisen 33, 47, 63, 80, 122
Krisenbewältigung 119, 126
Krupp 144
Kultur 117, 131
Kultur der militärischen Zurückhaltung 117
Künstler 156
Kupferpreis 49
Kurden 173
Küstenwache 97
Kuwait 42, 46, 76, 142, 152, 159
Landebahnen 154
Landesverteidigung 16, 89, 116, 135
Landwirtschaft 61, 66, 67
Laos 83, 154
Lastenteilung 129
Lastwagenfahrer 139
Lateinamerika 15
Laubach, Birgit 131
Lebensmittel 79, 139
Lebensmittelpreise 52
Legitimation 188
Legitimierung 25, 214, 216
Lehrer 80
Leichtindustrie 67
Leitungsnetze 74
Leukefeld, Karin 63
Liberale Weltordnung 99
Liberia 76, 92
Libyen 19, 24, 42, 47, 69, 92, 95, 96, 117, 118, 154, 159, 179
Libyenkrieg 48
Linke 23, 173
Local Power for Peace 184, 186
Lockheed Martin 113
London 23, 70, 96, 102, 106, 123, 129, 152
Long Cheng 154
Loquai, Heinz 153
Low Intensity Wars 73
Luftangriffe 52, 65, 73, 84, 95, 128, 171
Luftkrieg 153
Luftschläge 84
Luftstreitkräfte 54
Luftverteidigung 67
Luftwaffe 31
Lügen 151, 154, 187
Lutz, Catherine 70
MacArthur, John R. 155

Macht 26, 56, 78, 88, 103, 104, 105, 108, 111, 113, 115, 120, 121, 123, 129, 151, 160, 162, 163, 175, 182, 185, 207
Machtfaktor 17, 18
Machtquellen 101
Machtverhältnisse 97, 111
Mackay Edgar, Edward 40
Madison, James 102
Mafiöse Akteure 139
Mahnwachen 178, 189
Maier, Marco 144
Malariamittel 85
Malaysia 40
Malthus, Thomas Robert Malthus 90
Manchester-Kapitalismus 60
Mangelernährung 77
Manipulation 18, 140, 151, 165
Manipulationskontexte 163, 165
Manipulationstechniken 164
Mann, Michael 101
Männer 92, 173
Manöver 97
Mao Zedong 72
Mariam, Mengistu Haile 115
Marine 53, 55, 97
Marktbereinigung 69
Markt-Durchdringung 59
Märkte 58, 61, 68, 84, 87, 91, 121, 122, 125, 133, 134, 166
Marktöffnung 35, 58, 59
Marktregulierung 41
Marktzugang 58, 60
Marschflugkörper 31, 84
Märtyrer 172
Maschinenbau 67
Massaker 158
Massaker von Račak 153
Massenexekutionen 92
Massenmord 163
Massenvernichtungswaffen 91, 117, 154, 155
Mattei, Enrico 45
Mausfeld, Rainer 102, 103, 163, 164, 165
McCrystal, Stanley A. 93
Meadows, Dennis L. 90
Meadows, Donella 90
Medien 75, 123, 144, 155, 159, 160, 165, 214
Medienberichte 31, 147
Medienmacht 112
Medikamente 77, 85, 138
Medizinische Einrichtungen 84
Medizinische Geräte 79
Medizinische Versorgung 77
Meeresgebiete 53, 96, 97
Mefo-Wechsel 143
Mehrheiten 16, 116, 128
Meinung 16, 17, 18, 22, 30, 31, 47, 156, 163, 164, 214
Meinungsmache 156, 165
Meinungsmanipulation 164
Mengenregulierung 76
Menschenrechte 19, 20, 21, 22, 25, 26, 27, 155, 163
Menschenrechtsorganisationen 152
Menschenrechtsverstöße 74
Merchants of Death 37
Merkel, Angela 113, 117
Merrill Lynch 106
Metalle 48, 49
Metallpreise 48
Metallurgische Forschungsgesellschaft mbH 144
Methodik 30, 32, 33, 36
Mexiko 40, 42, 61, 115
Milieu 18, 116
Militärapparate 90, 98, 144
Militärausgaben 54, 137, 147, 149
Militärbasen 56, 89, 117, 144
Militärberater 115
Militäreinsätze 17, 25, 128
Militärgefängnisse 20
Militärische Gewalt 15, 56, 60, 72, 82, 127, 131, 134, 184, 185
Militärische Macht 40, 57, 61, 63, 98, 133, 151
Militärisches Engagement 116
Militärisch-industrieller Komplex 104
Militarisierung 15, 16, 116
Militärmacht 17, 26, 144
Militärmanöver 51
Milizen 86, 171
Milliardäre 161

Millionäre 146
Minderheiten 173
Minen 87
Minenlegeboote 55
Minister 53, 76, 109
Ministerien 110
Miramontes, Felipe 172
Mission 21
Missionare 91
Mitsubishi UFJ Financial Group 106
Mittel der Politik 16
Mitteldeutsche Kali AG (Kombinat Kali) 69
Mittelmacht 124
Mittelmeer 52, 53, 54, 55, 63
Mittelschicht 65
Mittlerer Osten 56, 121
Möbel 60
Mohammad Reza Schah Pahlavi Schahanschah (Schah von Persien) 48
Monopol 40, 103, 213
Moral 22, 26, 163
Morgan Jr., J. P. 37
Morning Glory 95
Mosaik-Beweis 30, 36
Moskau 106
Motive 29, 35, 94, 130, 163, 172
Müller, Dirk 53
Müllhalden des Krieges 138
Münchner Sicherheitskonferenz 117
Munitions Investigating Committee 37, 38
Münkler, Herfried 26, 65, 71, 73, 82, 85, 86, 87, 88, 113, 114, 137, 138, 142, 145, 155, 159, 160, 170, 171
Muslime 173
Myanmar (Birma) 76
Nachbarschaftsstreitigkeiten 182
Nachkriegsgeschäft 69, 70
Nagasaki 82
Naher Osten 40, 42, 45, 57, 66, 73, 75, 92, 98, 126, 127, 134, 172, 183
Naher und Mittlerer Osten 120
Nahostkonflikt 117
Nahrung 79, 85
Nahrungsmittel 138
Nationale Interessen 191
Nationaler Sicherheitsrat 102
NATO 16, 17, 52, 64, 80, 102, 109, 118, 120, 121, 122, 126, 130
Naturkatastrophen 80
Navigationsakte 60
Navigationsgesetze 68
Neoliberale Politik 98
Neoliberale Wirtschaftsordnung 59, 164
Neue Macht Neue Verantwortung 120, 121, 122
Neue Welt 142
Neutralität 117, 140
Neutralitätsgesetze 37
New York 37, 43
Niblett, Robin 123, 124, 125, 126
Nicaragua 115, 172
Nicht-Beamte 173
Nicht-Einmischung 22, 167
Nicht-staatliche Akteure 191
Nie wieder Krieg 181
Niederlande 16, 141, 145
Niger 47
Nigeria 80, 92
Niklaus, Pierre-Alain 90
Nixon, Richard 102
Nordafrika 120, 121, 126
Nordamerika 60
Nordkorea 66, 113
Nordsee 42
Norwegen 42
Notenbanken 110
Nötigung 101, 132, 134, 135, 136, 182
Notwehr 26
Nye Committee 37
Nye, G. P. 37, 194
Obangame Express 97
Offene Märkte 58
Öffentliche Kommunikation 176, 181, 186
Öffentlichkeit 17, 20, 23, 25, 27, 37, 43, 44, 101, 110, 111, 116, 120, 125, 127, 130, 132, 139, 147, 153, 155, 157, 160, 163, 189
Offshore 52, 54, 55, 76
Ohnmacht der Parlamente 112
Ohnmacht der Politik 112

Ökologen 91
Ölembargo 77
Öl-Embargo 48
Ölexploration 96
Ölexporte 95, 133
Ölexporteure 52
Ölfelder 40, 44, 47, 49, 54, 56, 77
Ölförderanlagen 77
Ölförderung 45, 49, 50, 52, 70, 96, 98
Ölfrieden 41
Ölhäfen 95
Ölhafen Es Sider 95
Oligarchen 161, 162, 163
Oligarchie 103
Oligopole 43, 103
Ölindustrie 40, 45, 47, 76, 98
Ölkonzerne 48, 106, 113
Ölkonzessionen 115
Ölmultis 39, 41, 44, 45, 48, 61, 97, 98, 107
Ölpipelines 46, 52, 56
Ölpiraterie 96, 98
Ölplattformen 53
Ölpreis 40, 42, 43, 44, 47, 48, 49, 61
Ölpreiskrisen 47
Ölproduktion 44, 46, 49, 188
Ölquellen 46, 47, 188
Ölreserven 43, 69
Öltanker 32, 95
Öltanklaster 32
Öltanks 95
Öltransporte 42
Ölüberangebot 41
Ölverbrauch 46, 47
OPEC 42, 48, 50
Operation Desert Storm 152
Opferbilanz 86
Opferzahlen 83, 158
Opium 60, 91
Oppositionsbewegungen 166
Oppositionspolitiker 135
Ordnungsmächte 98, 121, 127, 129, 131, 134, 135, 145, 149, 207
Originaltexte 167
Osmanisches Reich 65
Ostasien 56
Ostdeutschland 68
Österreich 65, 144
Osteuropa 161
Ostukrainekrieg 50, 51
Ostukraine-Krieg 67, 184
Ost-West-Konflikt 171
OSZE 153
Paech, Norman 159
Page, Benjamin 103
Pakistan 83
Pakistanischer Nachrichtendienst ISI 157
Palästinenser 173
Palm, Goedart 81
Panzer 31, 55, 87, 89, 98, 147
Papst 94, 102
Papst Franziskus 94
Päpstliche Katholische Universität Rio de Janeiro 54, 96
Paraguay 115
Paramilitärische Gruppen 72
Paramilitärische Verbände 86
Parlamente 178
Parsons 70
Partisanenkrieg 82
Patenschaften 189
Patrouille 54
Patrouillenboote 55, 98
Patrouillenfahrten 148
Patrouillenflugzeuge 55
Paul, Ron 144
Pazifismus 17, 19, 23, 118
Peacekeeping 127
Peak-Oil 44
Peking 106
Pensionskassen 144
Persischer Golf 46, 53, 75
Perthes, Volker 126, 127
Petrobras 54
Petrochemische Erzeugnisse 74
Petroleumindustrie 109
Phantomfracht 42
Philippinen 40
Physicians for Human Rights 84
Pickups 31
Pick-Ups 89
Pinter, Harold 163
Pipelines 56, 134, 171, 188

Piraten 97
Piraterie 95, 96, 97
Pkw-Maut 146
Plünderungen 88
Polarisierung 174
Polarkreis 76
Polen 50, 108
Politik 15, 17, 26, 27, 33, 41, 59, 85, 89, 90, 101, 103, 104, 105, 108, 109, 110, 111, 113, 114, 118, 119, 122, 126, 130, 132, 133, 139, 155, 165, 167, 168, 183, 184, 187
Politiker 25, 33, 36, 90, 101, 102, 103, 104, 105, 111, 112, 113, 114, 115, 116, 123, 132, 135, 159, 164, 165, 166, 181, 182, 183
Politische Kampagnen 166
Politische Leitfiguren 177
Politische Parteien 164
Politische Strömungen 18
Politische Verständigungsprozesse 178
Politische Willensbildung 111
Powell, Colin 153, 154
Prämissen 30, 31, 33, 35
Preisabsprachen 37
Preisabsturz 49
Preisanstieg 48
Preisanstiege 48
Preise 42, 43, 45, 48, 61, 139, 166
Preispolitik 45
Preisregulierung 42
Preisschwankungen 40
Preisstabilisierung 42
Preisverfall 39, 41
Preisverläufe 49
preiswert 151
Preiswerte Energie 39
Presse 156
Primärliteratur 167, 168
Privatarmee 87
Private Sicherheitsunternehmen 72
Privatisierung 69, 98
Privatisierung der humanitären Hilfe 140
Privilegien 18, 172
Produktion 38, 39, 40, 41, 45, 47, 52, 62, 67, 68, 85
Produktionsausfälle 48
Produktionsbeschränkung 41
Produktionseinbruch 47
Produktionskapazitäten 69
Produktionskosten 43
Produktionsstätten-Analyse 34
Profite 42, 43, 124
Profiteure 29, 71, 113, 141
Profitmaximierung 38
Profitrate 42
Prognosen 43
Projektionsfläche 105
Propaganda 18, 19, 21, 155, 156
Propagandakriege 112
Protektionismus 61, 108
Protestanten 173
Proteste 19
Psychologie 21, 164
Putin, Wladimir 112, 113
Putschgeneräle 171
Qing-Dynastie 91
Quellen 36, 168
Quoten 50, 87
Quotensystem 186
Raffinerien 46, 52, 61, 62, 95, 188, 189
Raffinerieunternehmen 106
Raketen 31, 115
Rangierbahnhöfe 66
Ras Lanuf 95
Raub 88
Raubgut 142
Raubzüge 91, 92
Raumbeherrschung 40, 55, 57, 129, 132, 149
Raytheon 113
Reagan, Ronald 144
Rechtsstaatlichkeit 59
Redenschreiber 102
Redner 156
Regeln 129, 131
Regierungsapparate 178
Regierungsaufträge 103
Regierungschef 33, 111, 164
Regierungserklärung 21

Regierungsverantwortung 112
Regime-Change 34, 50, 115, 184
Regionale Ökonomien 185
Regionen 184, 185
Reiche 103
Reichensteuer 146
Re-Kontextualisierung 163, 164
Rekrutierungsgebiete 138
Religion 26, 91, 169, 170, 171, 172
Religionen 169, 170, 173, 182
Religiöse Konflikte 169
Report on Manufactures 61
Repressive Gewalt 152
Responsibility to Protect 24, 27
Ressourcen 45, 52, 54, 72, 95, 104, 130, 138, 185, 213, 240, 241
Ressourcenkontrolle 39, 40, 45, 53, 56, 57, 74, 76, 93, 97, 98, 99, 111, 124, 126, 130, 148, 161, 171, 172, 184, 185
Ressourcenreiche Meeresgebiete 54
Rettungskredite 147
Revolutionen 115, 145
Rheinmetall 144
Risiken 133, 155
Risk Intelligence 96
Rockefeller Sr., John D. 40, 43, 108, 161
Rockefeller, David 40, 108, 161
Rogers, James 56
Rohöl 42, 45, 61, 74, 95
Rohölförderung 46, 62, 194
Rohstoffe 42, 44, 48, 56, 73, 121, 122, 134
Rohstoffkonzerne 49
Rohstoffpreise 48, 49
Rom 102
Ronnefeldt, Clemens 16
Rosneft 106
Rotes Meer 171
Rothschild 160
Rötzer, Florian 112
Royal Dutch 47
Royal Institute for International Relations (Egmont) 56, 131
Ruanda 91
Rufin, Jean-Christophe 137
Rügemer, Werner 60
Ruinenstädte 87, 89
Rumänien 40
Russische Marine 54
Russische Meeresgebiete 76
Russland 40, 42, 50, 51, 65, 75, 76, 82, 98, 106, 113, 125, 126, 134, 148
Russland-Embargo 75
Rüstung 38, 115, 143, 145, 146, 147, 149
Rüstungsausgaben 54, 120, 124, 126, 144, 145, 147, 179
Rüstungsgüter 55
Rüstungshersteller 86, 107
Rüstungsimporte 55, 98
Rüstungsindustrie 36, 37, 38, 107, 108, 110
Rüstungskonzerne 36, 37, 99, 107, 111, 124, 144, 147
Sabotage 47, 52, 97
Sahara 115
Sampson, Anthony 42
Sand 57
Sandino, Augusto César 172
Sanktionen 40, 50, 52, 76, 77, 78, 79, 84, 125, 126, 130, 131, 191, 210
Sanktions-Resolution 687 128
Sarajevo 138
Satelliten 97
Saud Nasir as-Sabah 153
Saudi-Arabien 42, 47, 98, 142, 148, 149, 159
Sautter, Udo 37, 60, 68, 103, 104, 143, 156, 170
Schattenglobalisierung 142
Schauspieler 156
Scheichs 98
Schichten 18
Schiedsgerichte 167
Schiefergestein 76
Schifffahrtslinien 96
Schiiten 171, 173
Schlachten 72, 81
Schloss Achnacarry 41
Schmeicheleien 128
Schmid, Bernhard 115
Schmidt, Helmut 117
Schmuggler 139

Schnellboote 55
Schottland 41
Schriftsteller 156
Schröder, Gerhard 117
Schubladen 182
Schuld 30, 35, 37, 105, 114, 186
Schulden 51
Schuldendienst 143
Schuldenkrise 55
Schuldenlast 143, 145
Schulen 80, 84, 89, 168
Schulweg 80
Schulwissen 32
Schürfrechte 45
Schurken 165
Schurkenrollen 112
Schurkenstaaten 113, 132, 157
Schützengräben 31
Schutzverantwortung 20, 24, 25, 26, 181, 186, 189, 190
Schutzzölle 35, 61
Schutzzollpolitik 60
Schwarze 173
Schwarzes Meer 51, 52, 76
Schwarzmarkt 139
Schwelende Konflikte 172, 183
Schwellenländer 68, 148, 149
Schwere Waffen 88
SDI 144
Seehofer, Horst 104
Seestreitkräfte 53
Sekundärliteratur 168
Selbstmordattentate 92
Selbstmordattentäter 189
Selbstversorgung 39, 52
Selbstverteidigung 18
Selbstzensur 156
Seltene Erden 44
Serbien 67, 153
Seuchen 85
Sewastopol 76
Sexuelle Gewalt 138
Shea, Jamie 80
Shell 40, 42, 43, 44, 51, 70, 113
Sicherheit 120, 121, 122, 125, 127, 208, 211
Sicherheitsinteressen 58
Sicherheitspolitik 121, 178
Sicherheitsrat 26, 76, 77, 128, 130, 153, 158
Siebenjähriger Krieg 143
Sieger 65, 137, 143
Siemens 110, 144
Silber 76, 142
Sinclair Oil Company 160
Sinclair, Harry 160
Singapur 40
Single Euro Payments Area (SEPA) 146
Sinopec (China Petroleum & Chemical Corporation) 106
SIPRI 36, 148
Sirte-Becken 47
Skepsis 151, 156, 157, 167
Smith, Laura 70
Soldaten 31, 82, 129, 147, 152, 189
Söldner 86
Somalia 76, 96, 139
Sondersendungen 89
Sondersteuer 146
South Pars 75
Souveränität 22, 131, 181, 184, 185
Sowjetunion 51, 65
Soziale Gerechtigkeit 146
Sozialforum 16
Sozialisierung 22
Sozialpolitik 90
Sozialrevolutionärer Kampf 172
Sozialsystem 144
Spaltung der Gesellschaft 173
Spaltungsprozesse 169, 173, 176
Spanien 148
Späth, Lothar 104
Spekulationsprämie 47
Spenden 159, 161, 240
Spendengelder 140
Sponeck, Hans von 56, 76, 77, 78, 128
Sprengstoffe 47
Sri Lanka (Ceylon) 40
Staaten des Südens 59
Staatenkriege 31, 71, 88, 133
Staatseinnahmen 146, 147
Staatskasse 146

Staatskonzerne 98, 108
Staatspräsidenten 115, 182
Staatsschulden 143, 144
Staatsversagen 112
Stabilisierung 176
Stabsoffiziere 127
Städte 23, 64, 66, 70, 82, 83, 84, 89, 188, 190
Städtepartnerschaften 189
Stadtviertel 84
Standard Oil 40, 44, 109, 160
Standorte 39, 40
State Department 45
Statistikbehörde 45
Statusvorteil 103
Staudämme 144
Stauseen 66
Stehende Heere 145
Steinmeier, Frank-Walter 34, 117, 118
Stellungskrieg 82
Steueraufkommen 143, 145
Steuer-CDs 146
Steuerlast 145
Steuerstaat 145
Steuersünder 145, 146
Steuerzahler 55, 57
Stiftung Wissenschaft und Politik (SWP) 17, 120, 126, 127
Stiftungen 24, 161
Stimmenkauf 128
Stimmung 18
Straßen 65, 144
Strategische Defensive 72
Strategischer Bombenkrieg 82
Streik 47
Streiks 166
Streitkräfte 72, 86, 178, 179, 211, 215
Streubomben 83
Strohmänner 160, 161, 162
Stromerzeugung 50, 51
Stromexporteur 51
Stroux, Daniel 91
Struktur der Energieversorgung 184
Strukturelle Gewalt 152
Strukturelle Verteidigungsfähigkeit 176
Subsahara-Afrika 96
Subsalinar 54
Subsalinarschichten 54
Subsidien 141
Subventionen 61
Südafrika 51
Südamerika 172
Sudan 84
Südatlantik 54, 96, 124
Südchinesisches Meer 124
Südkorea 148, 149
Sündenböcke 164
Sündenbockrolle 108, 112, 113, 131, 132, 133, 156
Sunniten 171, 173
Superreiche 146, 185
Super-Zyklen 48
Syrien 32, 34, 52, 63, 67, 74, 75, 79, 80, 84, 90, 92, 93, 98, 113, 118, 139, 140, 142, 158, 159, 171, 173
Syrische Opposition 75
Systematisches Töten 81
Taiping-Aufstand 91
Taiping-Bewegung 91
Talkshows 89
Tanklager 52
Tanklaster 32
Taubenpolitik 118
Täuschung 165
Taxing Times 146
Technische Universität Chemnitz 91
Teheran 75
Teile und Herrsche 169, 176
Telekommunikation 76
Tellerwäscher 161
Territorien 55, 129, 131, 149, 215
Terror 50, 85, 134, 139, 140
Terroranschläge 47, 67, 160
Terrorgruppen 130
Terrorismus 20, 94, 97, 157, 159, 160
Terroristen 20, 93, 157, 158
Terrorkriege 160
Terrororganisationen 157
Thailand (Siam) 40
Thasos 53
The Limits to Growth 43
The Network of Global Corporate Control 105, 107

Thi, Lun 76
Thießen, Friedrich 91
Think Tanks 34, 118, 120, 126, 127
ThyssenKrupp 148
Tierarzneimittel 85
Tillerson, Rex 110
Tokio 109
Toleranz 169, 173, 174, 178
Toluol 47
Total 48
Totaler Krieg 82
Tourismus 67
Trading with the Enemy Act 156
Training 151
Transitländer 62
Transnationale Konzerne 59, 62, 101
Transportversicherungen 96
Traumatisierungen 85
Treibstoffe 46, 52, 58, 62, 216
Trendänderungen 52
Treuhandunternehmen 69
Tribalismus 114
Tributzahlungen 89
Trilaterale Kommission 109
Trinidad 40
Trinkwasser 79
Trinkwassersysteme 77
Triple Canopy 70
Truman, Harry S. 103
Trump, Donald 109, 113
Truppen 78, 86, 117, 141
Truppenaufstockung 129
Truppenstellerkonferenzen 129
Tschechische Republik 108
Tschernomorneftegas 51
TTIP 125
Tunesien 67
Türkei 53, 55, 67, 71, 144, 159, 172
Türken 173
Tutsi 173
Tymoschenko, Julija 50
U.S. Energy Information Administration (EIA) 45, 46, 49
Überbevölkerung 91
Überbevölkerungs-Theorie 90, 91
Überhöhte Preise 50
Überkapazitäten 68, 69, 70
Überproduktion 41, 49
Überwachung 40, 54, 55, 96, 97, 146, 156, 185
Überwachungseinrichtung 97
Überzeugungsarbeit 128
U-Boote 55, 148
UBS 106, 110
Ukraine 16, 50, 52, 63, 64, 75, 118, 184
Umfragen 17, 116
Umweltprobleme 109
Unabhängigkeitskrieg der Niederlande 145
Ungarn 23, 65, 108
Unicredito Italiano 106
United States Africa Command (AFRICOM) 85
Universität Bamberg 17, 19, 178
Universität zu Kiel 102, 163
Universität zu Köln 140
Unparteilichkeit 140
Unrecht 26
Unruhen 47, 92
Unsichtbarmachen 164
US Navy 95, 97
USA 17, 37, 38, 40, 51, 53, 54, 72, 76, 90, 103, 107, 108, 109, 113, 117, 118, 120, 123, 126, 127, 131, 134, 144, 145, 152, 153, 154, 158
US-Außenpolitik 37
Usbekistan 164
US-Präsidenten 43, 102, 103, 104, 105, 109, 134, 152
Vatikan 102
Venezuela 40, 42, 47, 61
Verachtung 18
Verantwortung 18, 21, 22, 87, 105, 111, 113, 120, 121, 122, 123, 127, 131, 132, 140, 209
Verbilligung der Kriege 139
Verdun, Schlacht bei 81
Veredler 40, 62
Vereinigte Arabische Emirate 42, 142, 159
Vereinigte Staaten (USA) 148
Vereinigte Staaten von Amerika 41, 43, 44, 45, 49, 53, 60, 61, 72, 76, 103,

123, 126, 142, 143, 148, 153, 154, 155, 161
Vereinte Nationen 78, 117, 121, 122, 126, 127, 128, 130, 138, 154, 209, 210
Verführbarkeit 178
Vergeltungsschläge 84
Vergewaltigungen 88, 155
Verheerung 89
Verkehr 76, 79
Verkehrsinfrastruktur 33, 67
Verknappung 36, 48
Verlierer 65, 123, 143, 178, 183
Vermittlungen 157
Vermögen 87, 146, 161
Vernetzung 179
Vernichtungskrieg 82
Vernunft 29, 185
Verpflichtungen 124, 125, 126, 161, 210
Verschleierung 32, 160
Verschuldung 64, 143, 144, 146
Verschwendung 70
Verschwörung 104
Versehen 80
Versöhnung 171, 174, 175
Verstaatlichung 37, 38
Verstaatlichung des Krieges 85
Verständigungsprozesse 175
Verstümmelungen 88, 92
Verteidigung 26, 38, 53, 124
Verteidigungsausgaben 148
Verteidigungspolitische Richtlinien 16, 56, 58
Verteidigungsstrategie 54
Verteidigungssysteme 87
Vertrag zur Bewahrung des Friedens 190, 207
Vertreibung 153
Vertriebswege 58
Veruntreuung 70
Verweigerung 119, 183
Verwundete 82, 84
Verwüstung 73, 89
Verwüstungskriege 71
Vietnam 66, 83, 118
Vietnamkrieg 37, 38, 49, 66, 72, 144
V-Leute 175
Völker 15, 101, 182, 207, 210
Völkermord 24, 77, 78, 82, 127, 154
Völkermord in Ruanda 173
Völkerrecht 22, 26, 77, 78, 81, 86, 190
Völkerverständigung 101, 177, 178
Volksvermögen 65
Volkswirtschaft 38, 39, 62, 64, 122, 133
von der Leyen, Ursula 123
von Weizsäcker, Richard 153
Vorkriegsschulden 143
Vorkriegszeiten 175
Vorurteile 31, 173
Wagner, Jürgen 55
Wähler 38, 164
Wahlkabine 18
Wahlkampf 109
Wahrheit 112, 152, 156, 158, 165, 214
Wahrnehmungstäuschungen 165
Wälder 83
Wallonen 173
Wallstreet 103
Warlords 86, 138
Washington 23, 37, 109
Wassertiefe 76
Wasserversorgung 33, 66, 67, 188
Wasserwerke 73
Wehretat 147, 148
Weichenstellungen 29, 34
Weißbuch der Bundeswehr 58, 123, 124
Weiße 173
Weißes Haus 109
Weiterentwicklung des Völkerrechts 190
Weltbank 164
Weltbevölkerung 148
Welternährungsprogramm 77
Welthandel 58, 148, 212
Weltkriege 15, 48, 65, 66, 94, 116
Weltmarkt 39, 48
Weltölkartell 41
Weltordnung 59, 63, 120, 121, 122, 126, 131
Weltordnungskriege 117, 124
Weltordnungsmacht 119, 120, 123, 131

Weltpolizist 59
Weltreich 102
Weltrettung 167
Weltwirtschaft 68, 124, 141, 142
Weltwirtschaftskrise 41
Weltwirtschaftsordnung 63
Wertpapiere 146
Wertvorstellungen 21
West- und Zentralafrika 115
Westalliierte 82
Westen 26
Westerwelle, Guido 117, 129
Westfälischer Frieden 131
Wettbewerb 64, 103
W-Fragen 31
Widersprüche 30, 128
Widerstand 18, 19, 27, 57, 145, 179
Wiederaufbau 49, 64, 69, 70, 71, 79, 111
Wiederholungen 164, 165
Wiedervereinigung 16, 58, 68
Wille 15, 22, 85, 88, 111, 118, 119, 120, 121, 128, 134, 179
Willkür 84
Wilson, Thomas Woodrow 156
Wimmer, Willy 131
Wintershall 110
Wirtschaftliche Leistungsfähigkeit 148
Wirtschaftsbeziehungen 122
Wirtschaftsembargo 79
Wirtschaftssanktionen 74, 76, 78
Wirtschaftswachstum 60
Wissenschaftler 135
Wohlstand 39, 64, 71, 109, 120, 122, 125, 126
Wohngebiete 80, 87, 93, 188
Wohnungen 70
Wolf, Winfried 144
Wüstensturm 66
Xiuquan, Hong 91
Xylol 47
Zarenreich 65
Zeitalter der Kriege 179
Zeitung 32, 47, 49, 71, 78, 110, 146, 171
Zentralafrikanische Republik 115
Zentralasien 44, 56, 121
Zentralbank Englands 160
Zerstörer USS Stout 95
Zink 49
Zinkpreis 49
Zinnpreis 49
Zinsen 65, 145
Zischka, Anton 43, 44, 47, 109, 115, 160, 172
Zivilbevölkerung 24, 71, 77, 78, 79, 81, 82, 84, 85, 86, 87, 88, 89, 93, 137
Zivilisation 131
Zivilisten 79, 81, 83, 84, 86, 89, 93, 94, 154, 188, 189, 216
Zölle 60
Zumach, Andreas 78
Zuschauerdemokratie 103
Zustimmung 16, 18, 20, 24, 123, 127, 147, 165
Zwangslagen 136
Zweiter Golfkrieg 45, 46, 48, 66, 77, 78, 98, 142, 152
Zweiter Weltkrieg 15, 45, 48, 65, 70, 80, 81, 82, 83, 90, 143, 152, 181
Zypern 53, 54

Unabhängige Forschung braucht unabhängiges Geld

Die Akademie Bergstraße für Ressourcen-, Demokratie- und Friedensforschung ist als gemeinnützig anerkannt. Spenden sind steuerabzugsfähig. Spendenkonto:

Kontoinhaber: Akademie Bergstraße
IBAN DE82 5086 1501 0000 1964 52
BIC GENODE51ABH

Betreff: „Spende“ und ggf. Ihre Postanschrift für eine Spendenbescheinigung (ab 25 €)

Nutzen Sie alternativ das Formular „Förderkreis der Akademie Bergstraße“ www.akademie-bergstrasse.de/akademie/Foerderkreis.pdf

Akademie Bergstraße

für Ressourcen-, Demokratie- und Friedensforschung

Neue Bewegung für den Frieden

Wenn Sie etwas für die Bewahrung des Friedens tun wollen, Interesse an der Arbeit der Akademie Bergstraße haben und die Publikationsreihe
"Analysen & Empfehlungen"
beziehen wollen, abonnieren Sie den

Newsletter
der Akademie Bergstraße
für Ressourcen-, Demokratie- und Friedensforschung

www.akademie-bergstrasse.de/newsletter